Kohlhammer

Die Autorinnen

Christiane Lutz studierte Heilpädagogik in Zürich bei Jakob Lutz und bei Paul Moor. Im Anschluss arbeitete sie zwei Jahre lang mit geistig Behinderten in der Schweiz. Es folgte ein Studium der analytischen Psychologie an der Akademie für Tiefenpsychologie in Stuttgart. Parallel dazu leitete Christiane Lutz die Psychologische Beratungsstelle in Ludwigsburg.
Seitdem arbeitet sie als selbstständige Kinder- und Jugendpsychotherapeutin sowie als Paar- und Familientherapeutin in eigener Praxis in Stuttgart.
Seit 1971 ist Christiane Lutz Dozentin am C. G. Jung-Institut in Stuttgart und an der Akademie für Tiefenpsychologie in Stuttgart.

Gabriele Wurster studierte an der Universität Tübingen Diplom-Pädagogik. Sie arbeitete unter anderem acht Jahre in einer Beratungsstelle von Pro Familia. Zu ihren Aufgaben dort gehörten Beratung, Leitungstätigkeiten und Sexualpädagogik.
Nach dem Studium der Analytischen Kinder- und Jugendlichen-Psychotherapie am C. G. Jung-Institut in Stuttgart ließ sie sich 2004 in eigener psychotherapeutischer Praxis nieder.
Fort- und Weiterbildungen in Sandspiel, Traumatherapie sowie in tanz- und körpertherapeutischen Verfahren vertieften ihre Arbeit.
Ein wesentlicher Schwerpunkt ihrer therapeutischen Tätigkeit ist die stetige Suche nach den Ressourcen und dem schöpferischen Potenzial der Kinder und Jugendlichen.

Christiane Lutz, Gabriele Wurster

Kinderzeichnung, Sandspiel und Gestaltung

Verstehen und Anwenden in der
psychodynamischen Therapie
von Kindern und Jugendlichen

Verlag W. Kohlhammer

Dieses Werk einschließlich aller seiner Teile ist urheberrechtlich geschützt. Jede Verwendung außerhalb der engen Grenzen des Urheberrechts ist ohne Zustimmung des Verlags unzulässig und strafbar. Das gilt insbesondere für Vervielfältigungen, Übersetzungen, Mikroverfilmungen und für die Einspeicherung und Verarbeitung in elektronischen Systemen.

Die Wiedergabe von Warenbezeichnungen, Handelsnamen und sonstigen Kennzeichen in diesem Buch berechtigt nicht zu der Annahme, dass diese von jedermann frei benutzt werden dürfen. Vielmehr kann es sich auch dann um eingetragene Warenzeichen oder sonstige geschützte Kennzeichen handeln, wenn sie nicht eigens als solche gekennzeichnet sind.

Es konnten nicht alle Rechtsinhaber von Abbildungen ermittelt werden. Sollte dem Verlag gegenüber der Nachweis der Rechtsinhaberschaft geführt werden, wird das branchenübliche Honorar nachträglich gezahlt.

1. Auflage 2018

Alle Rechte vorbehalten
© W. Kohlhammer GmbH, Stuttgart
Gesamtherstellung: W. Kohlhammer GmbH, Stuttgart

Print:
ISBN 978-3-17-030850-3

E-Book-Formate:
pdf: ISBN 978-3-17-030851-0
epub: ISBN 978-3-17-030852-7
mobi: ISBN 978-3-17-030853-4

Für den Inhalt abgedruckter oder verlinkter Websites ist ausschließlich der jeweilige Betreiber verantwortlich. Die W. Kohlhammer GmbH hat keinen Einfluss auf die verknüpften Seiten und übernimmt hierfür keinerlei Haftung.

Inhaltsverzeichnis

Teil I: Kinderzeichnung

Einführung Kinderzeichnung 13

1 Malen – Form und Gehalt 15
   1.1 Strichführung und Wahl des Materials 15
   1.2 Die Orientierung im Raum 16
   1.3 Die Bedeutung der Farben und der Farbwahl 17
       1.3.1 Farbe Grün 17
       1.3.2 Farbe Blau 19
       1.3.3 Farbe Rot 21
       1.3.4 Farbe Violett 21
       1.3.5 Farbe Gelb 22
       1.3.6 Farbe Braun 23
       1.3.7 Farben Schwarz und Weiß 23

2 Malen in den verschiedenen Altersstufen 26
   2.1 Malen des Kleinkindes 26
       2.1.1 Die Gestaltung des Urknäuels 27
       2.1.2 Die Gestaltung des Kopffüßlers 28
       2.1.3 Eindruck wird zum subjektiven Ausdruck der menschlichen Gestalt 30
       2.1.4 Abbildung des Menschen in seinen Körperfunktionen 30
   2.2 Malen im Vorschulalter 31
   2.3 Malen in der Latenz 33
   2.4 Malen in der Vorpubertät 36

	2.5	Malen in der Pubertät und Adoleszenz	37
3		**Das Malen in seiner therapeutischen Funktion**	**43**
	3.1	Die Bearbeitung der Komplexe in der bildnerischen Darstellung.	43
		3.1.1 Das Mutterthema aus Sicht der Analytischen Psychologie	46
		3.1.2 Das Vaterthema aus Sicht der Analytischen Psychologie	49
		3.1.3 Das Geschwisterthema	53
		3.1.4 Die Auseinandersetzung mit Autoritätsfiguren	56
	3.2	Darstellung konfliktgeladener Themen	59
		3.2.1 Ängste in der symbolischen Darstellung	59
		3.2.2 Aggressionen in der bildhaften Darstellung	63
		3.2.3 Depressionen, eine Perspektive der Hoffnungslosigkeit?	66
		3.2.4 Eifersucht, Neid und Rivalität: Eine Chance, sich selbst neu zu sehen	70
	3.3	Archetypische Signaturen	72
		3.3.1 Das Leben ergreifen, das Leben begreifen	73
		3.3.2 Wandlung und Neuwerdung	74
		3.3.3 Leben, eine ständige dynamische Bewegung	76
4		**Malen und therapeutische Beziehung**	**79**
	4.1	Gefühle malen	79
		4.1.1 Armut im Reichtum	80
		4.1.2 Der abgewehrte Komplex Angst und die Chance der Bewusstwerdung	81
		4.1.3 Der abgewehrte Komplex Aggression und die Chance der Integration	83
	4.2	Der Therapeut als Projektionsfeld	84
		4.2.1 Das Leiden an der Doppelbödigkeit der Erwachsenen	85
		4.2.2 Täterschaft oder Opferstatus, die Frage nach dem Ich und dem Du	87

Fazit Kinderzeichnung 91

Teil II: Gestaltung

Einführung Gestaltung 95

5 Der Umgang mit den Elementen 97
   5.1 Wasser 97
   5.2 Erde (Sand) 101
   5.3 Feuer 103
   5.4 Luft 105

6 Der Umgang mit natürlichem Material 110
   6.1 Steine 110
   6.2 Ton 113
   6.3 Holz 116
   6.4 Wachs und Knete 119
   6.5 Papier 122
   6.6 Schnur, Seil, Stoff 125

7 Der Umgang mit vorgefertigten Materialien 131
   7.1 Holzbausteine 131
   7.2 Metallbaukästen 135
   7.3 Lego 136
   7.4 Perlen 137

8 Der Umgang mit Material, das zu eigenständiger Kreativität herausfordert 141
   8.1 Trommeln, Blasinstrumente, Musik und Rhythmus 142
   8.2 Symbolträchtige Figuren 143
   8.3 Kasperfiguren und Puppen 145

9 Die Themen 148
   9.1 Ich-Identität 148
   9.2 Ich und geschlechtsspezifische Rollenvorstellungen 150
   9.3 Ich und Sprache 153

9.4 Kreativität, Spiritualität und Sinnsuche 154

Fazit Gestaltung 158

Teil III: Sandspiel

Einführung Sandspiel 163

10 Das Sandspiel in der Therapie 165
    10.1 Die erste Begegnung mit dem Sand 165
    10.2 Sandspiel nach M. Lowenfeld, D. Kalff und
        C. G. Jung 166
    10.3 Die Bedeutung des Sandspiels für
        psychodynamische Prozesse 168

11 Sandspiel im Rahmen der psychodynamischen Therapie –
    ein phasenspezifischer Blick 172
    11.1 Das Sandspiel bei frühkindlichen
        Bindungsstörungen und Ängsten 172
        11.1.1 Den Rhythmus finden 176
        11.1.2 Zerstörerische Wutausbrüche 178
        11.1.3 Die Drachen wollen gefüttert werden 182
        11.1.4 Uroborus 184
        11.1.5 Das Chaos 188
    11.2 Übergangsrituale im Sand 189
    11.3 Sandspiel in der Latenzzeit 192
        11.3.1 Trennungsdrama eines Mädchens in der
            Latenz – die vierstufige Deutung 195
        11.3.2 Identitätssuche zweier Mädchen 198
        11.3.3 Geschlechtsspezifische Merkmale in der
            Bildbetrachtung in der Latenz 207
    11.4 Sandspiel in der Adoleszenz 214
        11.4.1 »Das Wegwischen des Alten« 215
        11.4.2 Körperselbstbild 217
        11.4.3 »Wer bin ich?« 219

Fazit Sandspiel 224

Literaturverzeichnis 226

Stichwortverzeichnis 231

Teil IV: Anhang

Teil I: Kinderzeichnung

Einführung Kinderzeichnung

Zeichnen und Malen ist von jeher Anliegen der Menschen, bereits in den frühen Höhlenmalereien – zum Beispiel in den Höhlen von Lascaux, Chauvet und Altamira, um die bedeutendsten zu nennen. Diese Malereien sind 20–30-tausend Jahre alt. Es wurde, wie in der Höhle von Chauvet, über Jahrhunderte an den Wänden gemalt. Im Wesentlichen stellen die Bilder archaische Tierwesen dar, Stiere, Bisons und Pferde. In der Sahara wurden Felszeichnungen und Ritzungen entdeckt, die 10 000 Jahre alt sind. Sie stellen neben Tieren auch Menschen dar, die in ihren Formen frühen Kinderzeichnungen gleichen. Es sind die Bilder einer mythisch-religiösen Welt, in der auf symbolischem Wege Gott, Mensch und Tier als Repräsentanten archaischer Kräfte zu verstehen sind. Suchen wir nach der sich im Symbol verbergenden Bedeutung, können wir nur vermuten, dass in dieser archaischen Zeit, in der die Menschen sehr viel stärker mit dem Unbewussten lebten, mythisch fühlten und dachten, die Zeichnung unterschiedliche Aspekte zum Ausdruck brachte. Zum einen dürften sie apotropäischen Charakter gehabt haben: Es sollten die in den Tieren wohnenden gefährlichen, vielleicht auch bösen Geister abgewehrt werden. Zum anderen könnten diese Abbildungen, subjektstufig gesehen, als Ausdruck der eigenen vitalen Triebbedürfnisse verstanden werden, die in den Höhlen, im Dunkel des Unbewussten erahnt und mit der Zeichnung sichtbar gemacht wurden. Schließlich könnten in dieser mythischen Zeit die mächtigen Tiere auch gottähnliche Instanzen vertreten haben, die günstig gestimmt werden sollten und Leben und Überleben in ihrer Stärke garantierten.

In diesen Höhlenmalereien zeichnet sich das Bedürfnis des Menschen ab, das, was beschäftigt, ängstigt und quält, über das Abbild zu verarbeiten. Es geht dabei jedoch nicht nur um das fertige Bild selbst, sondern um den Prozess aktiver Gestaltung. Indem die innerseelische Befindlichkeit Gestalt annehmen konnte, lernte der Zeichner, auf seine kreativen Kräfte zu vertrauen. Es vollzog sich ganz selbstverständlich die Erfahrung, dass aktives Handeln passives Erleiden reduziert. Über die Tatkraft können Ängste, das Gefühl ausgeliefert zu sein oder die Furcht vor einem unwägbaren Schicksal am besten bewältigt werden.

Das galt menschheitsorientiert in der philogenetischen Perspektive. Das gilt aber genauso für die Gegenwart. So hat das Malen und Zeichnen, unabhängig vom Können, einen konfliktlösenden Gehalt, eine Erkenntnis, die aus dem archetypischen Urgrund kommt als ein jahrtausendealtes sich durch die Menschheitsgeschichte ziehendes Wissen.

Es sind ähnliche Impulse, die Kinder veranlassen, zu zeichnen und zu malen. Die von ihnen so erlebte, von magischen Mächten erfüllte Umwelt wird begreifbar; gleichermaßen aber auch die von vielschichtigen Triebimpulsen erfüllte eigene Triebnatur, die es zu zähmen und zu entwickeln gilt.

Kinder greifen von klein auf ganz spontan zum Stift, um ihr Innenleben zu zeigen und gleichzeitig damit umzugehen. Über bildnerisches Gestalten vollzieht sich spontan ein Akt der Selbstwahrnehmung, die die Gefahr, sich in einer rationalen Begrifflichkeit zu verlieren, umgeht.

Es lohnt sich, den Spuren eines unbewussten Wissens um die eigene Person nachzugehen und diese Inhalte zu »materialisieren«. So öffnet sich ein Raum, der therapeutisches Arbeiten erlaubt.

1 Malen – Form und Gehalt

Eine Zeichnung an sich löst schon heilende Kräfte aus. Das Kind kann auf diese Weise belastende Erfahrungen und Erlebnisse sozusagen aus sich herausstellen. In der Gegenüberstellung werden sie vom Ich bewusst wahrgenommen. So kann ein Prozess der Auseinandersetzung mit den dargestellten Inhalten auf verschiedenen Ebenen beginnen. Häufig äußern sich Kinder spontan dazu. Ganz offensichtlich können sie über ein Bild leichter sprechen, als wenn die Konfliktbearbeitung ausschließlich im verbalen Raum bleibt. Darum ist es wichtig, ein Kind zu ermutigen und jeden Versuch positiv zu unterstützen, damit es die konfliktlösende Wirkung des Malens zulassen kann.

»Kinder können sich selber mit ihren Bildern in eine ferne Welt der Fantasie versetzen und selbstvergessen in eine tiefe Entspannung kommen, bei der sie Raum und Zeit völlig ausblenden.« (Krenz, 2010)

1.1 Strichführung und Wahl des Materials

Um die kindliche Persönlichkeit zu erfassen, ist es von Bedeutung, wie die Strichführung ist. Wie hält das Kind den Stift oder die Kreide. Wagt es, zügig seine Idee zu vergegenständlichen oder zögert es, setzt es den Strich vielfach ab oder haucht es ihn förmlich aufs Blatt. Wird der Stift wie ein Besenstiel in die Hand genommen? Werden die Linien förmlich eingraviert? Müssen so, selbst wenn wieder ausradiert wird, Spuren hinterlassen werden? All das sind primäre wichtige Beobachtungen, die erste Hinweise auf die kindliche Persönlichkeit zulassen.

Die weitere Aufmerksamkeit gilt der Wahl des Stiftes. Manche lehnen die expressiven Möglichkeiten der Wachskreiden spontan ab und wählen lieber Buntstifte. Andere bleiben beim Bleistift und bevorzugen damit grau in seiner unverbindlichen Aussage. Kreiden und Wasserfarben in ihrer weichen Konsistenz ermöglichen Ausdruck, aber auch Eindruck. Dabei faszinieren diese Möglichkeiten ebenso wie sie ängstigen können. Erfahrungsgemäß braucht es Vertrauen in die Beziehung, um sich gerade dieser Gestaltungsmöglichkeiten zu bedienen.

1.2 Die Orientierung im Raum

Von Bedeutung ist, wie das Kind mit dem Raum umgeht. Wie wird das Blatt eingeteilt? Wird links oder rechts bevorzugt? Ein selbstunsicheres Kind wird Schwierigkeiten haben, die angebotene Fläche auszunutzen. Dann bleiben die Objekte oder Personen am unteren Bildrand kleben. Es gibt aber auch Kinder, die ihre Figuren am den oberen Rand orientieren. Diese scheinen in der Luft zu schweben, haben im wahrsten Sinn keinen Boden unter den Füßen. Sind die dargestellten Objekte klein oder sprengen sie nahezu den Rahmen? All das sind Fragen, die uns Kinder als Rätsel aufgeben und die wir in der Wahrnehmung der Einmaligkeit des Kindes lösen müssen, um die Bildersprache als nonverbale Mitteilung zu verstehen.

Ein weiterer Aspekt, der die Raumsymbolik zu einem Schlüssel macht, um die Befindlichkeit eines Kindes zu erfassen, ist die Rechts-Links-Orientierung. Der linke Raum steht für Vergangenheit, für das Unbewusste ganz allgemein und für ein Bedürfnis, sich regressiv zu orientieren. Der rechte Raum ist Ausdruck für Bewusstsein, Realitätsorientierung und Progression. Liegt das Schwergewicht einer Zeichnung im linken Raum, kann man es als möglichen Hinweis interpretieren, dass die Entwicklung nach vorn mit Angst besetzt ist und Wünsche nach kleinkindlicher Geborgenheit dominieren.

1.3 Die Bedeutung der Farben und der Farbwahl

»*In der Vielzahl der Farben vermag sich die Vielfalt der Gefühle widerzuspiegeln. Farbe ist dadurch (...) eine hochdifferenzierte Sprache der Gefühle. Daher sind Farben visualisierte Gefühle.*« (Lüscher, 1978)

Jede Farbe hat ihre eigene Aussage und birgt gleichzeitig Geheimnisse in sich.

Tatsächlich hat jede Farbe eine spezifische Wirksamkeit, die die körperliche wie seelische Befindlichkeit beeinflusst. Aus dieser Erfahrung heraus gibt es »königliche« Farben, die früher ausschließlich hohen Würdenträgern vorbehalten waren und bei Strafe nicht vom einfachen Volk genutzt werden durften. Farbe hat damit auch eine hohe Signalwirkung, die als eindeutiges Zeichen zum Beispiel im Alltagsleben und Verkehr genutzt wird.

Jede Farbe kann sich in unendlich vielen Schattierungen darstellen. Vorsichtig formuliert lässt der Grad der Helligkeit Rückschlüsse auf die Persönlichkeitsstruktur zu. Aufgehellte Farben könnten den Schluss nahelegen, es mit einer extravertierten Persönlichkeit zu tun zu haben, die offen auf die Welt zugeht. Verdunkelte Farben weisen vor diesem Hintergrund auf eine eher introvertierte Persönlichkeit hin.

Nachdem jede symbolische Interpretation aber immer den doppelten Charakter eines Plus- und Minuspols berücksichtigen muss, kann eine helle Farbe auch unter kompensatorischem Aspekt bevorzugt werden und damit eine mögliche depressive Stimmungslage kompensieren. Umgekehrt kann eine verdunkelte Farbnuance den notwendigen und gewünschten Rückzug von der Welt und eine Konzentration auf die eigene Person, den eigenen Gefühlsbereich signalisieren.

1.3.1 Farbe Grün

Betrachten wir die Farbe Grün, dann wird wohl am deutlichsten, wie unendlich viele Schattierungen diese Farbe in sich birgt. Das helle Frühlingsgrün der ersten Blätter nach der kalten Jahreszeit ist von jeher mit dem Gefühl hoffnungsvollen Werdens verknüpft. Die Leichtigkeit des Seins, die Unbekümmertheit, das erwartungsvolle Ahnen auf eine unbekannte Zukunft zuversichtlich ausgerichtet sein, das mag der verborgene psychologische Gehalt sein.

»Durch Feld und Wald zu streifen, mein Liedlein weg zu pfeifen, so geht's von Ort zu Ort...« – unbekümmert, offen neugierig, hier symbolisiert das helle Grün den extravertierten Abenteurer! Kompensatorisch wird es ersehnt in den Versen »nach grüner Farb' mein Herz verlangt, in dieser trüben Zeit...«. Hier zeigt sich die Lebenssehnsucht eines depressiven eher introvertierten Menschen, der sich in seinem Sehnen allein gelassen fühlt. Ein kräftiges Grün signalisiert Stärke und Kraft. Nach Lüscher ist es die Farbe der Ich-Identität und Ich-Integrität: »Ich weiß, was ich will und ich suche mein Wollen zu verwirklichen« (Lüscher, 1978). Aus positiver Perspektive können sich in der Bevorzugung dieser Farbnuance vitale Ich-Kräfte zeigen, die Selbstbewusstsein und Selbstwertgefühl in sich schließen. Der Minuspol kann aber auch auf Egomanie und Rücksichtslosigkeit hinweisen. Dominiert diese Farbe insgesamt, weist sie unter Umständen auf fehlende Einfühlung in die Gefühle des Gegenübers hin. Der andere interessiert nur insoweit als er den eigenen Zielen dient.

So sagte ein Jugendlicher, der in seinen Bildern vorzugsweise diese kräftige grüne Farbe wählte, ohne eine andere Farbe im Prozess eines Austauschs einzubeziehen: »Wo käme ich hin, wenn ich mir immer wieder Gedanken um andere machte. So gestört wie sie möchte ich nicht sei. Den ganzen Tag mir die Probleme fremder Menschen anzuhören. Da gehe ich doch lieber zweimal in der Woche in Therapie und in der übrigen Zeit lebe ich mir zu Gefallen!«

Grün signalisiert somit Selbstwahrnehmung, Integrität und Selbstachtung

Ist dem Grün mehr Blau beigemischt, nähert sich die Farbe dem Petrol. Hier ist der Aspekt der Selbstbehauptung noch unterstrichen, außerdem erzeugt das Blau verstärkt den Eindruck, zu sich selbst zu kommen, die eigene Tiefe zu suchen und zu sich selbst zu finden. Diese Farbe signalisiert Ruhe, eine Bereitschaft sich auf sich selbst zu konzentrieren nicht in enger Egozentrik, sondern unter dem Aspekt des Beisichseins, statt außer sich zu sein. Aber auch hier besteht eine Dunkelseite in der Gefahr, sich in den eigenen inneren Bildern zu verlieren und die Realität aus dem Auge zu verlieren. Andererseits kann für solche Menschen ohne Rücksicht auf die Meinung anderer zentrales Anliegen sein, die eigene Großartigkeit zu demonstrieren. Dafür sind dann Statussymbole wichtig. Geltungsbedürfnis tritt an die Stelle eines belastbaren Selbstbewusstseins.

1.3.2 Farbe Blau

Blau ist grundsätzlich eine Farbe der Ruhe. Im Blau kann man sich selbst finden, sich aber auch in den inneren Bildern verlieren. Blau, die Farbe der Ruhe und Beruhigung, das abgestufte dunkle Blau als Ausdruck von Schutz und Geborgenheit. Blau ist Ausdruck der Harmonie, eines inneren Gleichgewichtes. In dieser Farbe symbolisiert sich Selbstbescheidung und die Bereitschaft, sich in unabänderliche Notwendigkeiten einzufügen. Das wird am Beispiel der Schutzmantelmadonna sichtbar (Neufrach, St. Peter und Paul), und ihres an der Innenseite blauen Mantels, die den Gläubigen offensichtlich Geborgenheit bietet. Blau dient aber auch als Ausdruck von Wert und Würde. Das Königsblau war einzig den hohen Würdenträgern vorbehalten, das Blau des Lapislazuli galt als Ausdruck hoher Werte in Ägypten.

Die blaue Blume schließlich war in der Romantik ein Synonym für die Rückkehr zum fühlenden Erleben – eine Gegenbewegung zur rational bestimmten Aufklärung.

Mit Hellblau assoziieren Kinder in der Regel die lichte Weite des Himmels. Unter den Lüscher-Blautönen (Lüscher) steht bei ihnen signifikant das helle Blau an erster Stelle. Befreiung, »Vogelfrei sein«, assoziierte eine Jugendliche, die von der Symptomatik her in Zwängen gefangen wie in einem Käfig lebte. Alles musste nochmals gewaschen werden, bevor sie die Wäsche berührte, Essen ging nur, wenn sie vorher nochmals Besteck und Teller abgespült hatte. Schulsachen mussten wiederholt kontrolliert werden, bevor sie morgens in die Schule gehen konnte. Stand eine Klassenarbeit bevor, musste sie über lange Strecke magisch beschwörend mit einem Fuß auf dem Gehsteig, mit dem anderen in der Rinne gehen, selbst wenn es angesichts des Verkehrs gefährlich wurde. Als sie einmal spontan in die hellblaue Farbe eintauchte und das ganze Blatt damit bemalte, bezeichnete sie dieses Tun als eine Erlösung.

Von der dunklen Seite des Blaus kann ein Sog ausgehen, der in Passivität bis hin zu depressiven Stimmungen münden kann. Der negative Pol umreißt die Verführung sich aufzulösen bis hin zur suizidalen Gefährdung.

Eine 11-Jährige, die wenige Wochen vorher ihren Vater verloren hatte, kam bedrückt in die Stunde und meinte, sie müsse jetzt einfach blau malen (▶ Bild 1*). Das Gemälde gestaltete sie mit enormem Druck, sodass die Farben nahezu brachen. Aufseufzend endete sie das Bild mit Lila. »Das passt eigentlich nicht dazu, aber es musste trotzdem so sein.« Wenn wir die rechte Seite als die von Entwicklung und Progression sehen, dann deutet das violett in seiner Mischung von blau und rot auf Wandlung und Veränderung. Das könnte bedeuten, dass die Entwicklungsdynamik trotz des traumatischen Verlustes in die Zukunft weist. Ihre Aufschrift, dass Frau Lutz die beste Therapeutin sei, signalisierte, dass die Therapie für sie sowohl sicherer Hort als auch die Chance zu bedeuten schien, den Verlust des Vaters zu verarbeiten. Im Gespräch wurde sichtbar, dass neben der Trauer auch Wut angesichts des Verlustes des Vaters aufflackerte: »Der konnte doch nicht einfach gehen und Mama und mich allein lassen.«

Zu dieser Aussage passt, dass dieses Bild der primären Trauerverarbeitung mit so viel spürbarer Aggression gemalt wurde. Im Anschluss konnte das Mädchen dann in einem dramatischen Gekritzel ein Wutbild produzieren, das sie zu einer Kugel zusammenballte und mit Löchern versah. »Das werde ich in der nächsten Stunde verbrennen«, beschloss sie und konnte sich dann anderem Tun zuwenden. Ich verstand das Malen als selbstheilenden Versuch, die Depression mithilfe von Aktivität zu bewältigen und dabei auch aggressive Gefühle zu spüren. Die Abhängigkeit von der sorgenden Unterstützung seitens der Therapeutin wurde in einem lebendigen Übertragungsprozess zur Demonstration von Autonomie: Auf dem zweiten Blatt hatte sie nämlich zunächst nochmals in goldenen Buchstaben meinen Namen geschrieben. Dann wurde es durch das vielfarbige Gekritzel unleserlich und schließlich durch das Zerknüllen, die Löcher und das tatsächlich eine Stunde später erfolgte Verbrennen vernichtet.

---

* Die Bilder 1–34 befinden sich im Anhang am Buchende (▶ Teil IV: Anhang).

1.3.3 Farbe Rot

Rot ist eine Farbe mit hoher Signalwirkung. Es hat, insbesondere als Gelbrot, die dynamischste Wirkung innerhalb des Farbkreises. Rot bedeutet Dynamik, Aktivität, Macht und Stärke, aber auch Freude und Begeisterung. Rot symbolisiert Lebenslust und Liebesfähigkeit, vitales Engagement, Eigeninitiative und Kreativität. Auf der negativen Seite dominiert rücksichtsloses Machtbedürfnis, aggressive Affektentladung, fehlende Impulskontrolle bis hin zur Destruktivität. Das Element des Feuers symbolisiert diese zwei Seiten in eindrucksvoller Weise.

Ein 17-Jähriger mit schwerer Ticsymptomatik konnte seine Gefühle am besten bildnerisch darstellen. »Ich bin voll von unterdrückter Wut«, sagte er und malte nebenbei einen ausbrechenden Vulkan. »Der speit förmlich sein Feuer aus«, meinte er bei der nachträglichen Betrachtung.

»Wir sind doch fast alle versteckte Pyromanen«, äußerte ein Vater und nahm gern die Empfehlung auf, mit seinem ängstlichen, depressiven neunjährigen Sohn Feuerspiele zu machen. »Und dir tut das auch gut«, fügte die Mutter des Jungen hinzu.

Verdunkelt sich das Rot mithilfe einer winzigen Spur Blau, dann entsteht das Pupurrot. Die Farbe Purpurrot zeichnet seinen Träger als Würdenträger aus. Der Purpurmantel sollte größte Macht zum Ausdruck bringen. Im Jahr 1468 führte der Papst den Purpurmantel als Zeichen der Würde bei den Kardinälen ein (Reichholf, 2015). Nachdem diese Farbe bei Kindern und Jugendlichen häufig verwendet wird, darf ein archetypischer Aspekt vermutet werden, der in Bildern und Zeichnungen eine besondere Akzentsetzung erlaubt.

1.3.4 Farbe Violett

Während sich im Rot der aktive Impuls widerspiegelt, das Leben dynamisch zu gestalten, versinnbildlicht das Blau Hingabe und friedliche Übereinstimmung. In der Verbindung beider Farben entsteht violett, gewissermaßen die Vereinigung der Gegensätze. So symbolisiert diese Farbe Veränderung, Wandlung. Es ist bezeichnend, dass Kinder auf der ganzen Welt vor der Pubertät zu einem hohen Prozentsatz violett als Lieblingsfarbe bezeichnen. Auch in Zeiten des Übergangs bei Schwangeren oder alten Menschen wird violett bevorzugt. Violett hat in seinen vielfältigen Mischformen eine hohe Faszination, die ins Mystische führen kann und darum auch in Religion und Magie eine bedeutsame Rolle spielt.

Das Violett im blauen Bild der 11-Jährigen (▶ Bild 1) weist auf diese Bereitschaft zur Wandlung und Veränderung hin. Der Tod des Vaters will als Impuls zur Verwandlung und Neuwerdung verstanden werden. Es ist zusätzlich Anstoß, sich auf die eigene weibliche Entwicklung einzulassen und den Schritt ins Jugendlichenalter zu wagen.

Die dunkle Kehrseite der Farbe liegt in der Unbestimmtheit, die sich als Strukturlosigkeit etablieren kann. Es ist die Haltung einer »Egal-Stimmung«, die Unfähigkeit, sich zu entscheiden und auf ein »ja« oder »nein« festzulegen. Farbpsychologisch steht hinter der Farbe auch die Verführbarkeit durch Erotik oder die Sehnsucht nach entgrenzenden Drogen. Es ist das Vage, Unbestimmte, was die Farbe in Schwellensituationen der Entwicklung so faszinierend macht.

1.3.5 Farbe Gelb

Gelb, die hellste der Farben, wird nicht umsonst mit der Sonne in Verbindung gebracht. Die Farbe symbolisiert Leichtigkeit, die freie Bewegung, Wärme, Leuchtkraft. Gelb hat die Tendenz, sich über den Rahmen hinaus auszubreiten. Nicht umsonst wird ein ausgefüllter gelber Kreis neben einem dunkelblauen als größer erlebt. Mit dem Gelb wird das Empfinden von freier Selbstentfaltung verbunden. Es ist Lösung, Weite und Befreiung von engen Grenzen oder Zwängen. Es ist der Mut zur Veränderung, der gerade im Rahmen einer therapeutischen Beziehung wichtiges Arbeitsmittel ist. Die Minusvariante dieser Farbe ist die Gefahr einer gewissen Oberflächlichkeit. Die Gelbstimmung unterstützt die Tendenz zur Projektion der eigenen Schwierigkeiten auf andere oder die Vorstellung, mit einer Änderung der äußeren Bedingungen vollzieht sich eine anstehende Konfliktlösung wie von selbst.

»Wenn ich eine Weltreise mache, nabele ich mich ganz automatisch von meiner Mutter ab«, sagte mir eine 18-jähriger junger Mann. Wir konnten herausarbeiten, dass eine äußere Distanzierung noch keine wirkliche Ablösung garantiert. »Ich nehme meine Abhängigkeit von ihr letztlich mit auf die Reise«, meinte er anschließend mit spürbarem Ärger in der Stimme. »Ich komme also nicht darum herum, mich bewusst um Verselbständigung und Unabhängigkeit zu bemühen.« Damit ist die Kehrseite der gelben Farbe offensichtlich: Die Bereitschaft, sich der Lösung eines Konfliktes durch Flucht zu entziehen mit der Tendenz, davon überzeugt zu sein, dass das Glück immer da zu finden ist, wo ich gerade nicht bin.

1.3.6 Farbe Braun

Auch das Braun in seinen verschiedenen Nuancen spielt in Kinderbildern häufig eine Rolle. Es ist die Farbe der Mutter Erde und wird darum häufig unter dem Aspekt einer sicheren Erfahrung im mütterlichen Raum ebenso wie als Ausdruck der Sehnsucht verwendet. Diese Farbe hat sehr viel mit dem eigenen Körpergefühl zu tun, mit Genussfähigkeit und Sinnenfreude. Hierzu gehört sowohl der Genuss des Essens, als auch die Freude an der Fähigkeit, etwas ausscheiden zu können. Kinder, die ihren Stuhlgang zurückhalten, die die Lust des Hergebens nicht als Befreiung erleben können, zeigen häufig die Bereitschaft in ihren Bildern braun zu verwenden. Braun als Ausdruck eines Wunschdenkens ebenso wie als Ekel.

1.3.7 Farben Schwarz und Weiß

Schwarz und weiß sind auch aussagekräftig, gerade weil sie »unfarbig« sind. Schwarz ist Ausdruck der Verneinung, der absoluten Ablehnung ebenso wie eines bedingungslosen Wollens. Es ist nicht von ungefähr, dass alle radikalen Gruppen schwarze Kleidung wählen. So ist es bei den Faschisten ebenso zu beobachten wie bei der SS, bei den Rockern gleichermaßen wie bei den Gothics. Aber auch in der Eroberung neuer Perspektiven, wie bei den Existentialisten, man denke nur an

Juliette Greco, ist Schwarz Ausdruck einer geistigen Radikalität. Gleichzeitig kann Schwarz aber auch Wert und Bedeutung einer Person unterstreichen: Audrey Hepburn im »kleinen Schwarzen« in dem Kultfilm »Frühstück bei Tiffany« ist unvergesslich. Psychologisch symbolisiert diese Farbe aber auch das Dunkle in all seiner Bedrohlichkeit: Der eigene Schatten, die eigenen Triebaspekte und -Impulse, die solange sie unbewusst sind, so gefährlich erscheinen, wie Zerberus, der dreiköpfige schwarze Hund der Unterwelt.

Weiß im Gegensatz dazu hat die Bedeutung der Unberührtheit, des Reinen.

Es sind die blühenden Kirschbäume, die unser Herz berühren, das Versprechen des Neubeginns im Frühling. Und gleichzeitig ist weiß die Farbe des Schnees, der alles bedeckt und häufig mit einem Leichentuch gleichgesetzt wird. So ist auch verständlich, warum in China weiß als Farbe des endgültigen Abschieds, der Trauer, des Todes gewählt wird. Wir dagegen sehen im Schwarz diese Aspekte. So zeigt sich über die Symbolik, dass die Gegensätze zusammengehören und erst die Verbindung der polaren Aspekte das Geheimnis einer Farbe ausloten kann.

Zusammenfassung

Strichführung ebenso wie die Orientierung im Raum können wichtige diagnostische Hilfsmittel sein. Es geht dabei nicht nur darum, was das Kind malt, sondern wie es malt und wie es das angebotene Material nutzt.

Farben drücken die Gefühle eines Menschen häufig deutlicher aus, als es die Sprache vermag. In Kinderzeichnungen kann man über die Farbwahl wichtige Eindrücke hinsichtlich der seelischen Befindlichkeit des Kindes gewinnen. Betrachtet man Farben aus der Perspektive der Symbolik, enthält jede Farbe in sich die Polarität von hell und dunkel, von positiv und negativ. Sie muss darum immer im Kontext der kindlichen Persönlichkeit verstanden und darf nicht bewertet werden. Dieser Blickwinkel erst erlaubt die Nähe zu einer archetypischen Gesetzmäßigkeit, die zum Verständnis menschlichen Seins einen vertieften Zugang erlaubt.

1 Malen – Form und Gehalt

Literatur zur vertiefenden Lektüre

Anati, E. (2002). Höhlenmalerei. Mannheim: Albatros.
Bosinski, G. (1998). Altamira. Stuttgart: Jan Thorbecke.
Lorblanchet, M. (2001). Höhlenmalerei. Stuttgart: Jan Thorbecke.
Lüscher, M. (1989). Die Lüscher Farben. München: Mosaik.
Lüscher, M. (2005). Der 4 Farbenmensch. Überarbeitete Neuauflage. Berlin: Ullstein TB.
Ruspoli, M. (1998). Die Höhlenmalerei von Lascaux. Augsburg: Bechtermünz.

Weiterführende Fragen

- Welche Schlussfolgerungen erlauben Strichführung, Raumorientierung und Wahl des Materials hinsichtlich der psychischen Befindlichkeit des Kindes oder Heranwachsenden?
- Inwieweit ist es problematisch, Farben mit einer allgemeinen Befindlichkeit gleichzusetzen, wie es zum Beispiel der Volksmund tut?
- Können Farben in ihrer Aussage besser verstanden werden, wenn man von aktiven und passiven Farben spricht?
- Können Farben bei einseitigen Bewusstseinszuständen ausgleichend wirken?
- Haben Farben bei pathologischen Prozessen unter Umständen eine heilende Wirkung?

2 Malen in den verschiedenen Altersstufen

Bilder von Kindern in verschiedenen Alters- und Entwicklungsstufen ermöglichen dem Laien wie dem Fachmann/der Fachfrau ein vertieftes Verstehen von Kindern und Jugendlichen in ihren unterschiedlichen Fühl- und Erlebnisweisen. Dabei wird sichtbar, dass seelische Erkrankungen als Ausdruck eines inneren Ungleichgewichtes zu verstehen sind. Im therapeutischen Malen kann sich ein harmonischer Gefühlszustand entfalten. Staunend vor dem eigenen Werk zu stehen und zu wissen, das bin ich, das habe ich geschaffen, damit habe ich mich von Komplexen gelöst, lässt in zunehmendem Maß auf die Gewissheit vertrauen, eine innere Stabilität zu erreichen. Das Kind malt nicht primär was es sieht, sondern vermittelt uns wie es wahrnimmt. Dabei ist äußerer Eindruck und inneres Erlebnis noch eng verbunden.

2.1 Malen des Kleinkindes

Wenn das Kleinkind zum Stift greift, gestaltet es in einem ersten Schritt sogenannte Kritzelbilder. Auch sie haben bereits eine Aussage. Das Kind versucht seine Eindrücke auszudrücken und damit für die eigene Person verständlich zu machen. Die für unsere Wahrnehmung scheinbar wahllosen Striche enthalten Botschaften, die sich erst über die begleitenden Worte erschließen. Es kann ein Auto sein, das fährt, damit wird die Erfahrung von Bewegung verarbeitet. Von einem bekannten zu einem unbekannten oder zumindest weniger bekannten

Ort zu kommen schließt eine Fülle von Bildern ein, für die das Kind in seinen Kritzelbildern Ausdruck und Verarbeitung sucht. Es kann aber auch die Beziehung zu einem älteren Geschwister gemeint sein. Die roten, gelben und orangen Striche kommentierte eine Zweijährige: »Momi rennen, ganz schnell weg«. Damit ist der 5-jährige Bruder Moritz gemeint, der sich am Morgen eilig von Mutter und kleiner Schwester trennte und in den Kindergarten zu seinen Freunden lief.

2.1.1 Die Gestaltung des Urknäuels

Der nächste Entwicklungsschritt im Malen ist die Gestaltung des sogenannten Urknäuels. In lustvoller kreisender Bewegung scheinen Außenwelt und Innenwelt in einem ganzheitlichen Umkreisen zusammengefügt zu werden. Hierbei ist es nicht ein einziger Kreis, sondern es wird das umrundende Prinzip einer gefühlten oder gewünschten Einheit in ständiger Wiederholung dargestellt. Bereits dieser erste Versuch, innen und außen in Gemeinsamkeit und wechselseitiger Bedingtheit aufs Papier zu bannen, verrät viel über die Befindlichkeit des Kindes. Kann es den Raum ergreifen, den Stift in die Faust nehmen, sich in die Bewegung vertiefen und in die lustvolle Wiederholung eintauchen? Kann es sich mit seinem Tun verbinden, sich dem Erleben der Ganzheit vertrauensvoll annähern oder verlangt es nach der helfenden Hand des Erwachsenen? Unterscheidet es schon in einem ersten Schritt zwischen den Farben oder greift es wahllos zu den Stiften?

Im Bild eines Dreijährigen dominiert das »Große Runde«, wie er es bezeichnet (▶ Bild 2). Aus einem noch diffusen Ich-Kern, der vom Farbeindruck noch eher blass und zurückhaltend wirkt, entwickelt sich ein klarer grüner Kreis, der wiederum vom Gelb umhüllt ist. Wenn diese Farbe den Aufbruch in eine wachsende Selbstbestimmung symbolisiert, könnte sich hier eine altersspezifische Bereitschaft abbilden, den mütterlichen Schutz, das Enthaltensein zu verlassen. Dies wird durch die Farbwahl unterstrichen. Grün, Blau und Braun sind farbpsychologisch dem Mütterlichen zuzuordnen. Dass dieser Aufbruch sich nicht ohne familiäre Dramatik abspielt, könnte durch das wirre Braun einerseits, aber auch die farbkräftigen senkrecht gestalteten Bereiche rechts und links vermutet werden. Orange als Ausdruck von Vitalität und Kraft scheint hier die Gegenposition zum schützenden Runden zu besetzen. Tatsächlich berichtete die Mutter im Gespräch, dass sie mit ihrem geliebten und umsorgten Sohn gerade »massive Kämpfe ausficht«, wie sie sagt. Wir verstanden das notwendige Aufbegehren als leicht verspätetes Trotzalter. »Ich dachte, ich könnte das umschiffen«, äußerte die Mutter etwas wehmütig, »aber es muss wohl sein!«

2.1.2 Die Gestaltung des Kopffüßlers

Die nächste zeichnerische Entwicklungsstufe ist die der so bezeichneten »Kopffüßler«. Das zentrale Erleben repräsentiert der Kopf, der groß und mächtig als das beherrschende Runde das Bild dominiert. Bezeichnend ist, dass die Kinder in der Regel viel Wert darauf legen, dass der Kopf zwei Augen, einen Strich als Nase und einen Mund erhält. An den Kopf werden zwei lange Striche als Beine senkrecht angefügt. Die Arme wachsen aus dem Kopf, so dass sich insgesamt nahezu eine Kreuzform ergibt (▶ Abb. 1). Für ein kleines Kind hat der Kopf des Gegenübers eine zentrale Bedeutung: Im Kopf repräsentiert sich für seine Wahrnehmung das Gegenüber, der ganze Mensch (▶ Abb. 2).

> *»Das Kind meint mit dem Kopf die Gesamtgestalt des Menschen […] in ihm verdichtet sich ein Grossteil der Erfahrungen mit den anderen Menschen.«*
> (Seitz, 1980)

Als weitere Wahrnehmung kommt für das Kind hinzu, dass der Mensch sich bewegen und dass er greifen kann. So wachsen aus dem Kopf Arme und Beine. Und schließlich ist das Hören fürs Kind von besonderer Bedeutung. Wie tönt die Welt, was ist Sprache, was muss ich hören, oder was soll ich nicht hören. Aus dieser Sicht ist verständlich, dass die meisten Kinder ihrem Kopf noch riesige Ohren anfügen (▶ Abb. 2).

2 Malen in den verschiedenen Altersstufen

Abb. 1-4: Monster unter verschiedener Akzentsetzung

2.1.3 Eindruck wird zum subjektiven Ausdruck der menschlichen Gestalt

Die Malserie eines knapp Fünfjährigen (▶ Abb. 1–4) unterstreicht die Weiterentwicklung in Wahrnehmung und Gestaltung der menschlichen Figur. Beeindruckend ist das erste Bild, in dem er Arme und Beine gestaltet. Wichtig waren ihm die Finger und die Füße, die selbstbewusst Schritte nach rechts in die Progression wagen. Interessant ist die Wahrnehmung von senkrechten und waagrechten Linien, die jedoch noch keinen Körper abbilden. Augen und Mund haben eine zentrale Bedeutung. Das Beißen im Sinne einer Erkenntnis, Biss zu entwickeln, könnte damit gemeint sein (▶ Abb. 3). Begeistert über seine Gestaltungsfähigkeit, sicher auch angeregt durch mein gespanntes Beobachten, folgten nun weitere Menschbilder, die als Monster bezeichnet werden. Im dritten Bild wird erstmals die Nase dargestellt. Die beiden Öffnungen waren dem kleinen Zeichner dabei besonders wichtig. Der über dem Bauch hängende Halbkreis soll die ausgestreckte Zunge darstellen. Die Arme werden nun selbstverständlich am Bauch befestigt (▶ Abb. 4).

2.1.4 Abbildung des Menschen in seinen Körperfunktionen

Und schließlich nehmen die Körperfunktionen einen wichtigen Raum ein: So entstand das »Pipimonster« (▶ Abb. 4). Die Eltern berichteten von ihrem Sohn, dass er im Kindergarten dadurch auffiel, dass er sich und anderen Kindern gern Perlen in alle Öffnungen des Körpers steckte. Es schien, als ob er damit in besonderer Weise wahrnehmen wollte. Im Gespräch konnten die beunruhigten Eltern erkennen, dass ihr Sohn seine und die Körperlichkeit anderer Kinder erfassen wollte. So auch die geschlechtliche Unterschiedlichkeit, die sich in seiner Frage ausdrückte, warum die Mädchen ein Loch hätten, in das man etwas hineinstecken könnte und die Jungen nicht.

Es war offensichtlich, dass der Junge nach Informationen hinsichtlich der geschlechtlichen Unterschiedlichkeit suchte. Mit Hilfe von Büchern und bezogenen Gesprächen war es möglich, die Grundtatsachen von Zeugung, Schwangerschaft und Geburt zu beschreiben und dem Jungen über die Information seine über das Perlenspiel symbolisch geäußerten Fragen zu beantworten. Die Eltern erkannten, dass ihr Sohn Sicherheit in seiner männlichen Rolle suchte. In der Folge wagte er immer wieder, ein kleines Monster zu sein. Die Perlenspiele dagegen hörten wie selbstverständlich auf.

2.2 Malen im Vorschulalter

Im letzten Kindergartenjahr wird zunehmend die Bedeutung des Leibes erkannt. Kinder setzen nun an den Kopf den zumeist kugelrunden Bauch, der gern mit einem Bauchnabel versehen wird. Jetzt werden auch Farben bewusst eingesetzt. Das Kind ist wählerisch und sucht »seine« Farben aus.

In der Abbildung eines Menschen (▶ Bild 7) legt die Sechseinhalbjährige großen Wert auf die Blaufärbung des Bauches. »Da ist es sehr gemütlich da drinnen«, meint sie nachdenklich. Angesichts dieser subjektiven Erfahrung von Geborgenheit wagt sie die Darstellung aggressiver Impulse. Die Hände als zupackende, greifende und begreifende Organe sind für sie sehr bedeutsam. Sehr genau wird abgezählt, ob die Anzahl der Finger stimmt und sie möglichst naturgetreu mit ihren Gelenkverdickungen abgebildet werden. Das Gesicht mit seinem deutlich aggressiven Ausdruck, die Zähne und die wild in die Luft ragenden Haare zeichnen den anderen Aspekt. Es geht um den Mut, sich aus regressiv orientierter Geborgenheit zu befreien und zupackend die Welt zu ergreifen und zu begreifen. Es ist die notwendige Vorbereitung auf die Schule, die zunehmend Autonomie und Eigenständigkeit verlangt. Dass dieses Erfordernis durchaus zwiespältige Gefühle weckt, vermittelt die Doppelbödigkeit des Bildes. Das Mädchen, als solches bezeichnet die Malerin ihr Werk, ist nicht »angezogen«. Der Bauch weist noch auf frühere Entwicklungsstufen hin, während der dynamische zupackende Aspekt auf die anstehende Entwicklungsaufgabe hinweist.

Die Frage nach der Schulreife des Kindes war Grund der Vorstellung bei mir gewesen. Zum einen lässt sich am Bild ablesen, dass ausreichend vitale Ressourcen bestehen. Zudem signalisieren die gelben Haare die Bereitschaft, in die neue Welt des Lernens und Leistens aufzubrechen. Die Eltern meldeten nach dem ersten Vierteljahr Schule erleichtert und beglückt, sie sei mühelos »angekommen«.

Allmählich beginnen Kinder in der Phase des ersten Gestaltwandels die Menschen geschlechtlich deutlich zu unterscheiden und sie »anzuziehen«.

Unabhängig von der Kleidermode werden Mädchen immer noch in den meisten Fällen mit einem Rock, die Jungen mit Hosen gemalt.

Die Zeichnerin, eine wache, sehr redefreudige knapp Siebenjährige wurde mir wegen ihrer heftigen Wutanfälle vorgestellt. Ihr Bild, dass sie spontan in der ersten Stunde malte, kann man wie eine Darstellung ihrer innerpsychischen Konfliktsituation lesen (▶ Bild 8). Die blaue Figur im spitz zulaufenden Rock und einem Oberteil, das wie ein T anmutet, scheint durchsichtig zu sein und wird vom Farbeindruck durch ein das ganze Blatt bedeckendes Rot dominiert. Der Mund wirkt wie zusammengepresst. Der linke Arm, durch die doppelte Linie verstärkt, scheint wie hilfesuchend nach oben gereckt und mit den 6 Fingern besonders auf sich aufmerksam zu machen. Der rechte Arm, nur durch eine S-förmige Linie dargestellt, hängt fast hilflos nach unten mit einer klobigen Hand versehen, die jedoch nicht wirklich greifen kann. Das Mädchen konnte sehr bewusst über seine Schwierigkeiten reden. Es meinte, die Wut würde sie manchmal fast zerreißen, weil sie das Gefühl habe, die Mama würde nur den kleinen vierjährigen Bruder lieben. Manchmal wollte sie am liebsten tot sein, dann müssten die Eltern weinen, aber dann sei es zu spät. Innerpsychisch wird sichtbar, dass die rationalen Belehrungen der Eltern und Ermahnungen sie nicht nur hilflos machten, sondern zusätzlich angesichts ihrer negativen Gefühle gegenüber dem Bruder Schuldgefühle weckten. »Darf man als Schulkind denn nicht mehr wütend sein?«, fragte das Kind etwas kläglich während des Malens.

Die Eltern wurden angesichts des Bildes und unserer gemeinsamen Deutungsversuche sehr nachdenklich und konnten ihre Haltung reflektieren. »Wir haben immer von unserer Tochter zu viel erwartet. Als kleines Mädchen war sie nie eifersüchtig, sie half beim Wickeln und Füttern des Bruders. Erst in den letzten Monaten haben sich ihre Wutausbrüche so gesteigert. Und wir haben natürlich versucht, an ihre Vernunft und Einsicht zu appellieren, ohne Erfolg.« Die eigentliche Veränderung innerhalb der Familie vollzog sich durch die Umstellung der Eltern. Sie lernten, sich auf die Fühlwelt ihrer Tochter einzustellen, statt von ihr eine rationale Erwachsenenperspektive zu verlangen. Die Mutter nähte ihr zum Abschluss unserer Gespräche ein »Wutkissen« und der Vater schrieb darauf mit flammend roten Buchstaben »Wut tut gut.«»Da kann sich unsere Tochter bei Bedarf abreagieren«, meinte er, »und«, mit einem Seitenblick auf seine Frau, »wir vielleicht auch manchmal?«.

2.3 Malen in der Latenz

Schulkinder beginnen die Figuren in eine Welt zu stellen. Es finden Interaktionen statt und Kinder erzählen häufig eine Geschichte zu ihrem Bild. Jetzt werden Farben ganz bewusst gewählt, nicht mehr in einer gewissen Zufälligkeit. Das Kind beginnt, sich selbst als Individuum zu erfassen und demgemäß Farben auszuwählen, die seiner subjektiven Befindlichkeit entsprechen.

Es ist eine Zeit intensiver Selbstwahrnehmung. Kinder in diesem Alter betrachten sich schrittweise gewissermaßen von außen, mit den Augen der anderen. Man möchte gefallen und in seiner Individualität von den anderen positiv wahrgenommen werden. Lob und Anerkennung, die Bestätigung, »richtig« zu sein, ist in diesem Alter eine wichtige therapeutische Haltung, um ein noch nicht allzu stabiles Selbstbewusstsein positiv zu unterstützen. Mit Vorliebe werden in diesem Alter Selbstporträts gemalt, die in Farbwahl und Selbstwahrnehmung eine deutliche symbolische Aussage darstellen.

Die 9-jährige Malerin legte bei ihrem Bild größten Wert darauf, ein schönes Bild zu malen (▶ Bild 3).»Ich mag meine lockigen Haare nicht, die sollten lieber glatt und dunkel sein«, verriet sie.»Dann malst du dich, wie du gern wärst«, antwortete ich. Sie nickte bestätigend und gestaltete mit großer Intensität weiter. Das in zwei Rottönen gemalte Kleid weist einerseits auf eine geballte Energie, ein spürbares aggressives Potential hin, Empfindungen, die, so berichteten die Eltern, nicht spürbar seien.»Sie ist ein ganz liebes Kind und geht sehr fürsorglich mit ihrer Schwester um. Wir machen uns nur Sorgen, weil sie gelegentlich wie verloren auf einem Stuhl in ihrem Zimmer sitzt, offensichtlich träumt und nicht ansprechbar ist.«

Der untere Teil des Kleides in purpurrot verrät ihr Bedürfnis nach Würde und Wert. Gleichzeitig fehlen aber die Beine und der mögliche Hinweis auf Geschlechtlichkeit. Im Gegensatz dazu steht die Aussage auf der Brust:»Ich liebe Tom.«

Die Kombination des roten Trägerkleides mit den unvollständigen schwarzen Armen könnte auf unterdrückte Aggressionen hinweisen. Aber darf man die Hände in dieser Weise benutzen? Bei einem liebevollen aggressionsfreien Elternhaus kann das nur Schuldgefühle wecken und muss verdrängt werden. Das mag eine Erklärung für die fehlenden Beine und reduzierten Arme sein. Die leuchtend blauen Augen und der intensiv rote Mund weisen auf die Vitalität des Kindes hin. Aber man könnte fragen, ob in den nach links gerichteten Augen auch ein Ausdruck von Sehnsucht liegt. Ein zartes Gefühl, das in der ebenso zart getönten grünen Nase seine Entsprechung findet? Kinderbilder sind immer auch Rätsel. Sie ganz entschlüsseln zu wollen, wird schnell zur Anmaßung. Meine eher fragenden Beobachtungen und Wahrnehmungen wurden zwar gelegentlich mit einem Nicken beantwortet. Aber Kinder lassen uns oft im Dunkel unserer Hypothesen stecken.

Eine ganz andere Selbstwahrnehmung hat ein Zehnjähriger, der mir wegen einer Stottersymptomatik vorgestellt wurde. Er malte in der 25. Stunde sich selbst (▶ Bild 5). Spontan hatte ich die Assoziation eines Embryos, das in der Schwerelosigkeit noch weitgehend ungeformt treibt. Arme und Beine scheinen noch wenig differenziert ausgebildet, Hände und Füße sind unvollkommen. Betrachtet man die Arme in einer Linie, könnte man eine Schlange assoziieren, die sich durch den Schultergürtel windet. Einzig das Gesicht ist bereits menschlich. Der spürbar traurige Gesichtsausdruck korrespondiert mit dem hohen Leidensdruck, den der Junge inzwischen selbst empfindet. Eine Entsprechung findet sich im Mund, der wie eine Wunde wirkt. Unwillkürlich fiel mir das Wort »die Zähne zusammenbeißen« ein. Demonstrierte das Symptom, dass der Junge versuchte, sein Leben »vernünftig« zu steuern und Gefühle außer Acht zu lassen? Das Gelb der Haare ist, wie die ganze Figur, schwarz umrandet. Es scheint, als ob es eine innerpsychische Barriere daran hindert, aus einer zwiespältigen Situation auszubrechen, die sich im Stottern offenbart. Parallel dazu ist dem Jungen aber offensichtlich auch das altersgemäße Aufbrechen in die vorpubertäre Entwicklungssituation, die durch Protest und Abgrenzung charakterisiert ist, versperrt. Es bleibt nur der Ausweg der Regression in einen Zustand paradiesischer Passivität, die aber keine wirkliche Lösung des Problems verspricht. Zurück zu tauchen in eine erhoffte mütterliche Geborgenheit macht gleichzeitig handlungsunfähig, wie Arme und Beine der Gestalt belegen. Aus der Sicht der Psychologie C. G. Jungs wäre damit der negative Aspekt der archetypischen Großen Mutter evoziert, die symbolisch gesprochen, das Männliche in Liebe verschlingt und dadurch autonome Entwicklungsschritte unmöglich macht.

Ein Selbstbildnis besonderer Art entstand bei einer ebenfalls Zehnjährigen (▶ Bild 6). Sie begann ihre Zeichnung in der Vorstellung, ein »Wutbild« zu malen. Sehr selbstbewusst kommentierte sie es mit den Worten: »Das ist mir richtig gut gelungen, finde ich.« »Ich bin es«, diese Sprechblase zeigte, dass sie sich mit ihren durchschießenden Affekten zunehmend anfreunden konnte, statt sie schuldhaft einzuordnen. Dass diese gefühlte Erkenntnis noch nicht wirklich in der Realität ihres eigenen Lebens angekommen ist, zeigen die kräftigen Arme, die jedoch nur über Hände mit 4 Fingern verfügen.

Bei einem zehnjährigen Mädchen kann das kein Zufall sein. Bemühen wir die Zahlsymbolik, so weist die vier in den mütterlichen Raum. Tatsächlich hatte das Mädchen, ein Adoptivkind aus dem asiatischen Raum, eine sehr belastete Frühgeschichte mit traumatischen Mangelerfahrungen hinsichtlich bergender und schützender Qualitäten.

Interessant ist das Gesicht mit einem deutlich triumphierenden Ausdruck. Von roten Strahlen umgeben liegt die Assoziation einer Sonne nahe. Zentrales Moment ist die goldgelbe Haarfülle, die in der Form einer aufgerichteten Schlange ähneln könnte. Meine vorsichtig geäußerte Vermutung bestätigte das Mädchen strahlend. »Das gehört zur Wut dazu«, meinte sie überzeugt. In der Therapie hatte das Mädchen seine frühe Bindungsstörung bewältigt und war nun dabei, sich mit seinen aggressiven Impulsen auseinanderzusetzen. Indem es erfuhr, dass die therapeutische Beziehung durch ihre Wutausbrüche nicht gefährdet wurde, konnte sie sie zunehmend als dynamische psychische Kraft integrieren. Die schwankenden Schulleistungen stabilisierten sich vor diesem Hintergrund zunehmend. Die zunächst ungesteuerten Affekte verwandelten sich schrittweise in aktives, zielorientiertes Tun.

2.4 Malen in der Vorpubertät

Die Vorpubertät ist eine Zeit, in der das dynamische Erleben im Vordergrund steht. Auch in der Therapie ist die Bereitschaft, spontan selbst zu malen, eher selten. Eine Ermunterung dazu schließt ein, zu vermitteln, dass ein mitgeteilter Inhalt leichter verständlich und nachvollziehbar sei, wenn er abgebildet wird. Auf diese Weise sind viele Skizzen von Kindern in diesem Alter entstanden, aber auch sehr dynamische Malereien, die häufig an expressionistische Kunstwerke erinnern und die dramatische Schwellensituation der Vorpubertät in ihrer Lebendigkeit aber auch Beunruhigung anschaulich machen.

Das Bild einer knapp 12-Jährigen veranschaulicht diese entwicklungsbedingte Unruhe sehr überzeugend (▶ Bild 9). Die Füße, die in kräftigen braunen Stiefeln stecken, scheinen den Boden unter den Füßen verloren zu haben. Die Figur selbst wendet sich in abwehrender Bewegung nach links. Die Hände scheinen in ihrer gekrümmten Form Belastendes, das aus dem linken Raum kommt, abwehren zu wollen. Der Kopf, Sitz des Bewusstseins, ist gegenüber dem massigen Körper klein, fast erdrückt vom oberen Bildrand. Es fehlt die Nase als Ausdruck der individuellen Ich-Identität. Der Mund ist leicht geöffnet, erstaunt oder erschreckt angesichts dessen, was aus dem Unbewussten aufzutauchen scheint. Der verstörende Gehalt wird durch die linke Hand, die durch das Übermalen eine geisterhafte Farbe hat, noch verstärkt. Die Farben der braunen Hose und des blauen Pullovers dominieren das Bild und finden ihre Wiederholung in den Haaren und dem blauen Auge. Es sind Farben, die einerseits die Erdhaftigkeit betonen, zum anderen auf den Halt gebenden Aspekt im mütterlichen Raum hinweisen. Diesen Raum mit der Vorpubertät zu verlassen, sich mit der Dynamik der unbewussten Triebbedürfnisse auseinander zu setzen, ist eine Herausforderung, die Mädchen oft schwerfällt. Abgrenzung von der Mutter, eine eigene Identität entwickeln und sich dann wieder über die Identifikation anzunähern, ist vor allem deshalb schwierig, weil dieser Prozess in kurzer Zeit gelingen muss. Jungen haben es in diesem Zusammenhang leichter, weil ihre Abgrenzung von der Mutter nicht zwingend eine Wiederannäherung und Identifikation fordert. Vielleicht steckt auch ein wenig Sehnsucht in diesen überlangen Hosenbeinen, die aber gemäß einer offensichtlichen Ambivalenz nicht sorgsam ausgemalt werden.

Die heile Welt, das Blümchen im Rücken der Figur, das noch fest auf dem grünen Boden verankert ist, muss verlassen werden, ohne Rück-Sicht. Es geht ja auch um eine Veränderung der eigenen Person, des eigenen Verhaltens. Dieser notwendige Schritt wird den Vorpubertierenden seitens der Umwelt nicht immer leichtgemacht.

2.5 Malen in der Pubertät und Adoleszenz

In der Pubertät und im Jugendlichenalter eignet sich die Methode C. G. Jungs, das Malen aus dem Unbewussten, in besonderer Weise, um eine wertneutrale Beziehung herzustellen. Es erlaubt, jenseits von malerischen Fähigkeiten, im Verstehen der Symbolik einen Zugang zu den inneren Konfliktthemen, die häufig dem Bewusstsein noch nicht zugänglich und darum auch nicht mitteilbar sind. Die fehlende Gegenständlichkeit unterläuft der Gefahr einer destruktiven Selbstkritik, die nicht selten Kreativität erschwert. Der häufig geäußerte Ausspruch »ich kann nicht malen« verliert seine negative Wirksamkeit und an seine Stelle tritt gemeinsames Staunen über das, was sich dem ahnenden Verständnis erschließen will.

Jugendliche sind sehr offen, das Geheimnis der spontanen Malereien zu entschlüsseln und mit ihrem verbal geäußerten Erleben in Beziehung zu bringen. Rätselhaftes, nicht bewusst Geplantes bietet sich für einen intuitiven Suchprozess an und führt häufig zu einem spontanen »Aha«-Erlebnis.

Darüber hinaus wird das Malen häufig ganz spontan als Möglichkeit gewählt, sich einerseits in den therapeutischen Stunden zu beschäftigen und damit gleichzeitig dem ständigen Blickkontakt auszuweichen. Dies erlaubt auf der anderen Seite aber gerade dadurch, sich leichter äußern zu können.

Das Bild eines Vierzehnjährigen (▶ Abb. 5) ist für die Entwicklungsstufe der Pubertät charakteristisch. Die Jugendlichen lieben es in dieser Zeit, den Bleistift zu wählen. Farben könnten zu viel von ihrem ihnen selbst unvertrauten Unbewussten verraten.

Das Bild ist deutlich nach oben verschoben. »Es passt zu meiner Kopflastigkeit«, meinte der Jugendliche. Es ist ein Ballon, der in seinem Höhenflug noch erahnbar ist. Die sechseckige Plane ist nicht genau in der Mitte des Ballons befestigt. Es wird damit der dominante Aspekt der rechten Seite betont. Während rechts ein weit verästelter Baum wächst, ist der linke Raum leer. Das starre Auge, in der Mitte der Plane, aber aufgrund der Aufhängung deutlich links orientiert, erscheint blicklos. Spontan äußerte der Jugendliche, damit verbände er das kühl abwägende Auge seiner Mutter, die ihn unentwegt kontrollierte. »Sie traut mir einfach nicht zu, dass ich mich selbst organisieren kann und meint, mir alles vorschreiben zu müssen. Ständig warnt sie mich vor möglichen Gefahren, wenn ich nicht alle Eventualitäten berücksichtige...«

Geheimnisvoll bleibt die Tatsache, dass die Plane an den schmächtigen Baum in der Mitte und unten angebunden ist. Könnte dieser hochsensibel und differenziert gemalte Baum als Ich-Symbol durch einen kräftigen Ruck des Ballons entwurzelt werden, oder hindert er

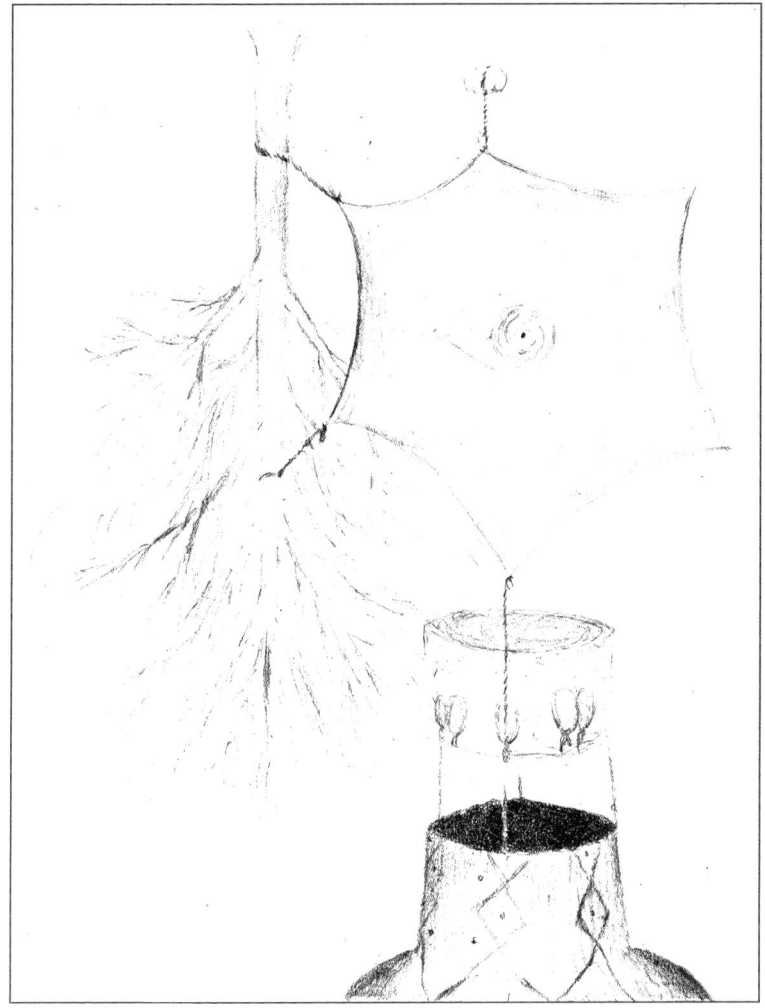

Abb. 5: Die Frage nach der eigenen Identität

umgekehrt den Ballon an einer freien Fahrt? In der Betrachtung des Bildes stiegen immer mehr Fragen auf. Es wäre allerdings eine anmaßende Grenzüberschreitung gewesen, wenn diese Fragen laut gestellt worden wären.

Mit den drei Objekten könnten vordergründig die Eltern und der Patient gemeint sein, die in einer merkwürdigen Unbezogenheit miteinander verbunden waren. Innerpsychisch repräsentieren diese Objekte aber auch mögliche innere Erlebnisweisen. Das überwachende Auge der Mutter, das den Baum als Ausdruck einer sich entfaltenden Ich-Identität kontrolliert, dürfte mit dem Eigenanspruch korrespondieren, alles richtig machen zu müssen. Dass die Plane in ihrer Sechseckigkeit eine gewisse Regelmäßigkeit vertritt, scheint in der Interpretation der Zahlsymbolik auf die Sehnsucht nach harmonischer Beziehung hinzuweisen. Es lässt sich aus der Anordnung der Einzelheiten der Wunsch ablesen, sich neu zu orientieren. Die liebevolle Verzierung am Ballon, der sich ja in die freien Weiten erheben soll, könnte auf die geheime Wertschätzung des Väterlichen hinweisen. Aber insgesamt scheint dieser Vater fern zu sein, sodass für den Jugendlichen die Sicherheit der männlichen Identität und damit auch die Anbindung an eine geistige Welt fehlt, die ihn aus der mütterlichen Gebundenheit herauslösen könnte.

In der Adoleszenz kann die bildhafte Gestaltung sehr befreiend wirken.

»Ich weiß meist nicht, was es werden will, wenn ich anfange zu malen«, meinte ein 18-Jähriger. Aber es beruhigt mich, während unserer Gespräche zu malen und hinterher erstaunt zu sehen, was entstanden ist. Und meistens passt es.«

Dieser junge Mann litt an ihn sehr belastenden Zwängen. Er hatte panische Angst, sich vor allem in fremden Toiletten zu infizieren, wusch häufig die Hände und erlebte sich insgesamt als schmutzig. Dies leitete er vor allem von seinen Gedanken ab, die zwanghaft um entwertende Worte aus dem Analbereich kreisten. Er lebte in der ständigen Angst, er müsse sie herausschreien und andere Leute damit schocken. Das Händewaschen wurde zum Ritual der symbolischen Abwehr und Wiedergutmachung. Während er von diesem Zwängen berichtete, umkreiste er das entstehende braune Rund immer wieder. Dabei fiel auch ihm die extreme Linksorientierung auf (▶ Bild 10).

Als wir überlegten, dass das, was er unterdrückte – seine Affekte – vielleicht auch eine Berechtigung haben könnte, begann er mit dem frischen Grün eine Hülle um das Braun zu ziehen und der entstehenden

Pflanze Blätter und Stiel zu malen.«Jetzt kann etwas daraus werden«, kommentierte er am Schluss sein Bild,»es könnte sich daraus etwas wie eine Kastanie entwickeln.« Und ich ergänzte:»Außen eine stachlige Hülle und innen ein glatter, glänzender Kern.«

Entscheidend war, dass der junge Mann über sein Bild eine Neubewertung seiner Glaubenssätze wagte und den unterdrückten Inhalten die negative Wertung entzog. Dies war der Beginn, den Waschzwang mehr und mehr loszulassen und ein positives Selbstwertgefühl zuzulassen.

Zusammenfassung

Die Entwicklung zeichnerischer Fähigkeiten orientiert sich an der Ich-Entwicklung. Die Spanne reicht vom Kritzelstadium über den Kopffüßler bis zur Menschdarstellung. Zunächst stehen bestimmte Sinneserfahrungen und ihre Darstellung im Mittelpunkt. Erst mit dem Schulalter wird der Mensch in seiner Ganzheitlichkeit erfasst. Bereits im Kleinkind- und Vorschulalter können jedoch gewisse Kriterien auf innerpsychische Konflikte hinweisen.

Vom Schulalter bis zur Adoleszenz ermöglicht das Malen eine aussagekräftige Darstellung innerpsychischer Konfliktsituationen. Deutende Interpretationen erlauben eine vertiefte Selbstwahrnehmung. Dabei ist nicht so sehr die Begabung entscheidend, sondern die subjektive Wahrnehmung. Das »Wie« des Gestaltungsprozesses und die Wahl der Farbe sind für die Interpretation und Diagnose entscheidend.

Literatur zur vertiefenden Lektüre

Brisch, K. H. (2014). Säuglings- und Kleinkindalter. Stuttgart: Klett Cotta.
Brisch, K. H. (2015). Kindergartenalter. Stuttgart: Klett Cotta.
Brisch, K. H. (2016). Grundschulalter. Stuttgart: Klett Cotta.
Brochmann, I.; Dragsted, S. (2000). Geheimnisse der Kinderzeichnungen. Wie können wir sie verstehen. 2. Aufl. Stuttgart: Freies Geistesleben.
Gier, R. (2015). Die Bildsprache der ersten Jahre verstehen. 3. Aufl. München: Kösel.

Hopf, H. (2014). Die Psychoanalyse des Jungen. Stuttgart: Klett Cotta.
Rogge, J. U. (2000). Pubertät, Loslassen und Halt geben. 10. Aufl. Reinbek: Rowohlt.

Weiterführende Fragen

- Welche Abfolge charakterisiert die Entwicklung des kindlichen Zeichnens?
- Wie ist ein »Überspringen« zu interpretieren?
- Haben Farben bereits in der frühen Kindheit eine bestimmte Aussagekraft?
- Lassen Einseitigkeiten auf eine pathogene Familiendynamik schließen?
- Welche Hinweise gibt es auf konflikthaftes innerpsychisches Erleben?
- Welche Funktion haben interpretierende Deutungen im Vorschulalter?
- Ist es fruchtbar, Schulkinder innerhalb der Therapie zur malenden Gestaltung anzuregen?

3 Das Malen in seiner therapeutischen Funktion

Vor dem Hintergrund der Analytischen Psychologie C. G. Jungs wird das Malen ganz bewusst als therapeutisches Handwerkszeug eingesetzt. Der Patient wird ermutigt, seine konfliktbesetzte Thematik malerisch darzustellen. Mit diesem Ansatz wird ein doppeltes Moment verfolgt: Aus der Sicht des Patienten hat die malerische Darstellung an sich schon einen spannungsauflösenden Charakter. Es entsteht eine Atmosphäre innerer Konzentration auf das Thema selbst und das erleichtert sowohl einen sprachlichen Kontakt als auch ein entspanntes Schweigen. Es ist möglich, zu große Nähe gleichsam zu relativieren, indem ein Augenkontakt vermieden wird. Auf der anderen Seite kann die vorurteilsfreie Beobachtung das sichere Gefühl vermitteln, positiv wahrgenommen zu werden. Für den Therapeuten kann es sehr hilfreich sein, wenn das gesprochene Wort, die Erzählung durch die Gestaltung im wahrsten Sinne Farbe erhält. Dies erlaubt dem Therapeuten, seine eigene Vorstellung mit dem Erleben des Kindes oder Jugendlichen abzugleichen. Nicht selten vollzieht sich dadurch eine heilsame Korrektur vorgefasster Meinungen.

3.1 Die Bearbeitung der Komplexe in der bildnerischen Darstellung

Zwischen Kindern und Jugendlichen besteht objektiv ein Machtgefälle. Der Auftrag, zu erziehen, die so bezeichnete Fürsorge, wird jedoch gerade von älteren Kindern häufig als rechthaberisches Agieren erlebt.

In einer gemischten Gruppe 12- und 13-jähriger Kinder erörterten wir das Verhältnis von Erwachsenen und Kindern. Auf meine Frage, ob es möglich sei, das jeweilige Erleben des Einzelnen im Bild zu verdeutlichen, griffen alle spontan zu den Farben. Eine Dreizehnjährige saß lange stumm vor ihrem Blatt, während bei den anderen dramatische Szenen entstanden. Schließlich meinte sie: »So wie ihr kann ich nicht malen, aber ich kann in Farbe schreiben«. Das entstandene Bild spricht für sich (▶ Bild 11): Zunächst entstand wie ein Aufschrei die Schrift in Blau »Ihr« und in Grün »Erwachsene«. Dann überlegte sie wieder lange und malte das schwarze Viereck, gleichsam ein Plakat mit der Demonstration, dass diese Erwachsenen immer Recht haben. Als Ergänzung muss der hellblaue Protest von rechts verstanden werden, die Aufschrift »Falsch«. Dieses Bild gab Anlass für eine ausführliche Diskussion, in der sich alle an der Interpretation des Bildes beteiligten. Einerseits bestand die Sehnsucht, die Erwachsenen als ein ersehntes positives Gegenüber zu erleben, was sich in der lichten Darstellung des »Ihr« vermittelte. Im Gegensatz dazu nahmen die Heranwachsenden im Grün die Realität wahr, eine Desillusionierung idealer Vorstellungen. Alle waren sich einig, dass es immer ein Risiko bedeutete, die elterliche Dominanz kritisch zu hinterfragen und sie als »falsch« zu enttarnen. Die roten Striche um das Schild herum waren als Aufhängung gemeint, könnten aber, so war die Meinung der Gruppe, genauso Strahlen oder verletzende Pfeile darstellen.

Die Buntheit des Bildes weist darauf hin, dass komplexhaftes Erleben immer vielschichtig ist und häufig von umfassenden Ambivalenzen bestimmt ist.

Das wird in der Ausdrucksform einer Neunjährigen noch deutlicher. Als meine große Holzfigur, der so benannte »Pimmelkönig«, aufgrund notwendiger Reparaturen fern war, meinte sie, wir benötigten unbedingt einen Ersatz. »Das geht nicht, dass der fehlt«, äußerte sie während sie drei Blätter zusammenklebte und dann mit großen Linien die Umrisse anlegte (▶ Bild 4). »Schau nicht so dumm, Du musst das wenigstens ausmalen, das andere mach alles ich«, herrschte sie mich an. Sie gab mir die braune und rote Farbe in die Hand, während sie die schwarze Spinne auf der Krone der Figur gestaltete, das dünne schwar-

3 Das Malen in seiner therapeutischen Funktion

ze Bein malte und sich dann mit großem Eifer dem Penis zuwandte. Sichtbar wurde dabei, wie sehr sie Aufklärungsfragen beschäftigten. Es war ihr eine große Sorge, die Eltern könnten nochmals ein Kind bekommen und sie würde ihren Prinzessinnenstatus verlieren.

Im engen Zusammenhang damit bestand eine intensive ödipale Bindung an den Vater und die dazu gehörige hochambivalente Mutterbeziehung, schwankend zwischen Sehnsüchten nach früher Geborgenheit und rivalisierender Abgrenzung. Beeindruckend sind die Details, die vermitteln, dass das Mädchen viel von der väterlichen Problematik erahnt und gleichzeitig im Urbild des Männlichen archetypische Züge belebt: Zunächst fällt die sexuelle Betonung des Männlichen auf. Man könnte sehr unreflektiert eine Missbrauchssituation vermuten. Die Ursache war jedoch in diesem Fall eine unvollkommene Aufklärung. In falscher Scham hatte ihr die Mutter auf ihre Nachfrage, wie ein Kind und vor allem sie entstanden sei, erklärt, der Penis sei nur zum Pipi machen da. Im Übrigen würden die Kinder als Engel vom Himmel fallen und bei den Eltern ankommen, die sich ganz besonders ein Kind wünschen. Das konnte das wissbegierige Kind nicht wirklich annehmen. Die Frage blieb ungeklärt und wurde zum Motiv des Bildes. Dass die Prinzessinnenrolle, die ihr der Vater zuspielte, wichtige Aspekte der Aggression außer Acht ließ, wird deutlich, wenn man das Bild als ihr Werk auf der Subjektstufe betrachtet. Dann hat sie in der männlichen Figur ihre ganze Thematik und Problematik untergebracht: Die großen Angstaugen, die überspitzen Zähne, die Frage auch nach dem Wert der eigenen Identität. Wir konnten entdecken, dass das Geheimnis des übergroßen Penis einem eigenen Machtbedürfnis entsprach: »Ich bin nämlich eigentlich ganz stark, aber ganz im Geheimen.« Unvermittelt fragte sie dann: »Wollen wir mal Armdrücken machen?« Ich stellte mich zur Verfügung und war trotz aller meiner Anstrengungen sofort besiegt. »Siehst du«, meinte sie triumphierend, »aber das darfst du niemandem erzählen.« »Nur dein Pimmelkönig weiß es«, flüsterte ich und sie nickte bestätigend. Mich beschäftigte noch das linke dünne schwarze Bein. aber da sagte sie nur ein wenig schnippisch: »Das musst du selbst herausfinden.« Ich vermute, dass sich hier ihre Gefühlsseite darstellt, die angesichts der erheblichen Spannungen in der Elternbeziehung belastet war, aber nicht nur von Trauer, sondern auch von der Unbedingtheit,

Sicherheit und Geborgenheit zu erleben. Hierzu passt die Rolle der Fledermaus, die auf der dreizackigen Goldkrone thront: Fledermäuse wurden von jeher dem dunklen Prinzip, dem vordergründig Bösen zugeordnet. Sie verfügen über eine außerordentliche Orientierungsfähigkeit. Indem sie Chaos symbolisieren, stehen sie stellvertretend für illusionäres Denken und fehlendes Realitätsbewusstein. Die saugende Qualität, die ihr zugesprochen wird, könnte im übertragenen Sinn auch die Gefahr in sich schließen, sich von Ärger und Angst quasi aussaugen zu lassen (Zerling & Bauer, 2003). In China dagegen ist die Fledermaus gleichbedeutend mit Zufriedenheit und Glück. Aus dieser Perspektive könnte dieses Bild auf verschiedenen Ebenen die Komplexfelder von Identität und Rolle, von Macht und Ohnmacht, von Gut und Böse in archetypischer Form darstellen. Dann wird auch nachvollziehbar, warum das Mädchen darauf bestand, dass das Bild aufgehängt werden musste: »Alle sollen das sehen und verstehen, die zu Dir kommen!« »Auch die Erwachsenen?«, fragte ich behutsam. »Gerade die!«, war die Antwort.

3.1.1 Das Mutterthema aus Sicht der Analytischen Psychologie

Innerhalb der persönlichen Geschichte spielt die Mutter nach wie vor für die meisten Kinder und Heranwachsenden eine prägende Rolle. Mag die Formulierung des Buches »Die Mutter als Schicksal« (Schottländer, 1959) nicht mehr zeitgemäß sein, wie es in einer aktuellen Rezension heißt, so ist das Mütterliche als Archetyp aus dem Blickwinkel der Analytischen Psychologie doch ein zentrales Moment (Becker & v. Maltzahn, 2017). Der Archetyp geht über die persönliche Beziehung und Erfahrung hinaus. Er umfasst die Erfahrungen, die im Laufe der Menschheitsgeschichte mit dem Weiblich-Mütterlichen in Natur und Kultur erlebt wurden. Archetypen verfügen immer über einen Plus- und einen Minuspol. Häufig wird in der analytischen Arbeit die reale Mutter mit dem Archetyp gleichgesetzt. Gelegentlich bewerten manche Kollegen dann die reale Mutter als schrecklich und nehmen nicht wahr, dass sich hier eine archetypische Wirksamkeit konstelliert. Wenn eine Mutter sehr ichschwach ist, wird sie sich in ihrer Erziehung an Normen und Meinungen orientieren. Ihr Verhalten ist nicht von klaren Ich-Botschaften geprägt, sondern von einer anonymen »Man«-Haltung, mit der sich Kinder nicht auseinandersetzen können. Damit konstelliert sich der dunkle Aspekt des Mütterlichen, indem die entwicklungsfördernden Impulse weitgehend fehlen und negative Korrektur im Vordergrund steht. Ähnliche Wirkungen hat die verwöhnende Erziehung. Kein Kind braucht Verwöhnung, aber es tut einer selbstunsicheren Mutter gut, Konflikte zu vermeiden und das Kind in Abhängigkeit zu fixieren. In der gewährenden Haltung, die ein Kind »zum Fressen gern hat«, ist der negative Pol des Archetyps der großen Mutter gleichermaßen wirksam und erschwert bis verhindert Autonomie.

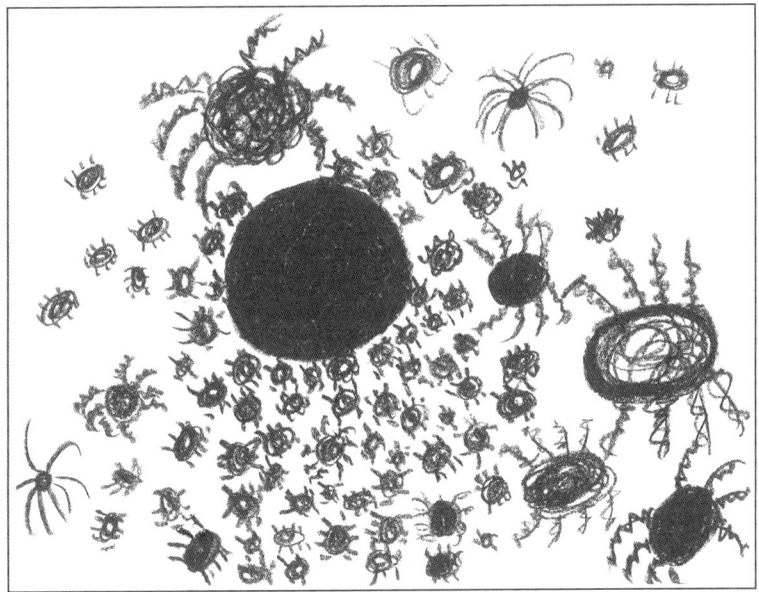

Abb. 6: Spinnen und das Mutterthema

Auf der Symbolebene vertritt das Bild der Spinne diesen Aspekt. Trotz eines großen Farbangebotes wählte die Neunjährige schwarz und malte eine Vielzahl von Spinnen und war völlig versunken in ihrem Tun (▶ Abb. 6). Sie begann mit dem großen schwarzen Runden, »als ob es der Körper von all den kleinen Spinnen ist – oder fallen sie alle in ein großes dunkles Loch?« Schweigend begleitete ich ihr Tun und rief mir die Symbolik dieses Tieres ins Bewusstsein: Überall auf der Welt wird die Spinne als Abbild der »Großen Mutter« erlebt. Als große Weltenspinne spinnt sie aus eigener Substanz den Lebensfaden. So wurde ihr die Macht über Leben und Tod zuerkannt. Ein Bild dafür sind die griechischen Moiren: Klotho, Lachesis und Atropos. Das Gleiche gilt für die nordischen Nornen Urd, Verdandi und Skuld, die den Lebensfaden beginnen, ihn spinnen und abschneiden. Auch das Märchen kennt das Spinnen als Symbol für Schicksal, wenn wir an »Dornröschen« denken.

Im Bild der Malerin dominiert mit dem Schwarz das Bedrohliche, was bereits mit der Fülle der Spinnen unterstrichen wird. Als das Mädchen das Bild betrachtete sagte es aufseufzend, wie zu sich selbst: »So, das wäre geschafft.« Etwas überrascht fragte ich: »Wie meinst du das?« Es lächelte etwas überlegen und meinte dann, »es kann sein, dass die sich alle auffressen, dann ist es nicht mehr gefährlich.«

Die Übermacht, die sich selbst vernichtet, entspricht einem uralten Mythos aus der Argonautika von Appollonios von Rhodos (Lutz, 2010): Die Überfülle der gefährlichen Erdgeborenen die Jason bedrohen, wenden ihre Wut angesichts eines Steins, den er in ihre Mitte schleudert, gegen sich selbst und vernichten sich. Das Malen mag in ähnlicher Weise ein Stein des Anstoßes gewesen sein, der zu einer inneren Befreiung führte.

Ein 18-jähriger junger Erwachsener, der bei seiner allein erziehenden Mutter als Einzelkind aufgewachsen war, setzte sich sehr bewusst mit seinem Mutterthema auseinander, während er malte (▶ Bild 12). Ihm war der Zusammenhang zwischen der Spinne, die spontan entstand und dem, was er berichtete, sofort einleuchtend. In der Jungschen Terminologie sprechen wir vom Phänomen der Synchronizität, wenn zwei parallele Aspekte sich ohne Absprache treffen. In seinem Fall ist es eine Berührung von unbewusstem symbolischen Wissen und bewusster Erzählung. Auf den Zusammenhang angesprochen meinte er: »Sie webt wirklich ein behütendes und gleichzeitig verschlingendes Spinnennetz um mich, das mir keinen Ausweg lässt. Unentwegt redet sie auf mich ein, was ich vernünftigerweise jetzt nach Abschluss der Schule machen, wie ich mein Leben führen, gestalten sollte, wo der Sinn meines Daseins liegen könnte. Ich kann schon gar nicht mehr selbst denken.« Daraufhin malte er den Kessel und assoziierte dazu Professor Dumbledore, der alte Weise aus den Büchern um Harry Potter.»Es ist der Kessel der Wandlung und Selbstbesinnung«, erläuterte mir der junge Mann. Den Weg zu sich und die Lösung der Sinnfrage, so erarbeiteten wir, ergibt sich nicht durch passives Sinnieren, sondern durch Aktivität. Dieser Gegensatz wurde dem jungen Mann über seine selbstgewählten Farben einleuchtend.»Das Hellblau der Dämpfe, die aus dem Kessel strömen, ist mein gedankliches ›Wolkenkuckucksheim‹.«»Und das Rote«, ergänzte ich,»scheint mir der Impuls zur Tat zu sein«. Und noch eine hoffnungsvolle Perspektive deutet der junge Mann an. Um sein Mutter-Spinnenproblem zu lösen, muss er dem grünen Pfeil folgen und sich seinem Unbewussten im linken Raum zuwenden. Dort dürfte das erneuernde Moment liegen. Es ist die Möglichkeit, sich dann handelnd seinem eigenen Lebensentwurf zuzuwenden und sich aus der Abhängigkeit, die ihn in die Entschlusslosigkeit treibt, zu befreien. Um das wirklich zu schaffen, braucht es aber die Weisheit des Männlichen.»Ich glaube, ich weiß was ich brauche. Ich hatte einen tollen Lehrer, der hat uns angeboten, dass wir uns auch nach der Schulzeit an ihn wenden können, wenn wir Schwierigkeiten haben, in unser eigenes Leben zu finden. An den werde ich mich wenden!« Auch eine späte Triangulierung kann einen fernen Vater ein Stück weit ersetzen.

3.1.2 Das Vaterthema aus Sicht der Analytischen Psychologie

Ein 6 1/2-jähriger Junge wurde mir aufgrund seiner massiven Muttergebundenheit vorgestellt. Verschiedene Versuche, den Kindergarten zu besuchen, scheiterten. Trennung war kaum möglich, selbst wenn die Mutter auf die Toilette ging, hielt er kaum die verschlossene Tür aus. Die Eltern waren angesichts der bevorstehenden Einschulung sehr besorgt und befürchteten eine mögliche Schulphobie.

Die Auseinandersetzung mit dem beruflich sehr engagierten und darum fernen Vater gestaltete der Junge sehr originell, indem er zwei Väter malte (▶ Abb. 7).

Teil I: Kinderzeichnung

Abb. 7: Vaterbild – Bild des Väterlichen

3 Das Malen in seiner therapeutischen Funktion

Dem strengen und wütenden Vater widmete er sehr viel mehr Aufmerksamkeit. Der rote Kopf, die großen Augen, der zusammengepresste Mund vermitteln das Gefühl, dass da ein urteilender überlegener Vater auf seinen kleinen Sohn herabblickt. Im Bauch lodern Feuerflammen, die die unterdrückte Wut symbolisieren sollen, denn »der Papa schreit nicht, der schaut dann nur so!«

Auffallend sind die kurzen Arme, die an Contergan-Geschädigte erinnern. So kann das spitze Beil nicht wirklich treffen. Ein Nagel durchbohrt die linke Schulter, einer die rechte Hand, als ob eine befürchtete Handlung nicht ausgeführt werden kann oder darf. Eine ähnliche Zwiespältigkeit drücken die beiden sehr unterschiedlichen Füße aus. Der rechte scheint einen energischen Schritt zu wagen, der durch die erhobene Spitze verstärkt wird, der linke haftet in Schwere am Boden.

Wenn man eine Kinderzeichnung über die Abbildung des Realobjektes hinaus unter dem Aspekt der eigenen Befindlichkeit versteht, bildet der Junge auch seine eigene Zwiespältigkeit hinsichtlich seiner Emotionen ab. Einerseits ein hochbegabtes Kind mit einer erstaunlichen Redefähigkeit, andererseits ein ängstliches Kleinkind, das noch nie in seinem eigenen Bett geschlafen hatte. Der liebe Papa, der die andere Hälfte des Blattes einnimmt, wirkt gegenüber dem anderen seltsam blass. Auffallend sind die blicklosen Augen, ein lächelnder Mund und ein kugelrunder Bauch. Die beiden langen Arme haben nur winzige Hände, als ob das Gute auszuführen fast unmöglich ist. Beide Füße stehen auf dem Boden, aber es fehlt bei diesem Bild jede Dynamik. Man könnte an eine Maske erinnert werden. Kinder durchschauen unser Wesen. Vielleicht hat der kleine Mann in seiner exzessiven Mutterabhängigkeit das Fehlen eines bezogenen Männlichen auf seine Weise dargestellt.

Väter sind existentiell wichtig, damit Kinder Autonomie entwickeln und sich aus der primären Abhängigkeit von der Mutter befreien können. »Aber«, so sagte mir eine Mutter, »wie kann ich meinen Sohn in einen Zug setzen und verabschieden, wenn an der Haltestelle niemand auf ihn wartet und Fürsorge und Verantwortung übernimmt?«

Was passiert im Erleben eines Zehnjährigen, wenn das introjizierte Bild seines Vaters so aussieht (▶ Bild 13)? Die Wahrnehmung ist auf den Kopf konzentriert. Dieser ist rechts wie eingedellt und die Haare verdecken die Stirn bis zu den Augen. Der Eindruck ist ein merkwürdig doppelbödiger. Ein Vater als Verletzender und Verletzter? Die Augen sind blutunterlaufen, vor Wut? Das linke Auge schleudert Blitze, die aber blutig erscheinen. Aus den dunklen Nasenlöchern schießen gelbe Blitze. Der Mund verfügt nur noch über vereinzelte Zähne und ist wie in Schmerz und Verneinung verzogen. Eine Wunde, die noch blutet auf der rechten Seite, eine vernarbte auf der linken sprechen von Kampf. Ist der Vater Opfer oder Täter oder beides? Welch ein Vorbild für einen Jungen zu Beginn der Vorpubertät!

In den therapeutischen Sitzungen dominierten Klagen über Unterlegenheit und den Opferstatus. Andere Kinder würden in der Pause seinen Rucksack vom 4. Stock des Schulhauses in den Hof werfen. Er müsse dann alles wieder einsammeln und käme natürlich zu spät in den Unterricht und bekäme auch noch mit der Lehrerin Ärger. Eines Tages berichtete er mir freudig, er sei nicht länger Opfer, die Kinder würden ihn in Ruhe lassen. Ich reagierte sehr erleichtert und hoffte, dass er an Selbstbewusstsein dazugewonnen habe und sich besser abgrenzen könne. Er ernüchterte mich jedoch indem er sagte, dass er jetzt seinerseits die Schultaschen auf den Hof werfen würde und dadurch Ruhe hätte. Täter zu werden ist jedoch keine Lösung. Früher oder später kippt die Situation und jeder Täter wird wieder zum Opfer und sei es seiner eigenen durchschießenden Triebimpulse, die er nicht zu steuern vermag.

Zu diesem Zeitpunkt war es noch nicht möglich, diesen Zusammenhang analytisch zu bearbeiten und ihn mit seiner Scheinlösung zu konfrontieren. Zu groß war seine Erleichterung. Trotzdem bedrückte mich die Erkenntnis in wie starkem Maße das Vorbild des Vaters, dem er im Bild Gestalt verliehen hatte, seine eigene Einstellung zum Leben geprägt hatte. Erst viel später war es dem Jungen möglich, mit einer Zunahme an echtem Selbstwertgefühl andere Lösungen in der Interaktion mit Gleichaltrigen zu finden.

3.1.3 Das Geschwisterthema

Geschwister können gleichermaßen Lust und Last sein. Eine Mutter berichtete mir, dass sie nicht verstehen könne, warum sich ihre kleine Tochter benachteiligt fühle. Sie behandele sie und die ein Jahr jüngere Schwester völlig gleich, sodass sie die Eifersucht nicht verstehen würde. Die plötzlichen Weinattacken und Wutausbrüche seien ihr völlig unerklärlich. Sie würde ihren Töchtern immer erklären, sie habe beide gleich lieb. Auch der Vater sei beiden gleichermaßen zugewandt. Sie, als Eltern, seien beide sehr um Harmonie bemüht und stünden hilflos vor diesen emotionalen Eskalationen. Im Erstkontakt mit der Fünfjährigen zeichnete sie auf meine Bitte, sich selbst darzustellen, spontan zwei ähnliche Figuren in einem Haus. Die linke Figur sei sie, die rechte ihre Schwester (▶ Abb. 8). Weiter gab sie, was typisch für diese Altersstufe ist, keine weiteren Erklärungen ab. Im Elterngespräch versuchten wir gemeinsam das Bild zu enträtseln. Zunächst fielen den Eltern die blicklosen Augen und der wellenförmige gerade Mund auf. Im Vergleich dazu hatte die Schwester lebendige Augen und einen lächelnden Mund. Ich wies die Eltern auf den dicken Hals ihres Sorgenkindes hin, was sich möglicherweise als Ausdruck der gestauten Empfindungen entschlüsseln ließe. Die Schwester nimmt mit ihren ausgebreiteten Armen deutlich mehr Raum ein. Zusätzlich hat die kleine Patientin an der rechten Hand nur vier Finger, als ob sie rational nicht begreifen kann, was sie emotional empfindet. Insgesamt scheint die kleine Zeichnerin den Auftrag, die Problematik intern im Haus zu bewahren, verinnerlicht zu haben. Kinder sind sehr loyal. Sollte von Ihrem Erleben nichts nach draußen dringen? Die Eltern konnten sich über das Bild sehr gut in die Psyche ihrer kleinen Tochter einfühlen. Selbst wenn der Altersabstand nur ein Jahr umfasst, muss sie mehr Rechte haben und nicht nur als »Große« Verständnis für die jüngere Schwester haben, so erkannten sie. Eine vorsichtige Überlegung war, ob man es sich erlauben könne, dass ein Kind einem mehr liege als das andere. Die Mutter meinte verlegen, ihre ältere Tochter gleiche äußerlich in manchem ihrer Schwiegermutter, »und da hast du Affekte«, warf ihr Mann ein. Wir konnten in einigen Gesprächen die Mechanismen von Delegation und Projektion erkennen. Der Mutter gelang es, Schwiegermutter und

Tochter innerlich zu trennen. Das war für die Kleine so entlastend, dass die Schreianfälle aufhörten. Sie bekam innerlich und äußerlich Raum, sich mit ihrer in der Tat sehr vitalen jüngeren Schwester zu streiten, ohne dass die Eltern eingriffen und an die Vernunft der älteren appellierten.

Abb. 8: Das Geschwisterthema in der Beziehung zum eigenen Ich

Dramatischer sieht die Geschwisterrivalität bei einer Zwölfjährigen aus (▶ Bild 14). Sie berichtete im Therapieverlauf, dass sie ihre 6 Jahre jüngere Schwester hassen würde und jetzt bekäme die Mutter nochmals ein Kind. Für sie sei kein Raum mehr. Ständig würde sie an ihre Pflichten als Älteste erinnert, sicher wäre sie für die kommende kleine Schwester ein willkommener Babysitter.

In der Betrachtung des Bildes fällt zunächst eine gewisse Ähnlichkeit zwischen Mutter und Tochter auf. Beide haben sie blonde Haare, Auge und Mund sind schwarz konturiert. Zusätzlich tragen beide einen lilafarbenen Pullover. Während das Mädchen als Täterin mit beiden Händen die Pistole hält und auf das werdende Kind feuert, sind der Mutter die Hände im wahrsten Sinne gebunden. Sie sind zusätzlich in einer anatomischen Verrenkung nach hinten gerichtet. Fünf Messer erlauben keine Flucht nach hinten. Aus der Perspektive der Farbsymbolik steht bei dem Mädchen das Schwarz von Auge und Mund, der Pistole und der Schuhe für die fanatische Unbedingtheit der aggressiven Gefühle. Lila weist auf die notwendige Wandlung der Impulse hin und zwar gleichermaßen bei Mutter wie bei Tochter. Auffallend ist, dass die Schuhe der Mutter im gleichen Farbton gehalten sind wie der Hintergrund des Kindes und das herabtropfende Blut und die Blutlache, die die Mutter wiederum mit der Spitze des rechten Schuhes berührt. Beide stehen auf blauem Untergrund, farbsymbolisch dem Mutterthema zuzuordnen. So wird deutlich, dass beide ein gemeinsames Thema haben und die Mutter gleichermaßen ihr Verhältnis zu ihrer Ältesten überdenken muss. Prospektiv günstig sind die Farben beider Hosen. Die Mutter mag mit dem Gelb neue Wege suchen, um ihre Mutterrolle gegenüber der pubertierenden Tochter neu zu überdenken. Das Mädchen weist mit seinen hellblauen Hosen darauf hin, dass es um die Entwicklung einer Geistseite geht und sie über Konfrontation und Erkenntnis ihre Rolle innerhalb der Familie klären muss. Hier stellt sich auch die Frage nach der geschlechtlichen Identität. War sie als Tochter erwünscht oder hätte sie lieber ein Sohn sein sollen? Die Pubertät wurde zu einer wichtigen Zeit der Auseinandersetzung mit der eigenen Rolle und einer Ablösung aus einer kindlichen Erwartungshaltung: »Ich muss lernen zu akzeptieren, dass ich nach 6 Jahren aus meiner Prinzessinnenrolle herausgeworfen wurde und mir eine Schwester den Platz streitig machte. Da habe ich beschlossen, mich abzugrenzen, indem ich mich wie ein Junge verhielt. Vielleicht habe ich die Chance über die kommende kleine Schwester meinen Wert als Mädchen neu zu begreifen.« Bei diesen Formulierungen wird das hohe sprachliche Niveau des Mädchens deutlich, aber auch die Gefahr über den Abwehrmechanismus der Rationalisierung Affekte aus dem Bewusstsein zu drängen. Dieses Bild blieb im Laufe der Therapie immer wieder ein Signal, Emotionen und negative Affekte, auch innerhalb der therapeutischen Situation zuzulassen und den Wert des Weiblichen, auch in der Anerkennung aggressiver Empfindungen anzuerkennen.

3.1.4 Die Auseinandersetzung mit Autoritätsfiguren

Autoritäten, für Kinder und Heranwachsende im Wesentlichen Lehrer, haben eine nicht zu unterschätzende prägende Wirkung. Fast alle Erwachsenen bewahren mehr oder minder positive Erinnerungen an die Schulzeit in ihrem Gedächtnis. Besonders gute und besonders schlechte Lehrer haben sich eingebrannt und bestimmen häufig noch lange die Einstellung zu Vorgesetzten. Eine über 70-jährige Großmutter erzählte mir aus ihrer Gymnasialzeit:

»Unsere Lehrer, die im Übrigen schrecklich autoritär waren, erzählten uns immer wieder, dass die Schulzeit die schönste Zeit im Leben sei und wir uns sicher später immer wieder zurücksehnen würden. Ich war damals schon überzeugt, dass ich mich nie in die Schulzeit zurückwünschen, sondern die Institution Schule als Schreckensgespenst in Erinnerung bewahren würde. Und so ist es bis heute. Nie wieder möchte ich Schülerin sein und die demütigende Abhängigkeit erfahren, die in der Meinung der Lehrer darin gipfelten, dass alle Kinder faul, frech, unkonzentriert und ohne Leistungsmotivation seien.«

Wir denken heute, dass diese Erfahrungen längst überholt sind. Eine Vierzehnjährige berichtete jedoch aus ihrem Schulalltag Geschichten, die den Erinnerungsbildern der alten Dame glichen. Um die Situation etwas zu objektivieren, bat ich die Jugendliche, ihre Wahrnehmungen bildnerisch darzustellen. Es entstand das Portrait einer Schreckenslehrerin (▶ Abb. 9). Ein unbewegtes Gesicht mit starren Augen, einem Mund mit abwärts gezogenen Mundwinkeln, unwillkürlich wurde ich an die Lehrerin im Buch »der Hals der Giraffe« erinnert, die sich ausschließlich als Wissensvermittlerin verstand und den pubertierenden Schülern gegenüber keinerlei Empathie aufzubringen vermochte. Auffallend ist auf dem Bild der Pullover, den das Mädchen mit unglaublicher Ausdauer in Form von lauter kleinen Achtern malte, so dass das Ganze einem differenzierten Gestrick glich. Bezeichnender Weise brach sie die Arbeit schließlich ab und meinte, damit der Dame genügend Ehre angetan zu haben. Voll Affekt durchlöcherte sie dann das Bild und meinte dazu, »endlich habe ich die Macht und sie ist ohnmächtig«. Wenn wir in diesem Bild die Antwort auf die Frage nach der positiven Erfahrung von Autoritätsfiguren stellen, fällt die Antwort bedrückend aus. Vielleicht liegt in dem graublau des Pullis ein Hoffnungsschimmer.

Abb. 9: Portrait einer Schreckenslehrerin

Die Jugendliche war sehr aufgeschlossen, als wir die Frage erörterten, inwieweit diese ängstigende Qualität auch in Form der Übertragung bei der Therapeutin wiederzufinden sei. Zunächst wehrte sie vehement ab, um dann zu äußern: »Na ja, in Gestalt des Pullis sehe ich zumindest ihre Anstrengung, mich zu verstehen. Hoffentlich nicht mit so strengen Augen, wie die Figur auf meinem Bild!«

> **Zusammenfassung**
>
> In der Wahrnehmung und Bewältigung der Umwelteinflüsse spielen die Mutter- und Vatererfahrung eine wichtige Rolle. Hierbei geht es sowohl um die personale Erfahrung als auch um archetypische Manifestationen, die konflikthaftes Erleben auslösen können. Geschwister bedeuten vor allem für die Älteren häufig eine seelische Erschütterung. Ihr Selbstwert droht dadurch infrage gestellt zu werden. Aggressive und depressive Reaktionsbildungen müssen von Eltern ernst genommen werden. Delegationen und Projektionen verfälschen oft die reale Wahrnehmung. Elternarbeit ist auch Ermutigung, diese zurückzunehmen.
>
> Nicht zu unterschätzen ist der Einfluss von Autoritätsfiguren, vor allem von Lehrern. Sie prägen nicht selten bis ins hohe Alter das Verhältnis zu anderen Menschen.
>
> Zeichnungen haben ein konfliktlösendes Potential und erlauben über die Parallelität zum Therapeuten Entlastung.

Literatur zur vertiefenden Lektüre

Dammasch, F. (Hrsg.) (2008). Jungen in der Krise. Frankfurt: Brandes und Apsel.
Heimeran, E. (1981). Lehrer, die wir hatten. München: Carl Hanser.
Hopf, H. (2005). Traum, Aggression und heilende Beziehung. Frankfurt: déjà vu.
Neumann, E. (2003). Die Große Mutter. Die weiblichen Gestaltungen des Unbewussten. Mannheim: Patmos.
Rowling, J. K. (1997). Harry Potter und der Stein der Weisen. Hamburg: Carlsen.
Schalanski, J. (2011). Der Hals der Giraffe. Frankfurt: Suhrkamp.

Weiterführende Fragen

- Wie lassen sich Erfahrungen der persönlichen Eltern von archetypischen Bildern unterscheiden?

- In welcher Form sind Geschwister bedeutsam? Wie lässt sich die Ambivalenz erklären?
- Können Autoritätsfiguren der Kindheit so prägend sein, dass sie eine objektive Betrachtung aus der Erwachsenenperspektive verfälschen oder ist Betroffenheit als Konfrontation mit einem persönlichen Komplex zu interpretieren?

3.2 Darstellung konfliktgeladener Themen

Konflikthafte Themen können nicht immer in ihrer ganzen Tragweite verbal thematisiert werden. Nicht selten hindern Scham- und Schuldgefühle daran, sich den belastenden Gefühlen zu stellen und sie zu erörtern.

Es sind Glaubenssätze, die Offenheit erschweren. Man hat als Kind und Heranwachsender »cool« und »gut drauf« zu sein. Konflikte entstehen scheinbar dadurch, dass man sie ans Licht zerrt. Eigentlich hat man selbst keine Schwierigkeiten, sondern nur schwierige Eltern und ein verständnisloses Umfeld.

3.2.1 Ängste in der symbolischen Darstellung

Ängste zu haben ist peinlich. Man ist lieber jung und dynamisch. Alles ist machbar und Ängste sind unvernünftig. »Du brauchst doch keine Angst zu haben« ist verinnerlichte Botschaft. Ängste fragen jedoch nicht danach, ob sie gebraucht werden, sondern sie sind urplötzlich da. Sie beginnen bei leichter Beunruhigung und können zu massiven Panikattacken mit körperlichen und nicht selten dramatischen Symptomen eskalieren.

Eine Zwölfjährige wurde mir wegen Einschlafschwierigkeiten und Dunkelängsten vorgestellt. Ich erwartete beim Erstkontakt ein schüchternes, zurückhaltendes Mädchen. Das Gegenteil war der Fall. Vom

Körperbau klein und zierlich betrat sie unbekümmert den Therapieraum, plauderte ungehemmt, betrachtete alle Objekte interessiert und ließ sich bereitwillig auf die Testuntersuchung ein. Mit keinem Wort erwähnte sie ihre Ängste. Erst in dem Selbstbildnis, das sie auf eigenen Wunsch in der dritten probatorischen Sitzung malte, wurden die eigentlichen, hinter der zugewandten und freundlichen Maske versteckten Gefühle sichtbar (▶ Bild 15).
Umrahmt von wirren braunen Haaren entstand ein weißes Gesicht. Ich assoziierte »schreckensbleich«. Die schwarz umrandeten, aufgerissenen Augen, der geöffnete Mund erinnerten mich spontan an das Bild von Edvard Munch: »Der Schrei«. Um meine Gegenübertragungsgefühle zu überprüfen, zeigte ich dem Mädchen das Bild des Künstlers, worauf sie spontan sagte »genau so fühlt es sich an«. Ich ergänzte: »Und das kann man mit dem Denken nicht in eine vernünftige Bahn lenken.« Sie nickte bestätigend. Meine Äußerung resultierte aus der auffallend niedrigen Stirn, scheinbar zufällig, aber Kinderzeichnungen verraten oft mehr als Worte.

Ein Siebenjähriger befand sich wegen diffuser Ängste und Schulleistungsstörungen in meiner analytischen Behandlung. Eines Tages verriet er mir, dass ein schreckliches Gespenst nicht nur am Abend, sondern in der letzten Zeit auch am hellichten Tag erscheinen und ihn bedrohen würde. Auf meine Antwort, ich könne mir so ein Wesen, das sogar tagsüber kommen würde, nicht vorstellen, antwortete er, es sei so riesig, dass er mehrere Blätter zusammenkleben müsse, damit ich verstehen würde, wie gefährlich es sei. Wir machten uns also daran, ein Riesenblatt herzustellen und er begann mit hochroten Backen zu malen. Als ich das nach zwei Stunden fertig gestellte Werk betrachtete, fiel mir die phallische Form des Gespenstes auf (▶ Bild 18). Der blau gestrichelte Leib könnte auf die Sehnsucht nach mütterlichem Enthaltensein hinweisen, einerseits ersehnt, andererseits auch befürchtet, denn sie gefährdet die Entwicklung der eigenen phallischen Identität. Das Bild vermittelt die ganze Zwiespältigkeit des Jungen. Männliches macht Angst und gleichzeitig ist es die Zukunftsperspektive der eigenen Identität. Der schwarze Rand, der das Bild einfasst, weist auf das Unbedingte des Anspruchs hin, den die Mutter, ihrerseits Professorin, dem Kind gegenüber hat. Neben dem Monster steht der Herd, dessen Knöpfe der Junge gestaltete, als ob es beobachtende Augen wären. Es geht, anders als ich primär dachte, offenbar um die Beziehung zum Vater, denn der Kleine berichtete, dass sein Papa, zwar ein bekannter Professor der Naturwissenschaften vor allem aber ein Meisterkoch sei; er könne viel besser kochen als die Mama.

Neben der Behandlung des Kindes war ein wichtiger Teil die begleitende Arbeit mit den Eltern. Der Vater erkannte, dass er seinem Sohn gegenüber einen hohen Leistungsanspruch hatte und erwartete, dass er sich schon früh als hoch begabtes und gefördertes Kind zeigte. »Er soll sich möglichst vielseitig entwickeln, darum bestehe ich auch darauf, dass er ein Instrument lernt. Es ist ja nachgewiesen, dass Musik Intelligenz fördernd ist. Meine Frau bemuttert ihn meiner Meinung nach viel zu sehr. Das Leben ist heute hart und nur die besten können bestehen.« Nachdem mir der Junge die Erlaubnis gegeben hatte, konnten wir das Bild gemeinsam betrachten. Beiden Eltern wurde die bedrohliche väterliche Erwartungshaltung sehr eindrücklich bewusst. Die regressiven Sehnsüchte, die die Kehrseite der Ängste waren, konnten in ihrem antwortenden Gehalt verständlich werden.

Dass diese Ängste auch Jüngere als bedrohlich erleben, bewies mir ein knapp Fünfjähriger, den seine Eltern wegen einer ähnlichen Symptomatik vorstellten. Nach dem abendlichen Ritual mit Vorlesen, Singen, Rückenmassage und Beten glaubten die Eltern, ihr Recht auf Ruhe und Entspannung leben zu dürfen. Aber der kleine Kerl kam immer wieder aus seinem Zimmer mit dem Argument, in seinem Zimmer sei ein schreckliches Ungeheuer und würde ihn sicher auffressen. Abwechselnd gingen Vater und Mutter mit dem Sohn in sein Zimmer, machten Licht, leuchteten mit einer Taschenlampe in alle Ecken, bis sich herausstellte, dass der große Schrank zum Ungeheuer wurde, sobald das Licht gelöscht war. Der rationale Beweis, dass der Schrank in der Dunkelheit nur so aussähe, als ob er ein Ungeheuer sei, bewirkte nichts. Als die Eltern schließlich ganz entnervt fragten, warum er sich nicht von der Gefahrlosigkeit des Schrankes überzeugen könne, antwortete er mit kläglicher Stimme: »Ich weiß es ja schon, aber ob es der Schrank weiß?!«

Im therapeutischen Kontakt war wichtig, dass ich mich zuerst von der Bedrohlichkeit des Schrankungeheuers überzeugen ließ und wir dann fantasierten, was in diesem Fall zu machen sei. Sehr erleichtert stellten wir gemeinsam fest, dass das Ungeheuer offensichtlich bewegungslos war und ihn bis jetzt nicht angegriffen hatte. Ich fragte ihn dann, ob er sich nicht selbst einmal als ein solches Ungeheuer malen könne, um nicht immer dem Schrank diese Rolle zu gönnen. Begeistert legte er los und malte eine braunes krakenähnliches Wesen, das die Zähne fletschte und von roten züngelnden Feuerflammen umgeben war. Wir überlegten anhand des Bildes weiter, ob er dem stummen Schrankungeheuer sein schreckliches Monster gegenüberstellen könne. Auf diese Weise bekäme jenes eine so fürchterliche Angst, dass es sich nicht mehr traute gefährlich zu sein.

Die Eltern berichteten im nachfolgenden Gespräch von einer »Wunderheilung«: Ihr Sohn würde zwar vor dem Einschlafen sehr seltsame, lautstarke Grunzlaute ausstoßen, dann aber ruhig schlafen. Die Bewältigung der Ängste über die Identifikation mit dem Aggressor war der vordergründige Erfolg der Zeichnung. Darüber hinaus konnte er aber ein Stück weit seine eigenen aggressiven Impulse wahrnehmen und legitim zum Selbstschutz einsetzen. Sein Bild nahm er übrigens mit nach Hause und pinnte es mit Stecknadeln an die Wand, genau dem Schrank gegenüber. Die eigentliche Lösung der Entwicklungsproblematik bestand in intensiven Elterngesprächen. Hierbei ging es vor allem darum, ihre einseitige rationale Einstellung und Kommunikation mit ihrem Kind zu beleuchten. Dass hierbei die Mutter eine wichtige Rolle spielte, verriet mir die Farbe des Monsters. Durch die Neuorientierung der Eltern konnte in der ganzen Familie mehr dynamische emotionale Interaktion stattfinden.

»Es ist bei uns sehr viel unruhiger – milde ausgedrückt – geworden«, sagte der Vater und die Mutter meinte dazu »aber viel lebendiger und es geht uns gut dabei!«

Nicht immer lassen sich kindliche Ängste durch eine intensive Elternarbeit auflösen. Gerade wenn die Kinder bereits älter sind, haben sie Gebote und Verbote verinnerlicht und fühlen sich durch herandrängende Triebimpulse bedroht. Es sind die Kinder und Jugendlichen, die versuchen, alles unter Kontrolle zu haben. Es sind jene, die sich viel abverlangen und versuchen, ihr Leben nach ausschließlich rationalen Gesichtspunkten zu gestalten. Häufig sind es die magersüchtigen Jugendlichen, die bei anderen, aber vor allem auch bei sich vitale Triebimpulse verachten und sich über diese »niedrigen« Bedürfnisse erhaben fühlen. Sie stehen damit unter ständiger Anspannung, weil diese Bedürfnisse plötzlich durchbrechen, sie überfluten könnten und damit die subjektive Überlegenheit, sich beherrschen zu können, bedrohen.

Es sind jedoch nicht nur Mädchen, sondern zunehmend auch männliche Jugendliche, die sich in ähnlicher Weise unter Druck setzen.

3.2.2 Aggressionen in der bildhaften Darstellung

Der Umgang mit Aggressionen enthält in vielen Familien ein hohes Konfliktpotential. Das Kind soll sich frei entfalten können. Auf keinen Fall sollen die Fehler der autoritären Erziehung wiederholt und das Kind in eine anpassende Unterwürfigkeit gezwungen werden. Die gewährende Erziehungshaltung ist jedoch häufig nicht Ausdruck einer von einem reifen Erwachsenen-Ich gesteuerten Haltung, sondern dient der Konfliktvermeidung. Viele Eltern fürchten die aggressive Auseinandersetzung, weil sie das Ziel, von den Kindern geliebt zu werden, zu gefährden droht. Die daraus resultierende Verwöhnung fördert jedoch die aggressiv gefärbte Anspruchshaltung, dem sich die Eltern spätestens in der Pubertät nicht mehr gewachsen fühlen. Hinzu kommt noch eine weitere Quelle zunehmender Aggressionen, die in ihrer Ursächlichkeit erst in den letzten 20 Jahren mehr und mehr ins Blickfeld gerückt ist. Es handelt sich um eine Zunahme früher Bindungsstörungen. Diese basieren auf mangelnden Geborgenheitserfahrungen bereits in der Schwangerschaft aber zusätzlich auch in den ersten Lebensjahren (Brisch, 1999). Die frühe Fremdbetreuung der Kinder bei ungenügendem Betreuungsschlüssel, wechselnde Bezugspersonen in den Einrichtungen und fehlende Kenntnisse der Erzieher, was die Bedürfnisse der ersten drei Lebensjahre ausmachen, provozieren archaische Ängste, die über Aggression aus dem Bewusstsein gedrängt werden nach dem Motto »Angriff ist die beste Verteidigung«. Zum anderen ist es eine auf Rationalität und Wirtschaftlichkeit ausgerichtete Lebensperspektive, die den Kindern wenig Anreize für die Akzeptanz und den angemessenen Umgang mit aggressiven Empfindungen gibt. Und schließlich haben die Kinder im wahrsten Sinn zu wenig Spielraum. Die Kinderzimmer sind mit technischem Spielzeug förmlich zugemüllt. Sie bekommen zu wenig Anregungen, mit Hilfe von ungestaltetem Material Kreativität zu entwickeln. Sie bewegen sich zu wenig und erleben keine lebendigen Abenteuer mehr. Stattdessen wird zunehmend das aufregende Leben aus zweiter Hand angeboten. Smartphonespiele ersetzen die lebendige Interaktion mit Gleichaltrigen, Lebendigkeit und Aktivität wird gestaut und kippt in destruktive Aggressivität. Diese richtet sich dann zumeist gegen die Eltern, die in zunehmender Angst vor ihren Heranwachsenden leben und sich nicht selten real bedroht fühlen (Lutz, 2014, S. 66).

Bei diesen Eskalationen der Heranwachsenden sprechen wir von narzisstischer Wut, die rücksichtslos gegen andere, aber auch gegen sich selbst ausagiert wird. Amokläufer demonstrieren diese destruktive Sackgasse in verstörender Weise.

Diese Gefühlssituation malte ein Dreizehnjähriger (▶ Bild 17): Angesichts der spitzen Zahnreihen, die sich sowohl nach oben als auch nach unten richteten, erlaubte ich mir die Hypothese, dass die Wut innerfamiliär gewissermaßen verzahnt war und ebenso elterliches Erleben prägte. Tatsächlich war der aggressive Gegenspieler des Sohnes die Mutter. Es gab zwischen beiden heftigste Auseinandersetzungen. Beide sparten nicht mit verbalen Beleidigungen. Oft wurde der Vater in seinem Betrieb angerufen, um Frieden zu stiften, was er jedoch erst am Abend mit einem Donnerwetter eskalierender Wut versuchte. Das Purpurrot der Umrandung des Bildes ist grundsätzlich Ausdruck von Würde und Erhabenheit. Gemeinsam mit den gefletschten Zähnen verstärkt es jedoch eher den aggressiv-destruktiven Charakter des Bildes. Unten rechts, in der purpurfarbenen Fläche steht »der Anfang«. Wohin soll das wohl noch führen?

Die Eltern waren in höchster Verzweiflung, als sie zu mir kamen. Sie klagten über die Smartphonesucht, über nachlassende Motivation hinsichtlich der Schule, über eine hochaggressive Anspruchshaltung bei mangelnder Frustrationstoleranz.»Und dabei haben wir ihn nur mit Liebe erzogen. Wir haben ihm alles ermöglicht, er sollte ein leichteres Leben haben als wir, die wir uns mit unserem Migrationshintergrund alles hart erarbeiten mussten.

Es wurde deutlich, dass die Eltern ihre eigene entbehrungsreiche Kindheit vor Augen hatten und in Antwort darauf in der Erziehung keine Grenzen gezogen hatten. Indem sie ihren Sohn viel zu früh als gleichrangigen Partner ansprachen, züchteten sie seine Respektlosigkeit. Ihre gewährende Haltung vermied Frustrationen, sodass der Junge bei der kleinsten Schwierigkeit aufgab, statt sich auch einmal durch Schwierigkeiten hindurch zu beißen. Herausforderungen waren nur negative Zumutungen, denen man am besten auswich. Hierfür boten sich von klein auf die Medien an.

Es wäre einseitig, wenn man die Zunahme aggressiv-destruktiver Empfindungen und Verhaltensweisen einzig den männlichen Jugendlichen in die Schuhe schieben würde. Eine ebenfalls 13-Jährige stellte spontan ihr Empfinden über ein ähnliches Schreckensbild in den Mittelpunkt (▶ Bild 19). Alle Sinne sind in den Ausdruck archaischer Wut eingebunden: Die blutunterlaufenen Augen mit ihren an Teufelsabbildungen erinnernden schrägen schwarzen Brauen, die aufgeworfene Nase mit ihren zwei grauen Löchern, die an tote Augen erinnern, der langgezogene Mund mit den Zahnreihen.»Sie zeigt ihre Zähne«, wählte sie als Überschrift zu ihrem Werk. Das Mädchen kam zu mir als überangepasstes Mädchen, allerdings überschlank mit befremdlichen Essritualen, sodass die Eltern eine beginnende Magersucht befürchteten. Im Lauf der Therapie konnte sie das Destruktive in ihrer Haltung zu sich selbst wahrnehmen. In der Folge wurde sie von einer Wut nahezu überschwemmt, die sie zunehmend gegen die Umwelt und natürlich auch gegen mich richtete:»Hüten Sie sich davor, wenn ich meine Zähne zeige! Die zwei Zähne mit der schwarzen Ecke sind übrigens vergiftet!«

Wir konnten anhand der Vielfarbigkeit des Bildes auf die in der Aggression verborgene Buntheit des emotionalen Erlebens eingehen: Das Blau als Basis, das mit dem Grün verbunden Garant für Wachsen und Werden ist. Das Gelb, noch nicht ganz klar und mit eingeschränkter Leuchtkraft, verstanden wir als Sehnsucht, zu Neuem aufzubrechen. Das Braun der Nase könnte Fantasien, eine Höhle als sicheren Zufluchtsort zu besitzen, verraten. Dieser Aspekt scheint noch durch das frische Grün der Umrandung verstärkt zu werden. Distanziert man sich von dem bedrohlichen Augenausdruck, so fällt auf, dass auch hier die Umrandung sehr bunt ist. Wie viele Möglichkeiten eröffnet damit dieses vordergründige Wutbild! Das Mädchen konnte diese positive Sichtweise mit Erleichterung aufnehmen und meinte abschließend:»Dann darf ich doch denken, dass Wut nichts Schlimmes ist!« Und ich ergänzte:»Auch wenn dunkle Seiten auftauchen oder die Umwelt verständnislos reagiert, du weißt, dass hinter deiner Wut viele farbige Möglichkeiten verborgen sind.«

3.2.3 Depressionen, eine Perspektive der Hoffnungslosigkeit?

Ein 16-jähriger Jugendlicher beunruhigte seine Eltern aufgrund einer für sie unverständlichen Passivität. In der Schule fehlte jede Motivation. Lernen war Zumutung und nur aufgrund seiner weit überdurchschnittlichen Begabung erreichte er immer mit letzter Kraft das Klassenziel. Als»abartig«bewerteten sie sein enormes Schlafbedürfnis. Er würde trotz zehnstündiger Nachtruhe am Nachmittag immer noch einmal bis zu vier Stunden schlafen. Er sei aber trotzdem immer müde und»extrem übellaunig«. Sein jüngerer Bruder sei gerade das Gegenteil: lebendig, frohgemut und aktiv.

Wir konnten uns in der gemeinsamen Betrachtung der Testergebnisse auf die Diagnose Depression einigen. Für die Eltern bedeutete es eine große Erleichterung, dass auch der Jugendliche einer Therapie zustimmte, obwohl er, wie er offen bestätigte, keinen sonderlichen Leidensdruck empfand.»Wenn mich meine Eltern in Ruhe ließen, hätte ich kein Problem.« Das Fehlen von Kontakten mit Gleichaltrigen empfand er nicht als Mangel:»Es reicht, wenn ich sie in der Schule sehe…«

Über lange Strecken war die Therapie in einer Weise quälend, dass ich die Eltern gut verstehen konnte. Jede verbale Äußerung, jedes Erörtern möglicher Konfliktfelder schien eine unbeschreibliche Mühe zu sein. Er gähnte immer wieder und meinte, ihm fehle eigentlich nur sein Bett. Wiederholt ermunterte ich ihn zum Malen, um zu einer anderen Ausdrucksform anzuregen, aber auch das schien die pure Zumutung.

Unvermittelt kippte die Situation zu meiner totalen Verblüffung. Der junge Mann äußerte in einer Stunde plötzlich: »Ich weiß, das ist hier meine letzte Chance, sie werden mich nicht mehr loswerden.« Dann holte er sich selbst ein großes Blatt und begann wortlos zu malen (▶ Bild 20). In der begleitenden Beobachtung war ich von der Fülle der spürbaren Emotionen im Bild sehr bewegt. Das ganze Spektrum der Empfindungen, die er im Kontakt nicht zum Ausdruck brachte, ließ sich an seinem Bild ablesen. Die linke Seite dürfte das Abbild seiner aktuellen Depression sein. Folgt man der Zahlsymbolik dann repräsentiert die vier den weiblich-mütterlichen, die drei den männlich-väterlichen Raum. Als Sieben wird sie zur »heiligen Zahl«, indem sie die Gegensätze vereinigt (Schimmel & Endres 1999). Beim Bild des Jugendlichen steht jedoch die sieben für Leblosigkeit und Vergänglichkeit. Weder im Weiblichen noch im Männlichen scheinen vitale lebendige Impulse abrufbar. Eine Vereinigung der Gegensätze scheint nur im Tod möglich. Hier dürfte auch ein selbstgefährdendes Synonym für die suizidale Gefährdung des Jugendlichen zu finden sein. Ein Empfinden, das zwar von den Eltern verneint, jedoch in der Gegenübertragung in zunehmendem Maße beunruhigend spürbar war.

Der Eingang des Tunnels, ein Bild für die subjektive Verdüsterung seines Zustandes, wird durch vier orientierende Markierungen bestimmt. Die Erfahrung des Weiblich-Mütterlichen als Gefahr ebenso wie als Chance mag hier ihren Niederschlag finden. In die Dunkelheit muss der Blitz der Erkenntnis einschlagen, um aus dem lethargischen Zustand zu erwachen. Die rechte Seite offenbart die Entwicklungsmöglichkeiten des Jugendlichen. Wenn das Gewitter zugelassen werden kann, das heißt die aktiv-positive Seite wirksam wird, kann sich ein reicher grüner Baum entfalten. Neue Perspektiven symbolisiert das vitale helle Grün, wenn auch der Stamm selbst zunächst nur sehr dürftige Äste treiben kann. Aber die Basis ist bereits sehr stabil.

Zunächst rätselhaft waren für mich die beiden Blumen in ihrer lebendigen Farbigkeit. Zwar sind sie noch nicht klar konturiert, aber sie versprechen Helligkeit und Entwicklung. Ich fragte vorsichtig: »Könnten diese beiden Blumen für uns und unsere Beziehung stehen?« Zu meiner Überraschung bejahte der Jugendliche das in ungewohnter Spontaneität. Das ermutigte mich zu fragen, wer in diesem Fall er sei, worauf er auf die rote Blume deutete. »Gut«, meinte ich, »dann verstehe ich mich als die gelbe Blume und Impulsgeberin auch dafür, dass die roten Blumen nicht nur explodieren, sondern auch Leben ermöglichende Blätter bekommen können.« Diese Stunde mit ihrem beeindruckenden Bild wurde zur Geburtsstunde eines neuen Ichs. Der Jugendliche begann aktiv die Therapie zu gestalten, veränderte seine schlaffe Körperhaltung, begann Sport zu treiben und sich eine Version seiner Problematik zurecht zu legen. Dass diese viel mit seiner Vaterbeziehung zu tun hatte, wurde ihm während des Erzählens deutlich: »Mein Vater arbeitet als Manager jeden Tag mindestens 14 Stunden, am Samstag treibt er genauso exzessiv Sport, am Sonntag pflegt er seine Depression im Bett und am Montag geht es von Neuem los.« Ich deutete ihm sein Verhalten als eine Mischung von Opposition und Identifikation. »Aber jetzt gehe ich meinen eigenen Weg, nicht nur den der Anpassung, wie meine Mutter, die sich wie eine Liane um die Bedürfnisse meines Vaters schlingt.«

Bis zur Pubertät befinden sich Kinder und Heranwachsende in einer realen und innerpsychischen Abhängigkeit von den Eltern. Gerade bei zerstrittenen Eltern, ob sie schon getrennt oder noch zusammenleben, reagieren Kinder auf die Daueratmosphäre von Streit, Entwertung und Vorwurf mit depressiven Verstimmungen.

Es dauerte in der Therapie einer Neunjährigen lange, bis sie sich mit ihren Loyalitätskonflikten auseinandersetzen und ihre Trauer angesichts der zerstrittenen Ehe ihrer Eltern zum Ausdruck bringen konnte. Im symbolischen Spiel hatte sie über Stunden die große Holz-Ritterburg aufgebaut. Dabei hat sie sich immer mit den dunklen Rittern, die im Innern der Burg hausten identifiziert. Die Prinzessin, die zu ihnen gehörte, wollte nicht den weißen, sondern den schwarzen Ritter heiraten. König und Königin mussten außerhalb der Burg bleiben. Nachdem sie in früheren Stunden immer wieder zerschnittene Herzen gemalt hatte, eine Hälfte war dann Mama, die andere Hälfte Papa, konnte sie mit ihrem Bild plötzlich zu sich selbst und ihren eigenen

Gefühlen stehen (▶ Bild 21). Mit großem Druck malte sie zunächst den dicken Baum, in dessen Stamm ein Feuer lodert. Sie sagte nichts dazu, aber ich deutete es für mich als die aufkommende Wut darüber, dass angesichts der Kampfehe der Eltern für sie kein Raum blieb. Die blauweißen Kugeln rechts und links sind als Tränen zu verstehen, denen nochmals 4 Tränen entfallen. Zusätzlich fallen 2 Äpfel auf der rechten Seite. Angesichts ihres Alters und der Notwendigkeit, sich an der Mutter zu orientieren, deutete ich für mich in den Tränen auch die Trauer angesichts der Haltung der Mutter, die es mit ihrem Vorbild der Tochter erschwerte, ein positives weibliches Bild in sich selbst zu entwickeln. In den Aufschriften, die das Mädchen in die Krone setzt, wird ihre ganze Desorientiertheit spürbar. Sie schwankt zwischen »Baum oder Bund der Trauer« und darunter steht »Baum der Tränen«. Anrührender kann man die Verzweiflung des Mädchens, das sich äußerlich unbekümmert und tapfer zeigte, nicht darstellen. Rechts in die Leere schreibt sie noch, dass der Wolf fehlt. Bedeutet das, dass sie die notwendige Aggressivität nicht wagen kann, um sich aus der Trauer und Verzweiflung herauszulösen? Auf der gleichen Höhe wie diese trostlose Schrift befindet sich links vom Baum ein merkwürdiges Rund, gleichsam einem Sonnenrad. Bedeutet das in der Doppelung der drei eine versöhnliche Perspektive aus dem Unbewussten? Das Mädchen war zumindest nach diesem Bild ein wenig getröstet. Sie verabschiedete sich spürbar erleichtert und meinte, ich müsse das Bild gut aufheben, vielleicht würde es mir helfen. Das intuitive Kind hatte längst gespürt, dass mich die Aussichtslosigkeit ihrer aktuellen Situation sehr bedrückte. Die Chance, dass ihre Eltern sich mit mehr Toleranz und weniger Entwertung begegnen würden, war trotz einer intensiven Elternarbeit nicht groß. Zu sehr brauchten beide Eltern ihre Kampfsituation, um die eigene Depression abzuwehren – Resultat einer eigenen hoch belasteten Kindheit. So gaben sie ihre Erfahrungen an ihr Kind weiter. Allerdings konnten bei ihm in den weiteren Stunden über das Malen selbstheilende Kräfte aktiviert werden. Nach Abschluss der Therapie meinte das Mädchen: »In zwei Jahren komme ich wieder und dann bin ich groß und kann besser bestimmen, was für mich gut ist.«

3.2.4 Eifersucht, Neid und Rivalität: Eine Chance, sich selbst neu zu sehen

Eine Siebzehnjährige kam aus eigenem Antrieb zu mir mit dem Ausspruch »ich fühle mich einfach nicht wohl in meiner Haut«. Der Hausarzt hatte ihr aufgrund einer hartnäckigen Akne eine psychotherapeutische Behandlung empfohlen. Wir blieben zunächst bei dieser doppelten Aussage, indem wir einerseits ihr Leiden an der Akne gemeinsam als außerordentlich belastend wahrnahmen, auf der anderen Seite aber auch die Frage stellten, wie es mit dem psychischen Wohlbefinden stehe. Im Laufe der Zeit berichtete sie, dass sie sich als Älteste immer für alle verantwortlich fühle. Sie sorgte für die jüngeren Zwillingsbrüder, für ihren Vater, der nach der Scheidung mit dem Leben nicht zurechtkäme, für die Mutter, die sich in der neuen Partnerschaft nicht glücklich fühlte und schließlich auch für ihren Freund, der Drogen nahm und den sie auf den rechten Weg bringen wollte. Schon während sie diese selbstgewählten Pflichten aufzählte, fragte ich mich, ob sie nicht diejenigen, die sie so gut behandelte, beneiden würde. Daraus erwuchs spontan meine Frage, wer denn sie so gut bemuttern würde. Die Jugendliche wurde sehr nachdenklich und griff dann spontan zu den Farben. Es verging die ganze Stunde, schließlich sagte sie aufseufzend: »Die kleine grüne Figur bin ich und die rote, das sind alle die, die ich so gut behandle. Ich bin eifersüchtig und neidisch, weil es denen durch mich so gut geht, darum habe ich diese Figur schwarz eingerahmt. Das ist meine Eifersucht.« Wir betrachteten in der nächsten Stunde das Bild sehr eingehend. In der linken Vielfarbigkeit erlebten wir die grüne Figur wie gefangen. Sie sagte dazu: »Es ist wie ein Zwang, ich kann gar nicht anders als an die notwendige Fürsorge zu denken.« Ich nahm das Wort Not-wendig auseinander und fragte sie, ob all diese Empfänger ihrer Fürsorge wirklich in so großer Not seien, und sie diejenige sei, die diese Not abwenden müsse. Auf diese Weise war es möglich, über die von ihr so negativ empfundenen Gefühle von Eifersucht und Neid zur rechten Seite des Bildes zu finden. Hier herrscht die gleiche Farbigkeit, aber es gibt dazwischen immer wieder Luft. Sie interpretierte diese selbst indem sie sagte: »Ich müsste mich eigentlich immer fragen, ob meine Hilfe und die sorgenden Gedanken im Augenblick wirklich notwendig sind. Dann komme ich aus dem Zwang heraus.«»Und das mündet«, so setzte ich fort »vielleicht in dem Entschluss, fürsorgender mit sich selbst umzugehen.« Auf ihre Frage, was das nun mit ihrer Akne zu tun habe, stellte ich die Gegenfrage, warum sie als grüne Figur wohl auf der orangefarbenen Fläche läge und das rechte Bein und der rechte Arm auf dem lila gefärbten Bereich wären. »Ein Teil des Kopfes ist ja auch auf der Lila Farbe, aber das orange wird schon stärker«, meinte sie dazu. In der behutsamen Interpretation der »Farbsymbolik, Orange als Farbe des aggressiven Zupackens und Lila als Farbe der Wandlung, wurde ihr der eigene Weg deutlicher (▶ Bild 22).»Und die Haut wird besser« eröffnete sie mir strahlend einige Wochen später.

Zusammenfassung

Bei der Bearbeitung konfliktbesetzter Erlebnisweisen hat sich das Malen dieser Erlebnisqualitäten sehr bewährt. Das Ich reagiert auf ein direktes Ansprechen von gefühlsbetonten Empfindungen, die nicht selten mit Scham- und Schuldgefühlen besetzt sind, mit Abwehr. Das Malen hingegen kann eine wortlose Mitteilung in sich schließen, die der Therapeut erst entschlüsseln muss. Zentrale Empfindungen wie Ängste, Aggressionen, Depressionen aber auch Eifersucht, Neid und Rivalität können über ein Bild dargestellt und damit entlastend wirksam werden. Trotzdem bewahren sie unter symbolischem Aspekt immer auch ein Stück Rätselhaftigkeit. Die Interpretation ist eine Möglichkeit. Die Perspektive des Therapeuten ist nicht zwangsläufig mit der Wahrheit gleichzusetzen. Für Jugendliche bedeutet diese Tatsache einen Selbstschutz und die Respektierung ihrer Autonomie.

Literatur zur vertiefenden Lektüre

Pflüger, M. (Hrsg.) (1984). Neid, Eifersucht, Rivalität, vom konstruktiven Umgang mit dem Bösen. Fellbach: Bonz.
Lutz, C. (2010). Mythen machen Kinder mutig. Stuttgart: opus magnum.

Riemann, F. (2009). Grundformen der Angst. (39. Auflage). München: Ernst Reinhardt.
Schnack, D. & Neutzling, R. (2000). Kleine Helden in Not. Jungen auf der Suche nach Männlichkeit. 4. Aufl. Reinbek: Rowohlt TB.

Weiterführende Fragen

- Auf welche Weise können Ängste nonverbal vermittelt werden?
- Welche Farben dürften dafür eine Hilfestellung geben, sowohl in der Artikulation seitens des Patienten als auch im Verständnis durch den Therapeuten?
- Wie kann es gelingen, mit dargestellten Aggressionen so umzugehen, dass der Patient sich weder bloßgestellt fühlt noch Ängste vor Strafe provoziert werden?
- Besteht die Gefahr, dass Trauer und Schmerz, ebenso wie depressive Verstimmungen dadurch, dass sie sichtbar gemacht werden, negativ verstärkend wirksam werden können?
- Ist Eifersucht wirklich »eine Eigenschaft, die mit Eifer sucht, was Leiden schafft« (Grillparzer, 1830)?

3.3 Archetypische Signaturen

Das Medium des Zeichnens und Malens soll den Weg der Selbsterkenntnis erleichtern. Vor dem Hintergrund der Analytischen Psychologie C. G. Jungs sind wir von den selbstheilenden Kräften des Unbewussten überzeugt. Wenn wir die Wege ebnen, störende Steine im Fluss der Selbstwahrnehmung auf die Seite schieben, können selbstheilende Kräfte wirksam werden. Die Hirnforschung hat in diesem Punkt die Jungsche Perspektive bestätigt. (Doidge, 2015). Selbsterkenntnis soll aber nicht im Gedanklichen stecken bleiben. Aus dem Begreifen, so wünschen wir es uns zumindest, soll ein tatkräftiges Ergreifen des Lebens mit seinen Schwierigkeiten und Chancen, seinen Zumutungen und beglückenden Augenblicken erwachsen.

3.3.1 Das Leben ergreifen, das Leben begreifen

Eine 18-Jährige war während eines Jahres bis zum Abitur bei mir in analytischer Behandlung. Ihr Hauptproblem war, dass sie den Tod ihres Vaters – er starb als sie 14 Jahre alt war – nie wirklich verarbeitet hatte. »Meine Eltern waren schon geschieden, darum durfte ich bei meiner Mutter nicht trauern. Sie war wohl selbst eher erleichtert, dass sie sich auf diese Weise nicht mehr mit ihm wegen der Finanzen herumstreiten musste.« Die junge Erwachsene schützte sich vor erneuten schmerzlichen Verlusterfahrungen, indem sie niemanden wirklich an sich herankommen ließ. In den Stunden sprach sie so leise, dass ich manchmal an meinen akustischen Fähigkeiten zweifelte. Nach einigen Stunden wurde das Malen während des Gesprächs zum festen Ritual. Sie benutzte immer Aquarellfarben und gestaltete symbolträchtige Bilder. In ihnen bildete sich ein bemerkenswerter Entwicklungsprozess ab. Leider nahm sie in der letzten Stunde alle mit, nur das letzte Bild war noch nicht trocken und sie meinte, »das können Sie als Abschiedsgeschenk behalten« (▶ Bild 23).

Eine linke Hand, weiß, steht im Mittelpunkt. Man möchte an eine Kinderhand erinnert werden. Diese Hand gewinnt Kontur durch die rote Umrandung. Als Purpurrot ist es die Farbe der Würde und des Wertes. Man könnte daraus schließen, dass ihr die Therapie, mit der sie sich sehr engagiert auseinandersetzte, den Weg in die Kindheit erlaubt hat und sie dort zu einer Neubewertung ihres Fühlens gelangte. Sie hatte im Laufe der Stunden wiederholt davon berichtet, dass sie sehr zur Selbstständigkeit erzogen worden sei und früh Verantwortung für ihren jüngeren Bruder übernommen hätte. Gefühle galten als sentimental und wurden von einer überwiegend rational eingestellten Mutter meist lächerlich gemacht.

Die auf das Rot gesetzten blauen Spitzen dürften symbolisieren, dass die junge Frau die Aggression in ihr Rollenverständnis integriert hat. So war ihr Entschluss konsequent, ganz allein eine Weltreise zu machen unter dem Motto »work and travel«. Sie war überzeugt, es zu schaffen. »Man trifft unterwegs so viele Rucksacktouristen und ist nie wirklich allein, das hat mir ein Freund erzählt.« Das Bild bestätigte mein Zutrauen in ihre erstarkten Ich-Kräfte. Sie hatte nicht nur begriffen, sondern war dabei, das Leben auf ihre Art zu ergreifen und zu gestalten. Mit ein wenig Wehmut ließ ich sie ziehen. Im Bewusstsein die Worte einer Jugendlichen aus dem Jahr 1983: »Sie haben einen schrecklichen Beruf, sie müssen sich immer wieder verlassen lassen.«

3.3.2 Wandlung und Neuwerdung

Ein 17-jähriger junger Erwachsener kam zu mir, weil er den Krebstod seiner Mutter vor einem Jahr nicht verarbeiten konnte. Es quälten ihn Schuldgefühle, er habe sich nicht ausreichend um sie gekümmert, habe sie mit seinen pubertären »Ausrastern« in die Krankheit getrieben, hätte... hätte...

Äußerlich war er ein sympathischer junger Mann, begabt, offen und sensibel. Seit dem Tod der Mutter habe er deutlich zugenommen, was ihn in doppelter Weise belaste: Einerseits könne er doch nicht genießen angesichts des Todes der Mutter, die, so seine Formulierung, sich für ihn letztlich aufgeopfert habe. Zum anderen wäre es ja nicht gesund so übermäßig zu essen und sich nicht beherrschen zu können. Stunde für Stunde äußerte er nahezu die gleichen Klagen, keine Intervention schien wirklich zu greifen. Er blieb in der Schwärze seiner Selbstvorwürfe und des verzweifelten Wunsches, die Mutter möge wieder leben und ihm damit die Chance vermitteln, alles anders und besser machen zu können. Die Therapie gestaltete sich als ein mühseliger Prozess in dem ich mehr als einmal glaubte, aufgeben zu müssen. Schließlich erkannte ich, dass hinter seinem Beharren in der Trauer auch ein Stück Fanatismus stand. In der Gegenübertragung spürte ich zunehmend eine Aggression, die ich allmählich als die Wut des jungen Mannes erahnte, dass ihn seine Mutter verlassen hatte. Indem ich diese aggressive Dimension auf dem Hintergrund meiner Empfindungen ansprach, atmete er hörbar auf. Dann ergriff er das erste Mal die Farben und gestaltete ein Bild, das er »Phönix aus der Asche« nannte (▶ Bild 24)

Der Phönix ist ein Fabeltier orientalischer Herkunft. Er wurde der Sonne zugeordnet und gleichzeitig dem ägyptischen Unterweltsgott Osiris. In Rom war er Sinnbild für das ewige Leben, während das Christentum im Phönix ein Symbol des sich durch den Tod erneuernden Lebens sah. »In der älteren christlichen Kunst sitzt er mit Strahlennimbus versehen auf einer Palme oder Palmzweig« (Lurker, 1991, S. 574). Auch das Märchen kennt die wundersame Verwandlung von Tod ins Leben über das Sinnbild eines wunderschönen Vogels im Märchen vom Machandelboom. Es ist eines der ältesten Märchen aus der Sammlung der Gebrüder Grimm und wurde ihnen von dem Maler Philipp Otto Runge zugetragen (Grimm, KHM, 1812, S. 317). So schließt sich der Kreis: Ein Maler vermittelt die Geschichte und ein Patient übernimmt die Worte und malt das Symbol.

Aus der Düsterkeit des Schwarzen heben sich pinkfarbene Flächen hervor, die Flügeln gleichen. Oben und unten scheinen kleine sternförmige Gebilde aufzuleuchten. Wieder taucht zahlsymbolisch die vier auf, ein Hinweis auf die sich wandelnde Mutterbeziehung? Die gemalten Flächen wirken in ihrer gestrichelten Form fächerartig und könnten an Palmzweige erinnern. In der Mythologie ist es der Ort, auf dem der Phönix sitzt. Die Palme (lat. Phönix) wird nicht den Bäumen, sondern den Büschen zugeordnet, was in diesem Bild erahnbar wird.

Auf Nachfrage stellte sich heraus, dass sich der Jugendliche nie mit dem Phönix beschäftigt hatte. Er kannte nur die Redensart, dass sich »der Phönix aus der Asche« erhebt. Nachdem er das Bild fertig gestellt hatte, meinte er mit einem erleichterten Blick auf sein Werk: »Es gibt doch ein zweites Leben.« Und ich setzte fort: »Wenn man die verbrannte Erde in ihrer Trostlosigkeit zulässt, kann sich aus der Asche der Phönix in die Weite, in die Freiheit erheben.«

Es geht um den Aufbruch zu neuen Wahrnehmungen, gewissermaßen zu neuen Ufern. Der Jugendliche hat in der dick aufgetragenen Schwärze seines Bildes Leid, Trauer, aber auch die fanatische Wut nachvollziehbar dargestellt. Aber es gibt ein neues Leben, das sich über Wandlung und Veränderung ergibt. Noch ist diese neue Perspektive nicht wirklich greifbar, aber dahinter steckt möglicherweise das Erahnen einer religiös gefärbten Perspektive, die Auferstehung verspricht. Es gibt einen Sinn in allem leidvollen Verlusterleben, wenn ein junger Mensch in der therapeutischen Begleitung wieder lernt, nach vorn zu schauen und mit Zuversicht das Leben in seinen dunklen und hellen Seiten aktiv gestaltet. Die Unbedingtheit der Zuwendung ist Voraussetzung, damit der Patient an neue Perspektiven glauben kann. Dass diese Notwendigkeit uns als Therapeuten oft an die Grenze bringt, erfuhr ich in dieser Behandlung, aber gleichzeitig auch, dass es sich lohnt.

Kinder und Jugendliche verlangen in der Therapie nicht immer eine perfekte verbale Interpretation, um sich verändern zu können. Heilen tut die vorbehaltlose positive Beziehung, die alte Erfahrungen, alte Glaubenssätze, wenn nicht löschen, doch zumindest positiv überschreiben kann.

3.3.3 Leben, eine ständige dynamische Bewegung

Der Aufbruch in eine neue Wahrnehmung der eigenen Person und der Zukunft demonstrierte mir ein Dreizehnjähriger. Während die anderen in der Gruppe malten, saß er lange nachdenklich vor dem leeren Blatt. »Ich möchte etwas malen, aber ich habe immer gehört, dass ich nicht malen kann und ich bin auch überzeugt davon.« Die Gruppe schlug ihm daraufhin vor, doch einfach Farben zu malen. »Die Lutz findet dann schon irgendeinen Sinn darin.« Das war als liebevoller Seitenhieb gemeint, im Vertrauen auf die stabile Beziehung, die sich über viele Kämpfe, über Zweifel an meiner Aufrichtigkeit, über Enttäuschung und Enttäuschungswut, gebildet hatte. Ich genoss mit meiner Bereitschaft, überall einen Sinn zu finden, ironische Wertschätzung. Eine als Anerkennung zu verstehende Haltung in dieser Altersstufe!

Ermutigt malte der Junge zunächst ein großes Rundes in Purpurrot. Er konnte sich gar nicht genug tun, immer wieder in dieser Kreisbewegung zu verweilen. Dann bettete er es gewissermaßen in ein Meer von roten Strichen, um dann zum überzuwechseln. In gleicher Intensität gestaltete er die gelbe Kugel, nicht ohne mir gegenüber zu bemerken: »Als Märchenoma denken Sie jetzt bestimmt an den ›Froschkönig‹, aber es ist nicht Gold was glänzt, sondern gelb!« Die gelbe Kugel erweckt den Eindruck, leicht anzusteigen. Auch der Hintergrund ist intensiv gelb mit Strichen ausgefüllt, raumgreifender als das Rote (▶ Bild 16).

Gemeinsam mit den anderen Gruppenmitgliedern versuchten wir das Bild zu enträtseln. Die Dynamik des Bildes, unterstrichen durch das intensive Gelb, weist auf eine progressive Entwicklungsdynamik hin. Das gelingt nur, wenn man sich seines Selbstwertes bewusst ist. Dies unterstrich wieder die purpurne Farbe, Hinweis auf ein belastbares Selbstwertgefühl. Es folgten noch manche Assoziationen: Eine Kugel kann rollen und signalisiert damit vielleicht, dass auch das Leben in ständiger Bewegung ist. Ob die Striche im Hintergrund auch eine ähnliche Botschaft vermitteln könnten? »Man sitzt nicht zweimal am gleichen Fluss«, zitierte eine Vierzehnjährige und eine ebenfalls Vierzehnjährige demonstrierte ihr Wissen, indem sie auf das griechische »panterei« (alles fließt) hinwies. Es entstand sofort eine verbale Kabbelei, wobei der Maler dem Mädchen seine »typische Arroganz« vorwarf, mit der sie demonstriere, dass sie aus einem gebildeten Elternhaus stamme. Diese scheinbar lieblos-unbezogene Bemerkung schien mir bezeichnend, denn wenn archetypische Themen in irgendeiner Form angerührt werden, muss in diesem Alter ein nüchternes Realitätsprinzip wieder einen sicheren Boden garantieren. Und die Vierzehnjährige verstand das offensichtlich, denn sie lachte versöhnlich.

Zusammenfassung

Das Malen hat sich auch bei traumatischen Verlusterlebnissen als hilfreich erwiesen. Die enge Verknüpfung von Trauer und Aggression ist in ihrer Ambivalenz häufig mit Schuldgefühlen verbunden. Das Malen, selbst wenn es nur ein Eintauchen in Farben ist, kann lösen und erlösen.

Ein entscheidender Wendepunkt vollzieht sich immer dann, wenn sich positiv-progressive Kräfte entwickelt haben, die Konflikthaftes relativieren und Hoffnung und darüber hinaus Zuversicht entstehen lassen. Sowohl thematisch als auch farbpsychologisch entstehen neue Bilder, die über einen archetypischen Gehalt nicht nur den Einzelnen bereichern, sondern auch in der Gruppe positive Kräfte evozieren. Das Auftauchen von archetypische Themen muss gerade bei Pubertierenden jedoch immer durch das Realitätsprinzip im Gleichgewicht gehalten werden.

Literatur zur ergänzenden Lektüre

Jacobi, J. (1981). Vom Bilderreich der Seele. Olten/Freiburg: Walter.
Jung, C. G., Franz, M.-L. & Henderson, J. L. (1999). Der Mensch und seine Symbole. Olten/Freiburg: Walter.
Richter, H. E. (1972). Die Gruppe. Reinbek: Rowohlt.
Richter, H. E. (1988). Lernziel Solidarität. Reinbek: Rowohlt.
Schnocks, D. (2013). Mit C. G. Jung sich selbst verstehen. Stuttgart: Kohlhammer.

Weiterführende Fragen

- Ist es notwendig, dass der ungelöste Konflikt in seiner ganzen Schärfe bewusst wird?
- Woran ist ein Umschwung in einer analytischen Psychotherapie zu erkennen?
- Welche Kriterien müssen erfüllt sein, um ein Lösungsbewusstsein zuzulassen?
- Gibt es Ergebnisse der Hirnforschung, die diese Thesen unterstützen?
- In welcher Form kann eine Gruppe therapeutisch wirksam werden, um Minderwertigkeitsgefühle, die aus dem Vergleich mit anderen resultieren, zu relativieren?

4 Malen und therapeutische Beziehung

Aus der praktischen Arbeit kristallisieren sich zurzeit neben frühen emotionalen Mangelerfahrungen zwei verursachende Faktoren heraus. Zum einen ist es die übermäßig gewährende bis verwöhnende Erziehungshaltung, die den Kindern keine Grenzen setzt bei gleichzeitiger Überbetreuung. Nicht umsonst ist der Begriff der »Helikopter-Eltern« entstanden. Zum anderen ist es eine Vernunft gesteuerte verbale Interaktion mit den Kindern. Vor allem sehr begabte Kinder reagieren mit einer forcierten Sprachentwicklung und einer Identifikation mit dieser rationalen Einstellung. Hierdurch entwickelt sich eine Reifungsdisharmonie, die spätestens in der Pubertät zu einem Durchbruch der gestauten Gefühle führt, die nicht selten in einer Katastrophe endet.

4.1 Gefühle malen

Eine spezifische Form mit dem Malen konstruktiv umzugehen ist das therapeutische Angebot, beschriebene Gefühle malerisch darzustellen. Eine Anregung dazu geben die wunderschönen Kinderzimmerkalender von Wolf Erlbruch. Sie erlauben den Kindern, Gefühle in der Verschiebung auf Tiere wahrzunehmen und sich damit zu identifizieren.

4.1.1 Armut im Reichtum

Eine kleine Siebenjährige beklagte sich unter Tränen, dass sie sich immer so allein fühle. sie habe keine Geschwister, in der Schule würde sie nicht gemocht und die Erwachsenen würden sie vor allem schön anziehen. Außerdem solle sie immer lieb und Mamas und Papas »Goldtöchterchen« sein. Es fiel mir schwer, im Augenblick etwas Tröstliches zu sagen oder zur Aggression zu ermutigen. Sie war wirklich ein Goldschätzchen mit ihren langen blonden Locken, den großen blauen Augen und der liebevoll ausgesuchten Kleidung. Bei so viel Wertschätzung kann man sich ohne schlechtes Gewissen kaum aggressive Äußerungen oder gar Taten erlauben.

Ich fragte sie darum in meiner Ratlosigkeit, ob sie ihre Einsamkeit nicht malen wolle. Nach einigem Zögern ging sie darauf ein.

Das kleine Persönchen auf dem Bild ist leicht links geneigt mit silbernem Kleid, silberner Krone, goldenen Haaren und goldenen Beinen. Die Schuhe sind wiederum Silber abgebildet. Im Gegensatz zu dieser Pracht steht das links geneigte Gesichtchen mit den leeren Augen, einem schwarzen Strich als Mund mit einem schiefen Lächeln (▶ Bild 25).

Auffallend ist, dass das Mädchen keine Arme malt. Indem sie das Bild noch länger betrachtet und der silbernen Krone goldene Knöpfe aufsetzt, erklärt sie selbst, sie sei fertig. Ein Kind, äußerlich umsorgt und verwöhnt und trotzdem in all der Fülle einsam! Die fehlende Arme verraten den Schlüssel der Konfliktlösung. Das Leiden an der Einsamkeit kann es nur durch Tatkraft auflösen. Im passiven Warten auf Veränderung verdichten sich die trostlosen Gefühle trotz allen vordergründigen Reichtums. Mir fiel der Mythos von König Midas ein, der sich als Belohnung für seine Hilfestellung vom Gott Dionysos wünschte, alles, was er berühre solle zu Gold werden. Erst als er merkte, dass die existentiellen Bedürfnisse nach Nahrung, Wärme und Zärtlichkeit durch seinen kurzsichtigen Wunsch unerfüllt blieben, weil Essen, Trinken und Menschen im Augenblick seiner Berührung zu Gold wurden. Da erkannte er seinen Irrtum und konnte nur den Gott bitten, den unbedachten Wunsch wieder rückgängig zu machen.

Vordergründige Bedürfnisbefriedigung garantiert kein wirkliches Glück. Dazu braucht es Menschen und einen lebendigen Kontakt, indem man auf sie zugeht. Diese Aktivität ist jedoch aus der gleichen Quelle gespeist wie Aggressivität. Und dafür sind wiederum zupackende Arme und Hände notwendig.

Anhand des Bildes war es möglich, mit den Eltern intensiv zu arbeiten, sodass sie die Notwendigkeit nachvollziehen konnten, ihre Tochter gelegentlich auch eine »Ronja Räubertochter« sein zu lassen. Der Vater, der seine Tochter meist in die Therapiestunde brachte, verabschiedete sie in der Folge immer mit der Ermahnung »sei recht unanständig«. Einmal reagierte sie auch dem Vater gegenüber gemäß seinem Auftrag: »Das brauchst Du mir überhaupt nicht immer wieder zu sagen, das bin ich doch sowieso immer!«

Aktiv-aggressiv zu sein zwingt in die Berührung und dann ist man nicht mehr einsam!

4.1.2 Der abgewehrte Komplex Angst und die Chance der Bewusstwerdung

Wie kann Malen im Umgang mit Angst weiterhelfen? Größere Kinder haben deutlich Schwierigkeiten, zuzugeben, dass sie Angst haben. Es gilt als beschämend, dieses Gefühl zu haben. Vor allem Jungen haben es schwer damit. Lieber prügelt man sich, als Versuch, sich auch einem Stärkeren gegenüber zu behaupten, als den Weg der Flucht oder der freiwilligen Unterwerfung einzuschlagen. Auch im therapeutischen Kontakt machte ich die Erfahrung, dass ein direktes Ansprechen von ängstlichen, unsicheren Gefühlen überwiegend abgewehrt wird. Das entspricht der Erfahrung in der von C. G. Jung geprägten therapeutischen Haltung, dass der gefühlsbetonte Komplex nie direkt angesprochen werden darf, will man nicht Abwehr, Rückzug oder sogar Kündigung der Beziehung provozieren. Insofern ist die Möglichkeit, Patienten anzuregen, ihre gefühlte Befindlichkeit zu malen, ein indirekter Versuch mit belastenden Gefühlen in Kontakt zu kommen, ohne zu beschämen.

Auf diese Weise entstand die von einem Zwölfjährigen im Nachhinein so bezeichnete »Angstbrille« (▶ Bild 26). Erstaunlicherweise zeigt diese Brille andere Gefühle, die jedoch offensichtlich Angst machen.

Wenn wir uns vorstellen, dass diese Brille von einem Menschen getragen wird, so ist das rechte Glas von einem massiven schwarzen, einem roten und zwei gelben Blitzen geprägt. Insgesamt ist das Glas geschwärzt. Es ist naheliegend, hier die Interpretation von Lüscher für die Farbe schwarz einzubeziehen. Vielleicht könnte gerade die bewusstseinsnahe Radikalität und damit verbundene Aggression beängstigend sein? Tatsächlich war dieser Junge in der Gruppe extrem aggressiv. Lautstark, Objekte zerstörend sprengte er oft die bezogene Arbeit, sodass ich am Ende der Stunde oft der tränenreichen Verzweiflung nahe war. Als ich meine Hilflosigkeit als Gegenübertragung in die Gruppe einbrachte, meinte er: »Du musst dich nicht so aufregen, das macht meine Lehrerin auch immer und dann treiben wir es in der Klasse immer noch schlimmer.« Ich nutzte diesen »Rat« und thematisierte ihn immer dann, wenn sich wieder Chaos anbahnte. So wurden die Stunden allmählich erträglicher.

Das linke Brillenglas zeigt eine Träne, ein gefühlter Zustand, in dem ich mich über lange Zeit nach der Gruppensitzung erlebte. Im Elterngespräch zeigte sich, dass die Mutter vor dem Hintergrund ihrer Geschichte mit Aggression überhaupt nicht umgehen konnte und die Tränen Ausdruck ihrer Verzweiflung angesichts ihres für sie unerträglichen Sohnes war. In die Träne hatte der Junge leicht verwischt den Kopf seiner Mutter eingezeichnet. Wir konnten allmählich in der Gruppe das Bild betrachten und uns der Angst als kollektivem Phänomen nähern. »Man könnte doch die Brille einfach absetzen« meinte eine Dreizehnjährige, »denn Wut und Tränen verschleiern den Blick, das sieht man doch bei dieser Brille. Damit kann man ja überhaupt nicht sehen!«. Ich ergänzte, dass es aber den Vorteil haben könnte, die Angst nicht zu sehen. Die sei vielleicht noch schlimmer als Wut und Trauer. Dieses Bild veränderte in der Gruppendynamik viel. Vor allem konnte der Maler aus seiner Rolle des »schwarzen Schafes« aussteigen. Trieb er es einmal wieder zu »dynamisch«, konnte die Dreizehnjährige rufen »Brille abnehmen« und die Situation entspannte sich.

Die Gefühle, die am intensivsten innerhalb einer Therapie an die Oberfläche drängen, sind in der Regel jene, die in irgendeiner Form mit aggressiven Impulsen zu tun haben. Jungen in ihrer größeren Bewegungsfreude und ihrem höheren Testosteronspiegel haben naturgemäß ein höheres Bedürfnis, sich auseinanderzusetzen, zu kämpfen oder sich auch richtig zu verprügeln. Damit sind diese Jungen nicht hyperaktiv, sondern stattdessen in ihren elementaren Bedürfnissen gestaut. Zwangsläufig müssen sie früher oder später vehement durchbrechen. Aber auch Mädchen sind nicht nur liebe, angepasste, engelsgleiche Wesen. Auch sie verfügen über ein erhebliches Potential an Wut, die sie oft aus Angst vor Liebesverlust unterdrücken.

4.1.3 Der abgewehrte Komplex Aggression und die Chance der Integration

Die Malerin des Wolfes (▶ Bild 27) war, als ich sie kennenlernte, ein überangepasstes 17-jähriges Mädchen. Sie konnte sich in der Schule ihren Klassenkameraden gegenüber nicht behaupten, galt als braver Lehrerliebling und wurde ausgegrenzt. Sie selbst empfand sich als Opfer und versuchte, über Leistung einen Wert zu gewinnen. Aggressionen ängstigten sie in einer Weise, dass sie es nicht aushalten konnte, mit ihren Eltern beim Essen an einem Tisch zu sitzen. »Ich kann es nicht ertragen, sie beißen und kauen zu hören. Dann muss ich meinen Teller nehmen und in mein Zimmer gehen.« Es wurde ihr allmählich bewusst, dass es die eigenen Aggressionen waren, die sie fürchtete. Als sie dies erkannte, malte sie in einer Stunde spontan einen Wolf mit gefährlichen grünen Augen. Das läutete einen wichtigen Prozess der Selbsterkenntnis ein. Sie begann, zu ihrer eigenen Wolfsnatur zu stehen.

Dem Wolf begegnen wir in den Märchen immer wieder. Es ist nicht so sehr die gefährliche männliche Seite, die er repräsentiert, sondern viel stärker der negative verschlingende Mutterarchetyp. Im Märchen vom Wolf und den sieben Geißlein wird dies ebenso deutlich wie im Märchen von Rotkäppchen. Es ging deshalb in der Therapie vor allem darum, dass die Jugendliche ihre eigene weibliche Identität in den beiden polaren Aspekten anerkennen lernte. Den Wolf in sich wahrzunehmen aktivierte zwei Gefühlsebenen: Zum einen hieß es, sich selbst in der Angst vor den eigenen Ängsten zu spüren, zum anderen aber auch die Projektion der Aggression auf andere zurückzunehmen. Das bedeutete, nicht nur die liebe Überangepasste, sondern gleichermaßen auch die Täterin zu sein. Zunächst war das eine Zumutung hinsichtlich des eigenen Selbstbildes, dann aber auch eine Befreiung zur Kreativität, die es ihr erlaubte, sich auf ein Kunststudium vorzubereiten.

4.2 Der Therapeut als Projektionsfeld

Im malerischen Prozess spielt die so bezeichnete Übertragung eine wichtige Rolle.

Bei diesem, zu nahezu jedem therapeutischen Prozess gehörigen Phänomen werden positive aber überwiegend auch negative Empfindungen, die mit anderen Menschen, gleich welcher Altersstufe erlebt werden, auf den Therapeuten übertragen. Indem dieser nur in geringem Maße Einblick in seine persönliche Situation gibt, erleichtert er diese Projektion. Entscheidend dabei ist, dass der Heranwachsende keine negative Gegenreaktion erfährt, wie das zumeist im Erziehungsalltag stattfände, sondern eine Bestätigung seines Erlebens. Damit können zentrale Gefühle von Angst, Aggression und Schuld in den Fokus der Bearbeitung gelangen, ihre negative Bewertung verlieren und schrittweise in ihren positiven Seiten wahrgenommen werden. Dies wiederum erlaubt eine Integration in die bewusste Persönlichkeit.

Es fällt in der Regel jedoch Kindern und Jugendlichen leichter, negative Aspekte im Bild darzustellen als in der verbalen Interaktion. Zu schnell wird eine verletzende Gegenreaktion vom Therapeuten erwartet. Ein Bild sagt auf der einen Seite mehr aus, auf der anderen entschlüsselt es sich oft erst im teilnehmenden Gespräch. Diese Erfahrung als helfende Begleitung vollzieht sich immer wieder in der Gruppentherapie.

4.2.1 Das Leiden an der Doppelbödigkeit der Erwachsenen

Eine Zwölfeinhalbjährige saß lange vor einem Blatt, drehte unschlüssig einen Farbstift zwischen den Fingern und meinte, sie könne eigentlich nicht sagen, was sie ausdrücken wolle. Auch das Malen, das sonst häufig eine Lösung in Konfliktsituationen darstellte, würde es ihr heute nicht erleichtern. Auf Drängen der Gruppe erzählte sie von der Doppelbödigkeit vieler Erwachsener. Man könne sich nicht wirklich darauf verlassen, ob das, was man sehen würde echt sei oder Maske. Es folgte seitens der Gruppe viel Bestätigung angesichts dieser Wahrnehmung. Es wurde von Lehrern und Eltern berichtet, deren Glaubwürdigkeit angezweifelt wurde. Schließlich berichtete eine Zwölfjährige von einem gemeinsamen Familiengespräch bei mir, das schon länger zurücklag. »Und dann tun meine Eltern so verständnisvoll und hören sich alles freundlich an und kaum sind wir draußen dann fallen sie über mich her, was ich über sie und zu ihnen gesagt hätte und wie falsch das sei, respektlos, unverschämt…« Unvermittelt tauchte die Frage auf, wie das denn hier in der Therapie sei und ob »die Lutz« nicht gleichermaßen zwei Gesichter habe. Nun kam Bewegung in die Gruppe und die beiden Mädchen begannen, ihre Perspektive meiner Person zu Papier zu bringen (▶ Bild 28a und 28b).

Als Übertragungsobjekt aber gleichermaßen auch als reale Fragestellung gewann das Thema in der unterschiedlichen Handschrift beider für die Gruppe eine nachvollziehbare Dimension. Das eine Bild, zeigt in zarter Strichführung ein Abbild meiner Person mit der Überschrift »Das große Fragezeichen«. Wer sind die Erwachsenen, wer ist die Therapeutin, Engel oder Teufel? Die Gespaltenheit wird am Kopf, den Händen und Füßen demonstriert. Gleichzeitig ist die ganze Gestalt grau gekleidet, eine Farbe, die sich in seiner fehlenden Aussage im wahrsten Sinn in der Zeichnung »bedeckt« hält. Die teuflische Seite lässt rote Farbe durchschimmern, was sich im Schuh des Engels wiederholt. Dagegen ist die Herzseite des Engels grau in Korrespondenz mit dem Schuh des Teufels. Scheint sich hier schon das Wissen um die Zusammengehörigkeit beider Seiten anzudeuten? Das Schwarz des Shirts steht im Gegensatz zum Weiß des Gürtels. Hier könnte es sich in der dargestellten Polarität um eine Betonung der verbal berichteten Doppelbödigkeit der auf mich projizierten Haltung der Erwachsenen handeln.

Auf der Subjektstufe steht hinter dieser Abbildung aber auch die Frage nach der eigenen Person. Darf man die in der Pubertät erstmals so deutlich wahrgenommene eigene Zwiespältigkeit anerkennen und als Ausdruck der menschlichen Persönlichkeit akzeptieren? Muss es überhaupt eine Spaltung zwischen Gut und Böse geben? Kann man den Gegensatz von hell und dunkel wertfrei als Charakteristikum der menschlichen Natur einordnen?

Das Bild der Zwölfjährigen, ebenfalls eine Darstellung meiner Person, entstand gleichzeitig und scheint den diskutierten Gegensatz noch intensiver aufzunehmen. Die sichtbare Vitalität kann jedoch täuschen, denn das Mädchen beschränkt den Gegensatz allein auf den Kopf. Das verwundert nicht, wenn man einbezieht, dass die Zeichnerin in der Gruppe den Beinamen »die Handyqueen« hatte. Sie war die Intellektuelle, die in unglaublicher Fertigkeit über alle Feinheiten der Handynutzung Bescheid wusste und ihre umfassende Kompetenz vor allem den Jungen gegenüber in irritierender Sanftheit demonstrierte.

Interessant ist, dass auch sie die rechte Seite als die negative einstufte. Das Rot des Gesichts und die wilde, ungeordnete Haarfülle waren ihr sehr wichtig. Spürbar signalisierte sie damit ein hohes Maß an gestauter Aggression, das noch von Blitzen, die diese Gesichtshälfte gleichsam umrahmten, verstärkt wurde. Diese geballte negative Dynamik wurde in der Projektion auf die Therapeutin zum entlastenden Moment für die ganze Gruppe.

Die linke, freundliche Seite erscheint recht farblos und erweckt den Eindruck freundlicher Anpassung. Die Blumen und Herzen am linken Bildrand sind verhältnismäßig rasch und lieblos hingeworfen und lassen die hinter der angepassten Fassade verborgene Aggression spüren. Die Gruppe diskutierte dieses Bild sehr engagiert. So entstand die Frage an die Malerin, warum sie einerseits vier Blitze, zum anderen je drei Blüten und drei Herzen gemalt habe. Sie zuckte überlegen die Achseln und meinte, »überlasst das nur der Lutz, dann hat sie auch was zu tun.«

Zahlsymbolisch deutet sich erneut über die Vier der weibliche Raum an. Es ist der konkrete Bezug zum Jetzt und Hier und damit stellt sich möglicherweise die Frage, inwieweit Aggression in die aktuelle Lebensführung einbezogen werden darf. Wenn die Drei andererseits in den männlich-geistigen Raum weist und in der Doppelung die Sechs entsteht, könnte ein Kernproblem, das sich hinter der Anpassung verbirgt, die Sehnsucht nach Beziehung sein. Diese ist jedoch, wenn sie wirklich lebendig sein will, nicht nur harmonisch und friedlich, sondern vital und damit auch aggressiv. So fanden wir gemeinsam heraus, dass in einem Bild immer Konflikt und Lösung abgebildet werden, ohne bewusste Planung oder Absicht. Diese Erfahrung wurde zum befreienden Gruppenerleben. Nicht immer entstehen Lösungen über bewusste Reflexion, sondern viel häufiger können sie zu-fallen, wenn man sich diesem Zufall öffnet.

Vor dem Hintergrund dieser Gruppensolidarität entspann sich eine heftige Diskussion über die Glaubwürdigkeit und Bezogenheit der Therapeutin.»Die kriegt schließlich auch eine Menge Geld für ihre Nettigkeit. Ob sie auch so wäre, wenn sie nichts bekäme?« Es wurde dann geschlussfolgert, dass die Therapeutin angesichts des dafür bezahlten Geldes auch alles aushalten müsse.

4.2.2 Täterschaft oder Opferstatus, die Frage nach dem Ich und dem Du

In einer inneren Folgerichtigkeit entstand wenige Stunden später das Bild eines elfjährigen Gruppenmitgliedes (▶ Bild 29). Er benannte es selbst: »Die Lutz am Kreuz«. Dieses Bild beschäftigte uns eine ganze Sitzung, indem wir die unterschiedlichsten Einfälle erörterten. Das eine war der Todeswunsch. Dieser differenzierte sich allmählich nicht so sehr als Bedürfnis nach Vernichtung, sondern als Anliegen, die Therapeutin stellvertretend für alle Erwachsenen zu entmachten. Als Konfliktthema ging es um das Gefühl der Hilflosigkeit hinsichtlich der Überlegenheit der Erwachsenen. Damit verbunden war das Empfinden von Wertlosigkeit und Schuld.

In der Übertragung kehrten die Kinder dieses Verhältnis um. Eine Berechtigung, die rationalisierend untermauert wurde, leiteten sie aus der Tatsache meines Doppelgesichtes ab. Nachdem diese Therapeutin offensichtlich keine Eindeutigkeit vermittelt, hat man nahezu die Pflicht, sie zu bekämpfen und dadurch zur Eindeutigkeit zu zwingen. Macht und Ohnmacht, Täter- und Opferidentität wurden zunehmend zum intensiv diskutierten Thema. Dabei war ich überrascht, welch tiefe Gedanken sich diese Elf- und Zwölfjährigen machten. Meine Bemerkung, sie seien ja die reinsten Philosophen und könnten ein Problem aus den verschiedensten Perspektiven erörtern, animierte sie zu einer erneuten Betrachtung des Bildes. Dabei entdeckten sie spontan das Moment archetypisch bedingter Zwiespältigkeit als ein Gesetz des Lebens. Zum einen sollten die roten Knäuel am Boden das herabfließende Blut symbolisieren, zum anderen wählte der Zeichner dafür jedoch das Purpurrot, diese besondere Farbe, die bereits häufig in Bildern auftauchte. Verletzung und Schmerz wurde zum einen Wert und Würde und zum anderen Pol beim gleichen Phänomen.

Ergänzend hierzu fiel der Gruppe auf, dass ich an einem grünenden Baum gekreuzigt worden war. Ich überlegte laut, ob Tod am lebendigen Baum in seiner Gegensätzlichkeit vielleicht auch auf Wandlung und Veränderung und damit neues Leben hinweisen könnte. »Ja, wenn, dann müssen sich aber die Erwachsenen in erster Linie ändern, nicht wir!« Die zunehmend aggressive Debatte schien, gemäß der eigenen Ambivalenz, die zuvor eher ruhig reflektierende Diskussion zu relativieren. Lehrer und Erwachsene mussten noch die Schuldigen, die bösen Täter bleiben. Die eigene Position zu hinterfragen, womöglich eigene Schattenprojektionen zu erkennen, fällt Vorpubertierenden in ihrer für diese Phase typischen, überwiegend extravertierten Einstellung zum Leben schwer.

Mein Angebot, eine Parallele zum Christus-Mythos herzustellen, prallte auf demonstrative Ablehnung: »Sie immer mit ihren Geschichten, jetzt reicht es uns«, war die von einem Elfjährigen lautstark geäußerte Meinung, die von allem mit einem Kopfnicken bestätigt wurde.

Vorpubertierende sind längst nicht so selbstbewusst, wie sie sich gelegentlich geben. Der vordergründig demonstrierte, jedoch oft leidvoll erlebte Geist der Opposition ist der Versuch, sich zunehmend aus dem

Gefühl der Abhängigkeit zu befreien. So konnte ich mich zurücknehmen und ihnen angesichts der Tiefe, die wir erreicht hatten, zum eigenen Schutz die Rückkehr an die Oberfläche zugestehen. Erneut wurde mir dabei die Weisheit bewusst, die Tales von Milet mit seinem Wort »alles mit Maß« ausdrückt. Das gilt in besonderer Weise für die Schritte auf dem Weg zur Erkenntnis.

Zusammenfassung

Um sich häufig unbewussten leidvollen Gefühlen zuzuwenden, bedarf es häufig der aktiven Haltung des Therapeuten. In der Ermutigung, Gefühle über die bildnerische Gestaltung sichtbar zu machen, liegt bereits der erste Schritt zur Bewältigung.

Eine spezifische therapeutische Haltung in der analytischen Psychologie ist, angesichts der gebotenen Zurückhaltung Übertragungsphänomene zuzulassen, die zumeist aggressiver Natur sind. Wenn man dem Gesetz gruppendynamischen Erlebens folgend davon ausgeht, dass die Ambivalenz hinsichtlich aggressiver Empfindungen von den anderen gleichermaßen empfunden wird, kann die Gruppe über Akzeptanz und Bestätigung dieser Empfindungen zum Schutz und Schirm werden. Indem Entlastung von möglichen Schuldgefühlen dadurch entsteht, dass andere in einer Stellvertreterfunktion das Ausagieren negativer Gefühle übernehmen, wird für den einzelnen die Voraussetzung geschaffen, Aggressionen wertfrei zu akzeptieren und als dynamische Kraft in die Persönlichkeit zu integrieren.

Literatur zur vertiefenden Lektüre

Bettighofer, S. (2000). Übertragung und Gegenübertragung im therapeutischen Prozess. 2. Aufl. Stuttgart: Kohlhammer.
Beuys, J. (2015). Zeige deine Wunde. Berlin München Wien: Europa.
Jung, C. G. (1973). Ges. Werke Band V. Symbole der Wandlung. Olten: Walter.
Hopf, H. (2009). Angststörungen bei Kindern und Jugendlichen. Frankfurt/M.: Brandes & Apsel.

Richter, H. E. (2001). Flüchten oder Standhalten. 4. Aufl. Gießen: Psychosozial.

Yalom, I. D. (2002). Der Panama-Hut oder was einen guten Therapeuten ausmacht. 5. Aufl. München: Goldmann.

Weiterführende Fragen

- Welche Rolle spielt die Bindungsforschung in der aktuellen therapeutischen Behandlung von Kindern und Jugendlichen?
- Wie erklärt sich eine zumeist in der Pubertät eskalierende Reifungsdisharmonie?
- Welche Funktion hat das Verlassen der Abstinenz und eine damit im Zusammenhang stehende aktive Haltung des Therapeuten?
- Ist die Aufforderung zum Malen ein beziehungsförderndes Moment oder gibt es Gegenargumente?

Fazit Kinderzeichnung

»Jeder Mensch ist ein Künstler« sagt Josef Beuys (Stachelhaus, 2006). Damit meint er, dass jedem Menschen Gestaltungskräfte innewohnen, die zur Verwirklichung drängen. In dieser Kreativität, die sich keinem künstlerischen Anspruch verpflichten muss, liegen die selbstheilenden Kräfte, wie Beuys es mit seinem eigenen Leben beweist. Ermuntern wir unsere Kinder zur Eigeninitiative, zur Gestaltung ihrer eigenen Befindlichkeit in hellen und dunklen Tagen, dann wird sich seelische Gesundheit im Sinne von Frustrationstoleranz und Lebenstüchtigkeit ereignen können. Passivität führt zum Erlernen von »Nichtgebrauch« (Doidge, 2015). Die Hirnforschung beweist, dass dies bis in die körperliche Gesundheit eine fatale Entwicklung einleiten kann. Ein Missbrauch der Medien steuert in diese Richtung. Darum müssen wir als verantwortliche Eltern, Pädagogen und Psychologen immer wieder für einen gesunden körperlichen und seelischen Ausgleich sorgen, oder, wie es Feldenkrais ausdrückt: »Bewusstheit durch Bewegung« (Feldenkrais, 1996) anbieten. Es geht dabei auch darum, von eigenen Einfällen, Gedanken und Gefühlen bewegt zu werden. Körperliche und geistige Flexibilität schafft die Voraussetzungen, mit einem sich immer schneller drehenden Weltgeschehen Schritt halten zu können. So vollzieht sich das Paradox, dass diese äußere und innere Bewegung eine Entschleunigung erlaubt, die in der Wahrnehmung der eigenen Lebenszeit Fülle verspricht.

# Teil II: Gestaltung

Einführung Gestaltung

»*Kreativität ist Suche nach dem, worauf wir nach unserem tiefsten biologischen Wesen nach ausgerichtet sind.*« (Bauer, 2006, S. 223)

Darüber hinaus ist Begeisterung der Motor, der die heilenden Kräfte freier Gestaltungen unterstützt und im Kind seinerseits Begeisterung für sein Tun weckt. Das setzt zwischen Therapeut und Kind eine innere Verbundenheit voraus, die Bereitschaft, sich auf dem gleichen Niveau zu begegnen. Kinder sind wachsende Partner.

Gestalten ist freies Spiel. Und zwar im Sinn des berühmten Schiller'schen Zitates: »Der Mensch ist nur da ganz Mensch, wo er spielt« (Schiller, 1795).

Das Kind braucht keine besonderen Anleitungen. Es nutzt, was es findet und entwickelt gemäß seiner Kreativität ein bestimmtes Objekt oder eine freie Situation.

Gestaltung ist ein irrationaler Prozess, der aus dem Augenblick entsteht, dem Kind spontan einfällt. Es ist beeindruckend, wie sich Kinder an ihrem Tun begeistern können und wie wiederum die Begeisterung immer mehr Kreativität hervorruft. Je mehr wir das Kind seiner Begeisterung überlassen, je weniger wir korrigieren oder durch kritische Fragen Selbstzweifel provozieren, desto vielschichtiger kann sich das Gehirn in seinen nahezu unbegrenzten Möglichkeiten entfalten. Wir haben nur zu schnell vergessen, dass in der Begeisterung das Wort Geist versteckt ist. Gerald Hüther formuliert es so: »Begeisterung ist Dünger fürs Gehirn.« (Hüther, 2011)

Kinder- und Jugendlichenpsychotherapie ist ein Beruf, der von der Begeisterung für Kinder und ihrem kreativen Potential lebt. Darum ist eine Behandlung, die erfolgreich sein will, darauf angewiesen, im Kind über eine lebendige Verbundenheit Begeisterung für sein eigenes Tun zu wecken. Es soll erfahren, dass es selbst über umfassende Möglichkeiten verfügt und der Therapeut nur dafür da ist, Raum für deren Verwirklichung zu schaffen und diese staunend und bewundernd zu begleiten.

Wenn wir als bezogene Begleiter wahrnehmen, welch beeindruckende Wege ein Kind und Heranwachsender mithilfe der Kreativität einschlagen kann, um die Welt und sich selbst zu begreifen, dann wird verständlich, warum Platon feststellte, dass Staunen den ersten Schritt zur Erkenntnis markiert. So wird nachvollziehbar, dass sich bereits über die vorurteilsfreie staunende Begleitung sowohl beim Kind als auch beim Therapeuten Erkenntnis vollzieht. Sie fällt einem zu in einer psychologischen Konsequenz, die keine Zufälligkeiten kennt.

Die freien Gestaltungen hören zumeist in der Pubertät auf, darum werde ich mich in meinen Darlegungen auf die Phase der vollen Kindheit beschränken.

5 Der Umgang mit den Elementen

Die Materialien, die wir zur Verfügung stellen, sollen möglichst vielschichtig einsetzbar sein. Je festgelegter sie in ihrer Zielvorstellung sind, desto weniger Raum bleibt für die freie Gestaltung, die erst die Individualität des Kindes widerspiegelt. Wesentlich ist, dass die Vielfalt die Funktion hat, Anstoß für Einfälle zu sein. Hierzu sind vor allem Naturmaterialen geeignet, denn sie können symbolisch alles repräsentieren und das ist für Kinder das Entscheidende.

Gelegentlich archaische Gestaltungen knüpfen nicht selten an archetypische Gesetzmäßigkeiten an. Es sind Grunderfahrungen des Menschseins, die als kollektiv verbindliche Gestalten, Situationen und Gefühle in jedem Menschen schlummern und dem Bewusstsein als Wissen angegliedert werden wollen. Diese Grunderfahrungen begegnen dem Menschen in reiner Form über die Sinneserfahrung, im Besonderen in den vier Elementen. Über Erde, Wasser, Feuer und Luft repräsentieren sie Möglichkeiten, sich dem zuzuwenden, was als innere Entsprechung durch die äußere Wahrnehmung angeregt wird.

5.1 Wasser

Antoine de St. Exupéry sagt: »Wasser, dank deiner Segnung fließen in uns wieder alle bereits versiegten Quellen der Seele.« (St. Exupéry in Plott, 2013)

Das Wasser ist wohl für das kindliche Bewusstsein eines der faszinierendsten Elemente. Das gilt ganz allgemein und ist nicht nur auf die therapeutische Situation beschränkt. Wasser ist die Grundlage allen Lebens. Die frühen Hochkulturen siedelten in der Nähe eines Gewässers, wie zum Beispiel die Ägypter am Nil. Er war für sie die Verkörperung des Lebens. Bei den Griechen galt Wasser als das wichtigste der Elemente. Dies wurde vor allem von Thales von Milet betont, der in allen Stoffen nur verschiedenen Aspekte der Urmaterie Wasser sah.

So ist vermutlich zu erklären, dass Wasser zentrales Moment vieler Mythen wurde. Die Odyssee ist zum Beispiel eine beständige Auseinandersetzung mit den Gewalten des Wassers. Neben der Macht des Wassers in seinen vernichtenden Aspekten, ist Wasser gleichzeitig Hort des Lebens. Nicht nur der Fischreichtum unterstützt diesen Aspekt, sondern auch die zahlreichen Mineralquellen auf der Welt, die Gesundung von vielen Leiden versprechen

Diese doppelte Bedeutung des Wassers tragen Kinder als archetypisches Wissen in sich in sich. Darum fasziniert sie dieses Element in besonderer Weise. Folgen wir nochmals Hüthers Aussage, so fördert alles, was Begeisterung hervorruft, auch Kompetenz und angstfreies Lernen. So ist das Wasser im therapeutischen Kontext ein entwicklungsförderndes Prinzip. Kaum ein Element weckt so viele Assoziationen: Es kann tröpfeln, rauschen, sprudeln, brodeln, sieden, zischen, plätschern, spritzen, gurgeln, gluckern, rieseln, wogen, murmeln, quellen, branden, sickern. Die ständige Bewegung ist das Kennzeichen des Wassers. Damit ist es auch ein Symbol des Lebens. Nichts steht still, wir können das Fließen der Zeit nicht anhalten. Man sitzt nicht zweimal an demselben Fluss, so ein indisches Sprichwort. Diese ständige Bewegung, die auch das Meer in Wellenbewegung und Brandung sichtbar macht, ist wohl darum so beeindruckend, weil der Mensch sich in diesem rhythmischen Geschehen eingebunden fühlt. So erlebt der Einzelne Sicherheit im kollektiven Erleben. Persönliches Fühlen und archetypische Erfahrung mischen sich im Phänomen Wasser. Dieses Geheimnis, in seiner irrationalen Kraft, spricht Kinder in besonderer Weise an.

Ein Sechsjähriger erzählte mir begeistert, dass er in den Ferien an einem Gebirgsbach mit seinem Papa Dämme gebaut habe. Besonders beeindruckte ihn, wie man Wasser stauen kann. »Und dann gab es einen kleinen See und darin schwammen ganz kleine Tiere. Und dann habe ich den See aufgemacht und alles floss davon.«

Das Prinzip des Fließens und Gestaut-Werdens ist etwas, was in gleicher Weise auch bei seelischen Prozessen stattfindet.

So nutzte eine Siebenjährige die Kugelbahn für das gleiche Phänomen: Sie verstopfte das unterste Loch mit einer großen Kugel und füllte die Bahnen mit allen kleinen Kugeln, die zur Verfügung standen. »Jetzt kann nichts mehr fließen, jetzt ist alles gestaut«, sagte sie in einer Mischung aus Triumph und Betroffenheit. »Du kannst selbst bestimmen, ob Du den Stau auflösen willst, oder nicht«, antwortete ich. »Aber nicht immer«, sagte sie nachdenklich und konnte sich erst am Schluss der Stunde entschließen, die große Kugel zu entfernen. »Jetzt fließt alles wieder«, meinte sie befriedigt, »bis zum nächsten Mal!«

Es überrascht nicht, dass das Mädchen ihren Darminhalt über Tage zurückhielt. Die über Einläufe erzwungene Entleerung war wie ein verstörender Dammbruch, dem ihre weitere Zurückhaltung folgen musste.

In der Somatik wurde etwas offenbar, was im innerpsychischen Geschehen Ursache der Symptomatik war. Gefühle einfach fließen zu lassen, ohne Bewertung oder erzieherische Einschränkungen, war dem Mädchen fremd. Es versuchte, sich möglichst angepasst zu verhalten. »Richtig« zu sein war ihr, wie den Eltern, höchstes Anliegen.

Über lange Zeit war das Spiel mit Wasser Mittel der Therapie. Einfach dem Laufen des Wassers am Wasserhahn zuzuschauen, bereitete ihr große Freude. Besonders erstaunt war sie, dass es dabei keine Hinweise auf Wasserverschwendung gab. Als nächsten Schritt baute sie im Sand Dämme und Wasserwege. Sie bezeichnete den einen Wasserarm als den ihrigen, den anderen als den meinen und schuf Verbindungen und Trennungen, Vereinigungen und Abgrenzungen. In diesem Spiel ohne Worte wurde eine tiefe Beruhigung spürbar. Es war, als ob das Kind in sich die Fähigkeit aktivierte, sich dem Strömen in Nähe und Distanz hinzugeben. Auch eine andere Gesetzmäßigkeit erfuhr sie: Immer wieder versickerte das Wasser. Immer wieder leerte sie einen Becher Wasser in die verschiedenen Ströme, bis der Sand gesättigt war und das Wasser im Sandkasten erhalten blieb. Ich erlebte dieses Tun als ein unbewusstes Wissen, dass alles seine Zeit braucht, damit etwas von Bestand sein kann.

Das ist vor allem hinsichtlich eines analytischen Prozesses von elementarer Bedeutung. So dauerte es mehr als ein Jahr, bis das Mädchen sein Symptom aufgeben konnte. Es brauchte über das symbolische Tun eine lange, sichernde Erfahrung bis sich das komplexhafte Erleben auflösen und die psychische Energie wieder in Fluss kommen konnte.

Wasser erlaubt auch eine Bearbeitung des sexuellen Themas. Eine Gruppe von Neun- und Zehnjährigen beschimpfte sich wechselseitig immer wieder mit sexuellen Ausdrücken. Als ich fragte, inwieweit sie überhaupt wüssten, was damit gemeint sei, herrschte einen Augenblick betroffenes Schweigen. Es stellte sich heraus, dass sehr unklare Vorstellungen hinsichtlich Sexualkontakt, Zeugung, Schwangerschaft und Geburt bestanden, sodass wir zunächst anhand von verschiedenen Aufklärungsbüchern die Grundtatsachen ebenso wie eine mögliche Verhütung besprachen. Es war sehr eindrucksvoll, wie sich die Kinder im Garten Liegestühle aufstellten und die Bücher studierten, sie kommentierten und sich untereinander austauschten. Ich fühlte mich zunächst entlastet, was ich als Gegenübertragungsmoment verstand. Dann wurde ich jedoch unruhig, als unterdrücktes Lachen sowie Worte wie »Verhüterli« und »Pariser« durch die Luft flogen. Als es immer lauter wurde und die Bücher als Geschosse benutzt wurden, fühlte ich mich zur Aktivität veranlasst und fragte, ob sie wüssten, wie ein Kondom aussähe. Wieder entstand betroffenen Schweigen, sodass ich versprach, bis zur nächsten Stunde einige zu besorgen. »Aber bitte bunte«, rief eines der Gruppenmitglieder keck.

In der nächsten Gruppenstunde verteilte ich die Kondome. Die Kinder stürzten an den Wasserhahn und füllten sie mit Wasser. Mit Begeisterung stellten sie fest, wie elastisch die Gebilde waren. Sie formten sich zu einer Kugel, die ich jedes Mal verknoten musste dann trugen sie sie nach draußen und ließen sie als »Wasserbombe« platzen. Ein Mädchen trug die schwankende Wasserlast eng an den Körper gepresst und schrie begeistert, »das ist mein Atombusen«. »War er«, konterte ein Junge und stach mit einer Nadel hinein. Die Wasserflut ergoss sich auf dem Boden. Eine Fülle wie beim »Zauberlehrling«! Zum Glück blieb die im Gedicht von Goethe beschriebene Maßlosigkeit beschränkt!

Nachdem so die weibliche Macht demonstriert und gleichzeitig in Frage gestellt wurde, folgte eine Gegendemonstration. Ein Junge klemmte sich den Gartenschlauch zwischen die Beine, während ein anderer den Wasserhahn aufdrehte. Unter Triumphgeschrei spritzte das Wasser im hohen Bogen bis in den Nachbargarten. Nun antworteten die Mädchen und drehten den Wasserhahn ab. In der Folge war es möglich, Qualitäten des Männlichen wie des Weiblichen zu besprechen und das rivalisierende Moment innerhalb der Gruppe zu hinterfragen. Beide Seiten können stark und ohnmächtig sein. Man kann sich entwerten, aber auch verbünden. »Das, was uns beide stark gemacht hat, überlegte ein Mädchen, war doch das Wasser. Und wenn das Wasser fehlt, sind wir schwach.«

Die existentielle Bedeutung des Wassers war in diesem Gedanken ausgedrückt. Ohne Wasser gibt es kein Leben.

5.2 Erde (Sand)

Auch das Element Erde spielt im therapeutischen Umgang mit Kindern eine wichtige Rolle.

Die Erde ist die Basis, auf der wir stehen, die uns trägt, die aber auch wanken und über Erdbeben jegliche Sicherheit in Sekunden zerstören kann. Im therapeutischen Sandspiel steht der Sand für das Element Erde und wird in unterschiedlicher Form eingesetzt.

Ein Junge berichtete in der therapeutischen Stunde von seinem Urlaub am Meer. Er habe dort eine Stadt aus Sand gebaut mit hohen Bergen und tiefen Tälern, aber am nächsten Tag sei alles vom Meer wieder zerstört worden. In der gleichen Gruppe erzählte ein anderer Junge vom Wanderurlaub in den Bergen. »Bei jedem Schritt muss man gut aufpassen. Es gibt alles: Steine und Felsen, Schlamm und Löcher. Aber es ist ein tolles Gefühl, dass alles doch immer fest ist.« Anschließend einigte sich die Gruppe darauf, im Garten ein tiefes Loch zu graben. »Vielleicht schaffen wir es bis zum Erdmittelpunkt«, vermutete ein Mädchen. »Dann kommen wir in Neuseeland heraus«, überlegte eine andere. Dann gruben sie mit vereinten Kräften weiter.

In der nächsten Stunde bestaunten sie ihr gemeinsames Werk, suchten dann jedoch eine neue Gestaltungsmöglichkeit. Das Beeindruckende in der Therapie mit Heranwachsenden ist, dass sie nicht brav bei einem Thema bleiben und dem Therapeuten erlauben, ihr Tun aus allen Perspektiven zu beleuchten. Stattdessen wenden sie sich in ihrer inneren Beweglichkeit etwas anderem zu, wenn das zugrunde liegende Problem im Augenblick erschöpfend wahrgenommen wurde. In diesem Fall war es die Tiefe, in die das Graben geführt hatte, vielleicht ein unreflektierter Test, ob die Erde wirklich tragfähig genug ist und man ihr vertrauen kann?

Und was ist die symbolische Aussage dieses Tuns, die offenbar so elementar war, dass sie die ganze Gruppe in einer gemeinsamen Anstrengung verband?

Diese Gruppe der Neun- bis Zehnjährigen war dabei, sich aus einer bestimmenden Bemutterung herauszulösen und entscheidende Schritte in die Autonomie zu wagen. Die Gleichaltrigen sind wichtige Helfer in diesem Prozess. Wenn die Erde symbolisch in den weiblich-mütterlichen Raum weist, dann geht es bei den spontanen Erzählungen und Handlungen der Kinder um sinnbildliche Versuche zu erkennen, sich abzugrenzen und sich auf anstehende Auseinandersetzungen einzustimmen. Dies ist eine archetypisch bedingte Notwendigkeit, um sich aus Abhängigkeiten zu befreien und die Zumutung des autonomen Agierens zu stellen. Eigenständigkeit zu entwickeln und Verantwortung für die eigene Person zu übernehmen verlangt, das Treibhausklima mütterlicher Geborgenheit zu verlassen. Mithilfe der stützenden Gruppenpräsenz wurden diese wichtigen Schritte auf archetypischer Ebene erprobend ausagiert

So könnte das Graben eines Loches und in der Fantasie bis zum Erdmittelpunkt vorzudringen auch heißen, sich dem Zentrum des Mütterlichen in seiner individuellen und archetypischen Qualität anzunähern und, symbolisch gesprochen, über die eigene Initiative in einem neuen Land anzukommen. Vorpubertät und Pubertät sind Neuland, das mit neuem Denken, Fühlen und Handeln zu erobern ist! Und kaum hat man sich als Therapeut auf dieses Thema und seine symbolische Bearbeitung eingestellt, wenden sich die Kinder einer neuen Facette ihres Erlebens zu. Und der Therapeut steht erneut vor der Aufgabe, die Symbolsprache zu dechiffrieren und die Tiefe eines neuen Themas auszuloten.

Im Verständnis der Vorsokratiker, vor allem Empedokles, gehörten die Elemente Wasser und Erde in den weiblichen Raum. Aus dieser Perspektive gewinnt das Weibliche in seiner existentiellen Archaik nochmals ein besonderes Gewicht. Die Natur spiegelt uns auf der archetypischen Ebene die hohe Bedeutung des Weiblich-Mütterlichen wider und findet seine Entsprechung in den persönlichen Erfahrungen vieler Menschen. Nicht umsonst sagt Elly Heuss-Knapp: »Ob es licht oder dunkel in den Familien ist, hängt in erster Linie von den Müttern ab«. Hell oder düster, liegt es wirklich an den Müttern, ob ein Leben eigenständig und damit glücklich gestaltet werden kann?

Welche Rolle spielt das väterlich-männliche Moment in der familiären Interaktion und im archetypischen Raum?

5.3 Feuer

Betrachtet man die beiden anderen Elemente Feuer und Luft, so steht hinter ihnen das männliche Prinzip.

Wenn ich mit Eltern über das Geheimnis Feuer und die Notwendigkeit, dieses Element zu erleben, spreche, horchen die meisten Väter auf. Nicht wenige sind versteckte Pyromanen. Feuer symbolisiert eine Vielfalt von Eigenschaften individueller und kollektiver Natur. Zum einen ist es Ausdruck vitaler Kraft, ein Synonym für psychische Energie. Ein Vater sagte mir im Gespräch: »Im Winter brauche ich abends kein Fernsehen. Da sitze ich vor unserem offenen Kamin und schaue dem sich ständig wandelnden Feuer zu. Das ist für mich wie ein Abbild des lebendigen Lebens.« Diese Dynamik macht nachvollziehbar, dass Feuer im weitesten Sinn auch Potenz als lebendige Schöpferkraft versinnbildlicht.

Dem entspricht die Meinung des Vorsokratikers Heraklit aus Ephesus, der überzeugt war, dass Feuer in seiner ständig sich verändernden Form der Urstoff sein müsse, weil sich auch im Universum alles dauernd wandelt.

Auch im Rahmen des griechischen Pantheons hatte das Feuer seinen Platz in Gestalt des Gottes Hephaistos. Seine Mutter Hera war über seine Behinderung, er hinkte, so empört, dass sie ihn aus dem Olymp ins Wasser warf, wo er von der barmherzigen Thetis gerettet wurde. Dieser Gott wurde zum genialen kreativen Schöpfer, indem er im Aetna seine Schmiede betrieb und die kostbarsten Objekte schuf. Er ist der Gott, der von griechischen Künstlern auf Vasenbildern am häufigsten dargestellt wurde und so als Gott des Feuers zu einer zentralen Figur im antiken Götterhimmel wurde.

Feuer gilt stellvertretend als Sinnbild für Wandlung und Veränderung. Über das Verbrennen entsteht Wärme; aus der Zerstörung des einen Materials wird fruchtbare Erde. So vollendet das Feuer einen organischen Kreislauf von Vergehen und Neuwerdung.

Schließlich hat das Feuer aber auch die Qualität des Heiligen. In der Bibel wird von dem brennenden Dornbusch geredet, in dem sich Gott verbirgt und zu Moses spricht (5. Mose 33,16). Und schließlich ist das heilige Feuer auch wegweisend, denn Gott führte das Volk Israels aus der ägyptischen Herrschaft des Nachts als Feuersäule (2. Mose 13,8).

Feuerspiele gehören darum zu jeder analytischen Behandlung, die auf der Psychologie C. G. Jungs gründet. Nur wenige Kinder kennen noch das offene Feuer. Beim Grillen entsteht zum Beispiel nur Glut und vermittelt damit keine wirklich tragfähige lebendige Erfahrung. Feuer im Ofen zu entfachen gehört zu den faszinierendsten Erlebnissen der Kinder. Nicht selten dient es dem Aggressionsabbau. Ein Wutfeuer zu entzünden und alle Affekte unterzubringen, hat bereits befreiende Wirkung. Herr über das selbstentfachte Feuer zu sein, genießen die Kinder und ebenso die Macht, es zu löschen. Eine große Feuerstelle ermöglicht auf andere Art, sich auf die Macht des Feuers einzulassen. Schafft der Ofen noch eine Begrenzung, die auch der Entängstigung dient, ist das offene Feuer Herausforderung, sich auf die Dynamik einzulassen und sowohl Macht, als auch Gefahr wahrzunehmen. Es fordert das Ich heraus, in angemessener Form Nähe und Distanz zu berücksichtigen. Sich dem Faszinosum auszusetzen und gleichzeitig selbstschützende Kräfte zu aktivieren wird zur Ich-stärkenden Herausforderung. Bezeichnenderweise war es ein Elfjähriger, der im Ofen ein Feuer entfachte. Er erweckte den Eindruck, als wollte er förmlich hineinkriechen, sodass ich angesichts seiner langen Haare ängstlich wurde. Ganz offensichtlich war dieses männliche Symbol für ihn existentiell wichtig. Ich hatte den Eindruck, als müsse er sich mit ihm nahezu verbinden. Verständlich wird dies vor dem Hintergrund einer alleinerziehenden, sehr dominanten Mutter. Diese sah in ihm unbewusst einen Vertreter des von ihr letztlich gefürchteten Männlichen. So versuchte sie, ihn möglichst aggressionsverleugnend zu erziehen. Er durfte keine Spielzeugwaffen haben, sich nicht mit anderen Kindern kämpfend messen. Bei jeglicher Äußerung, die nicht ihren »lieben« Vorstellungen entsprach, äußerte sie: »Du wirst wie dein Vater«. Welch trostlose Perspektive, wenn das erwachsene Männliche so entwertet wird. Die Feuerspiele erlaubten trotz der realen Ferne des Vaters einen symbolischen Zugang zum Männlichen. Vor allem lernte er, seine vitale Kraft zu schätzen und sich aus der Wirksamkeit der mütterlichen Glaubenssätze zu befreien.

5.4 Luft

Die Luft, dieses leichte, kaum fassbare Element, gehört ebenfalls in den männlichen Raum.

Auch hinsichtlich dieses Elementes machten sich die griechischen Philosophen Gedanken: Anaximenes aus Milet war der Überzeugung, dass die Luft der Urstoff sei, der zum Mittelpunkt des Universums zusammengepresst, Wasser und Erde entstehen ließ.

Das mag zunächst erstaunen, wurde mir aber in seiner symbolischen Aussage bei der Bearbeitung von Flugphobien nachvollziehbar. Bei der Flugangst geht es nach meiner Erfahrung weniger um die konkrete Angst abzustürzen, sondern um die Unfähigkeit, sich dem luftigen Prinzip anzuvertrauen und den sicheren Boden der Mutter Erde zu verlassen.

Die griechische Mythologie hat wie für die meisten Naturphänomene auch hier einen Gott eingesetzt: Aiolos, der Gott der Winde, der bei den Irrfahrten des Odysseus eine wichtige Rolle spielt. Er gab Odysseus nach einem Monat der Gastfreundschaft einen rindsledernen Schlauch in den die ungünstigen Winde einschlossen waren. Dann sandte er ihnen freundliche Westwinde, die das Schiff auf die heimatliche Insel Ithaka zutrieben. Die Gefährten des Odysseus vermuteten in dem Geschenk des Aiolos einen besonderen Schatz. Voll Neid und Habsucht öffneten sie den Schlauch, sodass die befreiten verderblichen Winde sie vom rettenden Heimatland wegtrieben.

Die Dichtkunst kennt die Luft als beglückendes Moment, wie es zum Beispiel Ludwig Uhland in seinem Gedicht Frühlingsglaube (Uhland Gedichte 1813) beschreibt: »Die linden Lüfte sind erwacht, sie säuseln und weben Tag und Nacht [...].«

Aber auch die destruktive Seite der Luft in Gestalt der Winde kennt die Literatur. Die drei Hexen in Fontanes Gedicht »die Brück' am Tay« repräsentieren die Macht der Stürme, die eine Brücke zum Einsturz bringt und den Zug in die Tiefe reißt.

Wenn wir uns der Praxis in der Kinderpsychotherapie wieder zuwenden, so bietet auch hier die freie Gestaltung Möglichkeiten, das Luftprinzip in seinen unterschiedlichen Erscheinungsformen zu erleben und damit gleichzeitig wichtige Erfahrungen mit der sich dahinter verbergenden Symbolik zu machen.

Ein Achtjähriger äußerte den dringenden Wunsch nach Luftballons. Ich versuchte zunächst zu verstehen, was der Hintergrund war. »Ich möchte ausprobieren, wie viel Luft ich habe. Dann bin ich nämlich so stark wie mein Papa. Der hat nämlich gesagt, wenn er einmal blasen würde, dann würde ich davonfliegen.

Mir fiel spontan die Geschichte vom »fliegenden Robert« aus dem Struwwelpeter ein. Hier wird das Ausgeliefertsein an die anonyme Macht der Stürme in bedrückender Weise dargestellt. Den Boden unter den Füßen zu verlieren und hinweggetragen zu werden in die Ungeborgenheit, das wurde zur Strafe für Ungehorsam mit dieser Geschichte demonstriert. Patriarchale Machtausübung einst und jetzt?

In den nächsten Stunden war der Junge mit großer Ausdauer beschäftigt, Luftballone aufzublasen, wobei er krebsrot vor Anstrengung wurde, aber nicht aufgab. »Ich bin bald so stark wie mein Papa, dann kann er nicht mehr sagen, er würde mich wie einen Luftballon durch den Himmel blasen.« Die durchs Blasen erzeugte Stärke wird für den mutigen Burschen zur Stätte sowohl von Rivalität, als auch Identifikation. So kann Selbstfindung geschehen, ohne ein deutendes Wort des Therapeuten. Kinder wissen zumeist, was sie brauchen, um einen inneren Konflikt zu lösen.

Im Winter wollte eine Zehnjährige unbedingt in der Stunde eine Suppe kochen. Bei diesem Wunsch kam ich sehr mit der therapeutischen Funktion der Abstinenz in Konflikt, aber es war offenbar ein so wichtiges Bedürfnis, dass ich zustimmte. Allerdings fragte ich sie, warum dieser Wunsch so dringlich sei. Sie antwortete, sie wolle herausfinden, wie lange es dauerte, bis sie die Suppe durch ihr Blasen abgekühlt habe. Ich war immer noch etwas zweifelnd, sodass sie ungeduldig sagte: »Du verstehst heute aber auch gar nichts. Ist es nicht komisch, dass ich einmal in meine kalten Hände hauche, damit sie warm werden und auf der anderen Seite die Suppe kalt wird, wenn ich blase. Ich will jetzt herausfinden, was länger dauert, das Erwärmen oder das Abkühlen.«

Angesichts dieses Forscherdrangs vertraute ich auf die vom Kind offensichtlich gespürte Notwendigkeit, das Geheimnis des Luftstroms zu überprüfen und in seiner Wirkung zu verstehen.

Nach Ablauf des Experimentes stellte sie fest, dass sich Hände zwar schneller erwärmen würden, das Erreichte jedoch nicht von Dauer sei. Beim Skifahren würden die Hände, auch wenn sie noch so viel hineingehaucht hätte, schnell wieder kalt. Insofern sei das Abkühlen durch Blasen eindeutig Sieger. Aber das Wichtigste ist und damit stand sie aufgerichtet vor mir: »Hauptsache ich habe herausgefunden, dass die Luft gleichzeitig zwei Sachen machen kann.«

Die Erfahrung eigener Machtvollkommenheit ist ein wichtiger Schritt zum Selbstbewusstsein. Wesentlich dabei sind nicht die unbegrenzten eigenen Möglichkeiten, sondern die Chance, autonome Impulse verwirklichen zu dürfen. So wächst der Impuls, nicht nur Geheimnisse des Lebens und damit der eigenen Person erforschen zu wollen, sondern auch das Vertrauen, mit ihnen angemessen umgehen zu können. Diese Fähigkeit positiv zu unterstützen, als ermutigendes und bestätigendes Gegenüber, scheint mir über symbolisches Verstehen und Antworten zentrale therapeutische Aufgabe zu sein.

> **Zusammenfassung**
>
> Die vier Elemente Erde, Wasser, Feuer und Luft repräsentieren in ihrer Erscheinungsform auch bestimmte Prinzipien. Es handelt sich einmal um das feste und das flüssige Prinzip, um Wasser und Erde, das dem Weiblichen zugeordnet ist. Dahinter steht das Wissen um die Notwendigkeit von Halt und Geborgenheit ebenso wie von Bewegung und Ruhe. Feuer und Luft dagegen symbolisieren das männliche Prinzip im Sinn von Dynamik, Kraft, Aktivität und Weite. Wichtig für die Einordnung ist, dass männlich und weiblich nicht geschlechtsspezifisch zu verstehen, sondern Ausdruck verschiedener Qualitäten sind, die Frau wie Mann repräsentieren können.
>
> Im freien Umgang mit den Elementen, in der eigenständigen Gestaltung, die dem unmittelbaren Bedürfnis des Kindes entspricht, lassen sich Stärke, Fähigkeiten und Begabungen ebenso erspüren wie ungelöste Konfliktsituationen. In der Regel ist das Kind in der Lage über das symbolische Spiel nicht nur seine Problematik zur Darstellung zu bringen, sondern über die individuelle Verarbeitung im symbolischen Spiel, selbstheilende Kräfte zu entwickeln.

Literatur zur vertiefenden Lektüre

Adkinson, R. (Hrsg.) (2009). Heilige Symbole. München: Knesebeck.
Beigbeder, O. (1998). Lexikon der Symbole Würzburg: Echter.
Hüther, G. (2006). Die Macht der inneren Bilder (3. Auflage). Göttingen: Vandenhoeck & Ruprecht.
Müller, L. & Müller, A. (Hrsg.) (2008). Wörterbuch der Analytischen Psychologie. Düsseldorf: Patmos.
Rapp, C. (2007). Vorsokratiker. Nördlingen: C. H. Beck.
Simon, E. (1998). Die Götter der Griechen. München: Hirmer.
St. Exupéry, A. (1943). Zitate.

Weiterführende Fragen

- Warum ist es problematisch, bestimmte Elemente geschlechtsspezifisch als männlich oder weiblich zu bezeichnen?
- Über welche Haltung des Therapeuten ist es möglich, die in jedem Kind innewohnenden selbstheilenden Kräfte zu aktivieren?
- Warum ist es im freien Umgang mit diesen elementaren Kräften wichtig, behutsam mit dem gestaltenden Tun des Patienten umzugehen?
- Können die in der Gegenübertragung aktivierten möglichen Ängste konstruktiv zur Konfliktverarbeitung genutzt werden?

6 Der Umgang mit natürlichem Material

Unter diesem Begriff verstehen wir ein Angebot, das von seiner Konsistenz her möglichst viele Gestaltungsmöglichkeiten zulässt, weil es selbst in seiner Form nicht festgelegt ist. Es kann sich um unterschiedlichste Naturmaterialien handeln, oder um Dinge des täglichen Lebens. Entscheidend ist, dass die Materialien keine bestimmte Form der Gestaltung verlangen, oder auf nur eine einzige Realisierung ausgerichtet sind. Das Angebot soll möglichst viel offenlassen und damit dem Kind einen Freiraum anbieten, der zu individuellen Einfällen herausfordert. Kinder sind ihrer Natur nach kreativ. Je vielseitiger die Möglichkeiten sind, desto origineller können die Ergebnisse sein.

Im therapeutischen Kontext lassen sie auf diese Weise ein breites Spektrum an Interpretationsmöglichkeiten zu.

Es ist natürlich nicht möglich, alle zu Gestaltung anregenden Angebote zu nennen, darum beschränke ich mich auf eine Auswahl, die im therapeutischen Rahmen hilfreich ist, weil sie über die Symbolik Erkenntnismöglichkeiten verspricht.

6.1 Steine

Von jeher haben Menschen einen besonderen Bezug zu Steinen gehabt. Sie wurden aufgerichtet, in Verbindungen gebracht, in großen Steinsetzungen wie Stonehenge, die Hünengräber in der Bretagne, in Wales und Irland, oder die Schiffsgräber auf Gotland und in Norwegen. Ihre

Bedeutung können wir mehr erahnen als enträtseln. Zumeist haben sie kultische Bedeutung, sind Manifestationen eines archetypischen Gehaltes, der sich mit den Sinnfragen des Daseins beschäftigt und die Gewissheit eines nachtodlichen Lebens vermittelt.

Dieser Gehalt steht auch im Zentrum der Jahrtausende alten Tempel auf Malta. In der Ausschließlichkeit gebogener Linien und Spiralformen demonstrieren sie die Macht des Matriarchats, das im engen Zusammenhang mit der hohen Wertschätzung der Natur verstanden werden muss.

Erst mit dem Übergang ins Patriarchat und der zunehmenden Dominanz des Logos wurden die ragenden Steinsäulen der Tempel zum Ausdruck eines sich wandelnden Bewusstseins.

Mit Steinen Formen zu bilden scheint Menschen bis heute zu faszinieren. Sie eignen sich in ihrer Verwendung ebenso für das lineare wie das konzentrische Prinzip als archetypische Urformen. Kinder entwickeln im Umgang mit Steinen eine beeindruckende, von tiefer Symbolik geprägte Kreativität.

So formte ein zehnjähriges Mädchen im Garten mithilfe von großen Steinen einen Kreis und belegte das Innere mit grünen Blättern (▶ Abb. 10). Sie gab ihrem Tun keine Erklärung. Mich beeindruckte die Ernsthaftigkeit und die innere Sicherheit mit der sie das Rund formte. Den Steinkreis mit grünen Blättern zu füllen, entsprach offenbar dem Bedürfnis, eine Vereinigung von Gegensätzen herzustellen. Mir schien es eine archaisch anmutende Verbindung zwischen der Starre des Steins und der Formbarkeit der Blätter, zwischen unvergänglicher und vergänglicher Substanz.

Polare Aspekte mithilfe von Steinen herzustellen, entdeckte ich bei einer Gestaltung, die ein mir unbekanntes Kind an einem oberitalienischen See zurückgelassen hatte: Eine lange Mauer aus vielen kleinen Steinen gebaut, führte vom Ufer bis zu einer kleinen Sandbank (▶ Abb. 11). Dort stand sie im offensichtlichen Bezug zu einem zu drei Vierteln geschlossenen Steinkreis. Das Gerade und das Runde fügten sich zu einer harmonischen Verbindung. Es sind Gegensätze und Gemeinsamkeiten, die als Gestaltungen aus dem Unbewussten einfach sein wollen und der interpretierenden Fantasie ein weites Feld bieten.

Teil II: Gestaltung

Abb. 10: Die Vereinigung von Gegensätzen

Abb. 11: Das Gerade und das Runde – Gegensätze und Gemeinsamkeiten

Und ein weiteres Bild beeindruckte mich: Ähnlich, wie im Gebirge immer wieder Steinmännchen aufgehäuft werden und damit das glückliche Erreichen eines Gipfels markieren, sah ich an einem See Steinfiguren, die deutlich die menschliche Natur zum Vorbild hatten. In der spontanen Anordnung einer Vielzahl von Figuren zeigten die vermutlich kleinen Erbauer das selbstverständliche Gefühl für einen rhythmisch-harmonischen Zusammenklang.

6.2 Ton

Vom festen Stein zum formbaren Ton zieht sich der Weg freier Gestaltungsmöglichkeiten in der Therapie, aber auch in der geschichtlichen Entwicklung.

Lehm und die feinere Form des Tons haben eine lange mythische Tradition.

Schon die alten Ägypter sahen im Umgang mit Ton ein archetypisches schöpferisches Prinzip. Der Gott Ptah formte daraus nach der Überlieferung den ersten Menschen. Er wird ebenso wie der widderköpfige Chnum an der Drehscheibe gesehen. Künstler und Handwerker sahen in ihm ihren Schutzgott.

Wenn man sich vor Augen führt, welch hohen Wert die vielfältigen Amphoren und Kratere bis heute repräsentieren, schafft das Formen von Ton die Voraussetzung für die Abbildung und damit das Begreifen von Götter- und Heldengeschichten. In Ihnen versucht sich der Mensch in seinen häufig ambivalenten Strebungen zu verstehen.

Bis heute ist der Ton im gebrannten Zustand wesentlicher Garant für einen stabilen Hausbau. Er ist aufgrund seiner Wärmedämmung beliebtester Baustoff. Die optimalen Eigenschaften sind bis heute von keinem Kunststoff erreicht worden

Für Kinder ist das Tonen in der Therapie ein außerordentlich lustvolles Moment. In der weichen Masse zu rühren, herum zu matschen, sich Hände und Arme mit der weichen Masse zu bestreichen, erlaubt ein sichtbar sinnliches Vergnügen. »Es ist doch komisch«, sinnierte eine Elfjährige, »dass Dreck so sauber sein kann. Und hinterher ist die Haut ganz weich.« An dieser kindlichen Beobachtung lässt sich ablesen, dass der Umgang mit Ton bereits vor jeder Gestaltung Erfahrungen vermittelt, die ganz eng mit er eigenen Körperlichkeit verbunden sind. Mithilfe des Tons sich selbst liebevoll zu berühren, kann erleichtern, sich zunehmend wohl in seiner Haut zu fühlen. Die festgestellte Weichheit der Haut weist in diese Richtung.

Mir fiel auf, dass die Kinder in der Regel keinen besonderen Wert darauf legen, dass ihr Werk gebrannt wird. Die Tatsache, dass das Gewordene sich auch wieder auflösen muss, wenn seine Funktion für die Psyche erfüllt ist, ist wieder eines der Geheimnisse kindlicher Kreativität. Auch hier muss offensichtlich der Kreislauf von Werden, Vergehen und Neuwerdung möglich sein.

Die schon beschriebene Gruppe der Neun- und Zehnjährigen kam angesichts des Tonangebots in einen regelrechten Schaffensrausch. In den Stunden zuvor war es um das Thema Angst gegangen. Anhand eines Spieles »Mitternachtsparty« wurde das dort auftretende Gespenst »Hugo« zum Synonym für unterschiedlichste Ängste. Ein Mädchen machte den Vorschlag, jedes Gruppenmitglied solle seine »Hugos« gestalten. Die Kinder zogen sich in verschiedene Ecken des Therapieraums zurück und formten unabhängig voneinander subjektive Angstäquivalente. Es entstanden die unterschiedlichsten Wesen: Drachen, Schlangen, Spinnen, eine Fledermaus, eine Kröte und schließlich auch Menschen mit Vampirzähnen und krallenförmigen Fingern. Jedes Objekt wurde anschließend begutachtet, wobei mir auffiel, dass keines in seiner Qualität negativ bewertet oder lächerlich gemacht wurde. Die Kinder bestaunten stattdessen ihre Werke und machten sich anhand der konkreten Abbilder bewusst, wie vielschichtig das Thema Angst war. Es wurde damit im wahrsten Sinne begreifbar und eröffnete weitergehende Möglichkeiten der Bearbeitung. Über die Objekte war es für die Kinder wesentlich leichter, den gefühlsbetonten Komplex anzuerkennen, ohne ihn, wie das sonst alterstypisch ist, rationalisierend abzuwehren. Dass Spinnen(ängste) etwas mit dem Weiblichen zu tun haben, erlebte ich unmittelbar, als ich bei einer komplizierten Figur stützend eingreifen wollte. »Nimm Deine Spinnenfinger weg«, herrschte mich der Künstler an, »Du bist wie meine Mutter!«

Etwas später äußerte ein anderer Junge mit schrägem Blick auf mich: »Neulich habe ich ein witziges Bild gesehen: Ein Mann hält einen Drachen an der Schnur, darunter steht: Er lässt seinen Drachen steigen. Auf wen passt das wohl?« Mit vielsagendem Lächeln fixierte er mich.

Eindrucksvoll für mich war, dass das gestaltende Tun in der Dreidimensionalität sehr viel mehr sprachlichen Austausch erlaubte als das Malen. Als weiteres Erlebnismoment überraschte mich, dass die Kinder in einem plötzlichen Affektdurchbruch ihre sämtlichen Gebilde in den Tonbehälter warfen, sodass sie sich zu meinem großen Bedauern wieder auflösten. »Die hätten sie wohl gern in ihren Vorträgen vorgeführt«, äußerte einer – »Pech gehabt«. Das konnte ich gefühlsmäßig nur bestätigen.

Eine andere Form des Umgangs mit Ton erlebte ich in der Einzeltherapie. Ein Elfjähriger kam mit dem Anliegen, eine Kugelbahn zu bauen. »Die soll aber inwendig sein, nicht äußerlich.« Wir umkreisten zunächst diese Aussage in ihrer symbolischen Qualität. Sollte etwas zwar vorhanden, aber nicht sichtbar sein? Sollte der Lauf der Kugeln als innerer Prozess ablaufen und als Zeichen, dass etwas in Gang gekommen aber noch nicht veröffentlicht werden wollte, verstanden werden. Es blieben eine Menge unbeantworteter Fragen, die offensichtlich bedeutungsvoll waren, denn der Junge arbeitete mit größter Hingabe und vollkommen stumm an seinem Werk. Ich hatte nur die Funktion, gelegentlich zu halten und zu stützen. Den Weg im Inneren des turmähnlichen Gebildes formte er allein.

Als es fertig und getrocknet war, wollte er es unbedingt nach Hause nehmen und seinen Eltern zeigen. In die nächste Stunde kam er sehr bedrückt. Seine Mutter sei mit dem Staubsauger dran gestoßen, da sei der Turm umgestürzt und seine schöne Kugelbahn habe sich in Staub aufgelöst. Mir blieb die Frage, ob seine inwendige Kugelbahn im phallischen Gebilde des Turms noch den Schutz des therapeutischen Raums gebraucht hätte. Möglicherweise ähnlich wie seine Männlichkeitsentwicklung, die in Bewegung gekommen war, noch nicht nach außen getragen werden durfte. Das Symbol, das der Junge im unbewussten Wissen gestaltet hatte, wies im Grunde bereits darauf hin, dass der innere Entwicklungsweg noch nicht für die Veröffentlichung reif war. »Noch eine neue Kugelbahn bauen, das kann ich nicht mehr«, äußerte er resigniert. »Vielleicht irgendwann mal später«, versuchte ich zu trösten. Er antwortete nur gedehnt: »vielleicht...«

Wieder bestätigte sich, dass Entwicklungsprozesse ihre Zeit brauchen. Sie voreilig ans Licht zu zerren, hemmt sie oder kann sogar den Fortgang gefährden.

6.3 Holz

Der Schöpfungsmythos der Germanen, niedergelegt in der Prosa Edda, gibt dem Holz bei der Entstehung des Menschen eine zentrale Stellung. Odin, der oberste Gott, sowie die beiden Götter Willi und We geben Esche und Ulme menschliche Gestalt. Die Dreiheit der Götter verleiht den Menschen unterschiedliche Gaben: Odin gibt Geist und Leben, Willi Bewegung und Verstand, We die äußere Gestalt, die Sprache und die Sinneskräfte des Sehens und Hörens.

Im Unterschied zum christlichen Schöpfungsmythos ist es bei den Germanen die göttliche Dreiheit, die den Menschen erschafft. Hierin liegt zahlsymbolisch der Archetyp des Männlichen verborgen. Bezeichnend in diesem Zusammenhang ist, dass eine Plastik aus dem irokeltischen Raum die göttliche Dreiheit in einem Kopf vereinigt. Ein weiteres Beispiel für die damit ausgedrückte Symbolik zeigt eine ähnliche Plastik aus dem galo-römischen Raum (Clarus, 1991, S. 39). Viel später übernahm auch das Christentum diese Perspektive. So finden wir zum Beispiel in Lavin im Unterengadin in einer kleinen gotischen Kirche das mittelalterliches Fresko des Christus in Gestalt einer dreiköpfigen Gottheit.

In der keltischen Götterwelt gibt es den Gott Esus, der im engen Zusammenhang mit den Heilkräften der Mistel genannt wird.

Esus wird zudem oft als Baumfäller mit einer Axt dargestellt. Es dürfte damit ein Hinweis auf die Urbarmachung des Landes sein, aber auch darauf, dass Esus Bäume für das Feuer fällte. Wird Esus mit der Axt identisch gesehen, wäre er auch ein Herr über Leben und Tod. Er fällt die Lebensbäume der Menschen (Clarus, 1991, S. 35).

Um dem Holz in seiner symbolischen Bedeutung näher zu kommen, lohnt es sich, einen genaueren Blick auf Esche und Ulme zu werfen. Die Esche ist der Baum unter den Laubgewächsen, der über die größte Elastizität verfügt. Das Holz ist von besonderer Stärke und wird darum mit Vorliebe für den Griff der Axt verwendet. Die Esche ist der Baum, der die größte Höhe erreicht und mit seinem kerzengeraden Stamm beeindruckt. Nicht umsonst wählten die Germanen mit der Esche Yggdrasil ein Symbol für die Komplexität des Lebens. Sie galt als Ort der polaren Gegensätze, des Lichten und des Dunklen. Weisheit und Erkenntnis über den Mimirbrunnen versprach sie ebenso, wie das Verderben angesichts des im Untergrund hausenden Drachen Niddhögg. Und schließlich woben an ihren Wurzeln die Nornen den Schicksalsfaden der Zeit. Dauer und Zufälligkeit, Sicherheit und Bedrohung verbanden sich so an der Basis der Esche als Synonym für das Rätsel des Seins in seiner Doppeldeutigkeit.

Der Ulme wurde aufgrund ihrer Gradlinigkeit seitens der Kelten ein hoher Wert zuerkannt. Sie galt in der Symbolsprache als Vertreterin einer altruistischen Gesinnung und einer daraus resultierenden positiven Lebenseinstellung. In Griechenland hingegen wurde in ihr die Repräsentantin des Todes verehrt. So verkörpert auch dieser Baum im symbolischen Denken den Gegensatz von Leben und Tod. Berühmtes Beispiel aus der Gegenwart ist die mächtige Ulme, die in den Ruinen des Klosters Hirsau im Schwarzwald über 400 Jahre lang die Beständigkeit des Lebens zu vertreten schien, bis sie vor wenigen Jahren »starb«. In den neusten Forschungen über Bäume wurden erstaunliche Phänomene aufgedeckt, die den Bäumen ein nahezu menschliches Weben und Leben zuerkennen.

Dieser mythisch-symbolische Exkurs erscheint mir wichtig, um das Arbeiten mit Holz in der analytischen Therapie nicht als vordergründige

Beschäftigung abzutun, sondern die hohe Symbolkraft zu würdigen. Holz könnte in diesem Zusammenhang als Urmaterie angesehen werden, die den Kindern Raum gibt, mit ihr gestaltend umzugehen. Nicht immer wird etwas Konkretes entstehen. Zunächst kann es für Kinder sehr bedeutsam sein, mit Holz in seiner Qualität einfach umzugehen.

Auffallend ist für mich, dass Kinder – Mädchen wie Jungen – viel lieber mit Holzschwertern kämpfen als mit Kunststoffwaffen, Schaumstoffschlägern oder -Keulen. Das lautmalende Geräusch, wenn die Schwerter aufeinandertreffen, die Macken, die in die Oberfläche geschlagen werden, auch die Schmerzen, die ein Schlag auf die Hand verursacht, sind sinnliche Empfindungen, die von den Kindern noch in ihrer Ursprünglichkeit empfunden werden.

Ein zweiter Erfahrungsschritt ist der gestaltende Umgang mit Holz. Schon Vorschulkinder sind begeistert, wenn sie mit einem Hammer ausgestattet Nägel in Holz schlagen können. Das Gefühl mit der eigenen Körperkraft ein Loch in das Holz zu treiben, bis der Nagel darin nahezu verschwindet, ist archaischer Genuss, der bereits viel von einer gewissen Schöpferkraft zu verraten scheint.

Eine Neunjährige kam in die Stunde mit dem sehr konkreten Wunsch, sich ein Schwert basteln zu dürfen. Wir suchten passendes Holz, sie spannte es in die Werkbank ein und feilte und schmirgelte mit einer unglaublichen Ausdauer. Der Vater bemerkte beim Abholen: »Wenn sie nur so viel Ausdauer bei den Schularbeiten hätte…« Das Mädchen konterte: »Wenn das auch so viel Spaß machte…« Auch hier wird erneut deutlich, dass Kinder, wenn man sie ihren eigenen Ideen und ihrer damit verbundenen Begeisterung überlässt, eine unglaubliche Ausdauer und Konzentration entwickeln.

Die Gestaltung des Schwertes erforderte einige Stunden. Anschließend wurde es noch mit königsblauer Farbe und Goldbronze angemalt.»Es ist nämlich ein heiliges Schwert«, sagte die kleine Künstlerin, ohne weiter zu verraten, in welchem Zusammenhang diese Aussage zu verstehen war, oder wofür sie das Schwert zu verwenden gedachte. Mir wurde erneut bewusst, wie wichtig es ist, den Kindern ihre Geheimnisse zu lassen. und an archetypisches Wissen zu glauben, das von jeher dem Schwert magische Kräfte zugesprochen hat. Man denke an das Schwert, das nur Theseus, als rechtmäßiger Sohn des Königs von Athen, Aigeus, aus der Erde ziehen konnte, oder das Schwert Excalibur des Königs Artus, das nur er als zukünftiger König aus dem Stein befreien konnte.

Das Schwert als Ausdruck des Richtig-Seins, der Würde, der Kraft und des Wertes einerseits, als gefährliche Waffe und Träger aggressiver Empfindungen andererseits, ermöglicht eine Annäherung an Eigenschaften, die für Mädchen wie für Jungen von existentieller Bedeutung sind.

6.4 Wachs und Knete

Bienenwachs, ein Material mit formbaren Eigenschaften spielt in der freien Gestaltung ebenfalls eine wichtige Rolle. Es ist ein uralter Werkstoff, der bereits von den alten Ägyptern gekannt und zur Einbalsamierung und Mumifizierung benutzt wurde. Außerdem verwendeten sie es zum Abdichten ihrer Holzschiffe, aber auch schon damals zur Herstellung von Salben und Schminke.

Wachs hat in der Geschichte ganz offensichtlich die Funktion zu bewahren und zu schützen. Die Griechen nutzten für ihre schriftlichen Mitteilungen Holztäfelchen, die mit Wachs bestrichen waren und feinste Engramme zuließen.

Die Römer verwendeten es zum Versiegeln von Krügen, Wein- und Ölfässern. Wachs diente zum Verschließen der Ohren bei Odysseus' Gefährten, damit sie nicht von dem Gesang der Sirenen betört wurden. Nicht zuletzt versucht das Wachsfigurenkabinett in London, Persönlichkeiten in scheinbarer Lebendigkeit über die Jahre festzuhalten.

Bienenwachs hatte von jeher eine hohe Bedeutung bei der Herstellung von Kerzen, vor allem der Osterkerzen. So rückt Wachs auch in die Nähe des Auferstehungsgedankens.

Bis heute gebrauchen wir Wachsmalstifte, Wachspapiere, Wachsperlen und Wachsblumen.

Du bist »Wachs in meinen Händen«, welch tiefe Aussage! Damit ist vordergründig die Formbarkeit dieses Werkstoffes, aber vor allem die

Manipulierbarkeit des Menschen gemeint. Die Erfahrung, einen harten Zustand in einen weichen zu wandeln, allein durch die Wärme der eigenen Hände, kann eine beglückende Erfahrung eigenen Vermögens, im Menschen auch der Machtvollkommenheit sein.

»Wusstest du schon, dass ich stärker wie der Riese im Märchen vom »tapferen Schneiderlein« sein kann?« fragte mich ein schmächtiger Siebenjähriger. Ich stutzte einen Augenblick und erwiderte, ob er den Riesen meinte, der einen Stein so zusammendrückte, dass ein paar Tropfen Wasser heraus kamen. »genau den meine ich« bestätigte der kleine Kerl. »Schau mal, beim Riesen blieb der Stein trotzdem ein Stein, bei mir wird das steinharte Wachs ganz weich, das ist mehr, als wenn ein paar Tropfen herauskämen. Und jetzt kann ich sogar etwas Neues daraus machen, das konnte der Riese nicht.« Ich spann die Märchenbotschaft fort und meinte, dass das tapfere Schneiderlein sehr listig gewesen ist, indem es den Riesen immer übertölpelte. Man könnte dazu sagen, dass der Riese »Wachs in den Händen« des Schneiderleins gewesen sei. Der Kleine nickte zustimmend und knetete mit großem Einsatz weiter.

Das Wachs erlaubt eine Vielfalt kreativer Gestaltungsmöglichkeiten. Für viele Kinder ist das Herstellen von Kerzen ein besonderes Anliegen. Das phallische Moment, das eine Kerze verkörpert, ist nicht so sehr sexuell zu interpretieren, sondern hat etwas mit dem nach oben strebenden Bedürfnis nach Transzendenz zu tun. Zum Weihnachtsfest mit Bienenwachs eine Kerze zu ziehen, farbiges Wachs zum Verzieren zu nutzen, erzeugt eine Atmosphäre von Besinnlichkeit. Es ist als ob der Mythos, der mit diesem Material verbunden ist, wieder unmittelbar erlebbar wird und ein Anknüpfen an alte Traditionen, altes Wissen erlaubt. Gerade wenn der Alltag der Kinder wenig von transzendenten Erfahrungen geprägt ist, Religion eine immer untergeordnetere Rolle spielt, ist das stumme Eintauchen in ein rituelles Tun, das in der Vergangenheit von einer Bezogenheit zum Göttlichen bestimmt war, von heilender Wirkung.

Ein anderes Moment mit Wachs umzugehen, ist die Verflüssigung über das Tropfen in ein mit Wasser gefülltes Gefäß. Das getropfte Wachs verbindet sich zu einer immer dichteren Decke, die in ihrem Ausmaß vom Rund des Gefäßes bestimmt wird.

Eine Zehnjährige gestaltete so mit verschiedenfarbigen Kerzen ein buntes rundes Gebilde. Als sie es aus dem Gefäß nahm und gegen das Licht hielt, leuchteten die Farben unterschiedlich auf. Sie bohrte dann ein Loch hinein, zog einen Perlonfaden hindurch und sagte: »Das hänge ich an mein Fenster. Es erinnert mich immer daran, wie Flüssiges fest werden kann und dann aus den vielen kleinen Tropfen etwas großes Rundes wird.« Wenn man einen tieferen Sinn hineinlegen möchte, hat das Mädchen eine wichtige Erfahrung gemacht: Viele kleine Teile können sich zu einem großen Ganzen zusammenfügen und dann etwas Neues bilden, das eine vollkommenere Aussage in sich schließt. Schließlich ist laut Aristoteles das Ganze mehr als die Summe seiner Teile.

Diese Gesetzmäßigkeit, dass der Zusammenschluss von Individuen zu einer neuen Ganzheit führen kann, ist letztlich auch das Prinzip, das in meinen Augen Gruppentherapie so erfolgreich macht (Lutz, 1976). Mir ist unvergesslich, wie ein Sechzehnjähriger Jugendlicher zum Abschluss der Therapie rückblickend bemerkte: »Die Einzeltherapie war schon recht, aber das wirklich Entscheidende für mich war die Gruppe. Die Erfahrung unserer Gemeinsamkeit werde ich nie vergessen.«

Und wie sieht dieser Rückblick aus, wenn man sich nach 35 Jahren wiedersieht?

»Unsere gemeinsame Gruppenerfahrung mit der ›Familie Bösewicht‹ (Lutz, 1980) ist eine der lebendigsten Erinnerungen meines Lebens. Sie hat mir erlaubt, meine dunklen Seiten bis in alle Einzelheiten kennenzulernen. Das hat mich in allen Krisensituationen meines Lebens gestützt und gehalten. Ich sehe diese Erfahrung auch als Grundlage meiner wertschätzenden Beziehungen zu anderen Menschen und meines beruflichen Erfolges.«

Welch ein Geschenk, wenn es möglich ist, nach einen langen Zeitraum Entwicklungen, die ein Stückweit durch die Therapie angestoßen wurden, zu erleben!

6.5 Papier

In jeder Praxis wird Papier angeboten, einerseits zum Malen und Schreiben zum anderen aber auch, um nach Lust und Einfall zu basteln, zu falten und zu formen.

Papier blickt auf eine lange gestaltende Tradition zurück. Das Festhalten von Tatsachen, von Erfahrungen und Wissen wurde in Ägypten bereits 3000 Jahre v. Chr. ausgeübt. Beschrieben wurde Papyrus, eine Pflanze, der ein zeremonieller Wert zugesprochen wurde. Papyri wurden auch zum Bau von Schilfschiffen benutzt. Papyrus war bis ins Mittelalter gängiges Material, um wichtiges Gedankengut aufzuschreiben. Nach den Ferien kam ein Zwölfjähriger ganz erfüllt in die erste Stunde und berichtete, er habe ein Buch gesehen, in das mit Gold und Silber hineingeschrieben worden sei. Zunächst glaubte ich, er würde einen archetypischen Traum erzählen und mir fielen die wertvollen alten Schriften ein, die den Bezug zur Transzendenz festhielten. Dann stellte sich aber heraus, dass die Familie in Schweden Urlaub gemacht hatte und sie in Uppsala den Codex argentius angesehen hatten, dieses Schriftstück aus dem 3.–4. Jahrhundert, in dem Teile der 4 Evangelien festgehalten sind. Für mich war es eindrucksvoll, dass der Junge von diesem Buch ganz bewegt war.»Ich werde auch so ein Buch schreiben mit Gold und Silber und das Ganze muss auf rotem Grund sein. Da kann ich meine Träume oder wichtige Erlebnisse aufschreiben und vielleicht wird das in vielen, vielen Jahren auch berühmt.«

Ich bestätigte ihm, dass man mit Schriftzeugnissen wichtige Spuren hinterlassen kann. Vielleicht sei es für ihn auch schon wichtig, wenn er erwachsen sei nachzulesen, wie er sich als Kind gefühlt habe. Der Junge machte sich sofort ans Werk. Er zerschnitt große Zeichenbögen, bemalte sie mit purpurroter Farbe und mühte sich dann mit erstaunlicher Geduld, die Seiten zunächst zusammenzukleben und dann noch nähend zu fixieren.»Schreiben tu ich zuhause«, meinte er dann, »das ist schließlich mein ganz persönliches Geheimnis!«

Eine Elfjährige kam ganz erfüllt in die Therapiestunde und forderte Butterbrotpapier.»Das ist wie Pergament, darauf kann man in ganz besonderer Weise schreiben, das haben wir gerade in der Schule gehabt.« Es stellte sich heraus, dass die Lehrerin von der Erfindung des Pergaments als eines Materials berichtet hatte, das besser zu beschreiben sei als Papyrus. Beeindruckt hatte das Mädchen, dass dieser Stoff bereits im ersten und zweiten Jahrhundert benutzt worden war. »Und weißt du, der Name kommt von einer Stadt in der Türkei, wo wir schon einmal gewesen sind, rate mal.« Sie belehrte mich dann, dass das Pergamon sei. Anschließend machte sie mit dem Butterbrotpapier Experimente, um festzustellen, dass unser heutiges Papier noch leichter als Schreibmaterial zu nutzen sei. »Und zu Weihnachten mache ich dir einen Stern aus Butterbrotpapiertüten. Der ist ganz transparent, und viel schöner als aus Papier!«

Wieder einmal bestätigte sich, wie begeisterungsfähig Kinder sind, wenn Wissen im wahrsten Sinne handgreiflich wird. Über die eigene Erfahrung lernen sie ohne erhobenen Zeigefinger, ohne Druck und Notengebung (Stern, 2016).

Papier ist für Einfälle ein nahezu unerschöpfliches Material. Ein Fünfjähriger kam mit einem sauber in Treppenform gefalteten Stück Papier: »Du musst es an einer Seite zusammendrücken und festhalten, dann ist es ein Fächer. Den kannst Du immer benutzen, wenn es dir mal zu heiß wird.« Zu heiß wurde es mir tatsächlich gelegentlich, wenn er in befreiter Aggression auf mich zuschoss und brüllte, er sei ein Raubtier und ich müsse mich in Acht nehmen.

Es war für ihn von großer Wichtigkeit, dass ich seinen Fächer hinter ein Bild steckte (einen Spiegel hatte ich nicht im Therapieraum!). »Man kann nie wissen, wann Du ihn dringend brauchst«, meinte er in einer ruhigen Stunde nachdenklich. In den seitdem vergangenen zwei Jahren vergewisserte er sich immer wieder, ob sich der Fächer immer noch an seinem Platz befand. »Vielleicht brauchst du ihn auch mal bei anderen Kindern, wenn ich nicht mehr komme.« Das konnte ich nur bestätigen.

Eine Achtjährige faltete mit Hingabe einen Pfeil. Mit ihm schoss sie auf die Großmutter bei den Kasperpuppen. »Die ist so dumm und glaubt, dass Mädchen nicht schießen können.« »Aber dein spitzer Pfeil, den du gerade so sorgsam aus Papier gefaltet hast, der kann das«, ergänzte ich. Vorläufig brauchte das Mädchen, um ihre Aggressionen anzuerkennen, noch die Verschiebung auf den ungefährlichen Pfeil und die Großmutter-Ersatzfigur. Im Laufe der Therapie konnte sie dann auf die Symbolisierung verzichten und die spitzen Pfeile ihrer kritischen Worte direkt auf mich richten. »Du bist so alt und gar nicht cool«, meinte sie und sah mich triumphierend an. Auf meinen fragenden Gesichtsausdruck hin setzte sie fort: »Alte Omas liegen unter der Erde!« In der Begrifflichkeit von alt und jung erlaubte sich das Mädchen, auf die archetypische Gesetzmäßigkeit hinzuweisen. Als ich sie in ihrer subjektiven Wahrnehmung bestätigte, fügte sie hinzu: »Aber eigentlich ist es doch gut, dass du noch lebst, sonst könnte ich nicht zu dir kommen.« Sind das nicht geheime wertschätzende Botschaften?

Eine Gruppe bastelte der Anregung einer Dreizehnjährigen folgend kurz vor Weihnachten Fröbelsterne. Es war beeindruckend, mit welchem Geschick das Mädchen die anderen anleitete und nebenbei eigene Sterne produzierte. Diese mehrdimensionalen Sterne stellen an das räumliche Vorstellungsvermögen erhebliche Anforderungen und ich fühlte mich als eine nicht besonders gelehrige Schülerin. Die Gruppe war einhellig der Meinung, dass ich hinsichtlich des praktischen gestaltenden Tuns dringend Nachhilfestunden benötigte. Sie waren am Ende der Stunde im Besitz einer Sternenfülle und genossen ihre Überlegenheit.

Eine wichtige Erfahrung als Folge gestalterischen Tuns ist, Kompetenz zu erleben und speziell in der Gruppe, sich in diesen Fähigkeiten unterstützt zu erleben. Der therapeutische Effekt, der ein in diesem Alter schwankendes Selbstbewusstsein stützt, ist die Erfahrung einer mangelhaften Therapeutin. Neben der Möglichkeit, mithilfe von Projektionen das Selbstgefühl zu stabilisieren, spielt nach meiner Wahrnehmung auch die Realerfahrung einer nicht in allen Bereichen selbstverständlich überlegenen Therapeutin eine entwicklungsfördernde Rolle.

Eine Vierzehnjährige faltete in der Stunde, während sie von ihren Kontaktproblemen berichtete, zwei Kraniche. Ich bewunderte ihre Kunstfertigkeit, die sich in ihren sicheren und gewandten Bewegungen ausdrückte und machte mir halblaut Gedanken zur Symbolik. Spontan fielen mir nur die Kraniche des Ibykus aus Schillers dramatischem Gedicht ein, aber sie lächelte überlegen. Da müssen Sie sich schon noch etwas Passenderes einfallen lassen. Ich lasse ihnen dafür die Kraniche da.«

Ich erwartete voll Ungeduld den Abend, um die Symbolik dieser Tiere nachzuschlagen: Kraniche sind sehr langlebige Tiere. Sie gelten als Glücksbringer und Weisheitsträger; zusätzlich sind sie wachsam und vorsichtig. Ich versuchte, diese Eigenschaften auf unsere Beziehung zu übertragen. War unsere Begegnung von Glück geprägt? Erfüllte ich die Erwartungen der Jugendlichen, sie mit einem Stück Klugheit, vielleicht sogar manchmal mit Weisheit im Labyrinth des Unbewussten zu begleiten? War ich bereit für einen langen Prozess, wachsam und behutsam den psychischen Entwicklungsprozess zu beobachten und in der richtigen Form deutend einzugreifen.

Wieder einmal wurde mir bewusst, wie tiefgründig die Symbolik eine Hypothesenbildung beeinflussen und befruchten kann. Symbolisch fundierte Theoriebildungen verstehen sich jedoch immer als Möglichkeiten, nicht als absolute Wahrheit. Wichtig bleibt dabei, die Einordnung als potentielle Möglichkeit zu betrachten. Symbolik eröffnet stets gegensätzliche Perspektiven. Der Patient in seiner Individualität ist letztlich Gradmesser für den richtigen Blickwinkel auf das, was für ihn subjektiv gültig ist.

Als ich wenige Wochen danach an einem der oberitalienischen Seen Urlaub machte, sah ich zum ersten Mal Kraniche. Mit ihren weiten Schwingen vermittelten sie mir das Gefühl von Freiheit und Überblick. Parallel dachte ich an das Gesetz der Synchronizität, auf das C. G. Jung immer wieder verwiesen hat. Der Kranich als Symbol in der Therapie, der Kranich als lebendige Erfahrung kurze Zeit später!

6.6 Schnur, Seil, Stoff

Auch Materialien aus textilem Material können bei der freien Gestaltung eine Rolle spielen.

Ein 9-jähriges Mädchen kam ganz aufgeregt in die Stunde und forderte dringend ein Seil.

»Ich muss dir unbedingt zeigen, was ich damit kann«, sagte sie eilig. Sie schwang das dicke Hanfseil und sprang in einem atemberaubenden

Tempo. »Ich kann das ohne Zwischensprung, genauso rückwärts, so schnell und so lange kann das niemand in meiner Klasse.«

Nachdem sie sich so in ihrer Ausdauer und Überlegenheit, die natürlich auch mir galt, gezeigt hatte, fing sie an, das Seil auf dem Boden in unterschiedlichen Schlaufen zu legen. Dabei entdeckte sie immer neue Formen. Dann überkreuzte sie die Linien und schließlich begann sie, das Seil zu verknoten und dadurch neue Gestaltungen zu entdecken. »Wie gut, dass das Seil so lang ist, dann kann ich immer etwas Neues ausprobieren«, äußerte sie wie in einem Selbstgespräch. Sie schien mich ganz vergessen zu haben, im Gegensatz zu dem vorhergegangenen dynamischen Tun, das ganz auf bewundernde Beziehung ausgerichtet war.

Während sie am Boden kniete und eine fast meditative Stille eingetreten war, fielen mir die Kelten in einer mythischen Parallele ein. Bänder und Knoten, Verschlingungen und Lösungen charakterisierten deren schöpferische Graphik, die in fantasievollen Schmuckstücken ihren Niederschlag fand. In diesen unverwechselbaren Kunstwerken formt sich die Welt, entstehend aus einer einzigen Linie zu einer sich erweiternden Fülle. Die einzelnen Stränge formen sich schließlich zu einem harmonischen Ganzen.

Das Individuum und die Gemeinsamkeit mit dem zugewandten Therapeuten in einer tragenden Zweierbeziehung, das wurde in dieser Stunde zu einer spürbaren nonverbalen Erfahrung. Die Stille im Verstehen archetypischer Zusammenhänge braucht keine Worte.

Während ich das Seil nach der Stunde in die Hände nahm, beschäftigten mich noch andere Einfälle: Ein Seil kann binden und wieder gelöst werden. Es kann fesseln und damit Autonomie verhindern, es kann aber auch als rettendes Objekt einem im Wasser treibenden Menschen zugeworfen werden. Es kann einem Schiff, das anlegen will, sichernden Halt geben, wenn es um den Poller geschlungen wird.

Und schließlich wurde die Gefahr des Fenriswolfes, des bedrohlichen Untiers und Sohnes des tricksterhaften germanischen Gottes Loki mithilfe eines unzerreißbaren Seiles gebannt.

Noch ein weiterer assoziativer Gedanke schien mir für die Therapie wichtig und knüpfte an den Mythos vom Fenriswolf an: Als der Weltuntergang nahte, zerriss er das Seil und tötete den obersten Gott Odin in »entfesselter« Wut. Stand hinter dem gestaltenden Spiel auch die Frage des Mädchens, ob ich einen Durchbruch ihrer Gefühle aushalten würde? Durfte man in der Therapie in entfesselter Aggression agieren oder forderte die Zweierbeziehung harmonische Übereinstimmung und Ruhe in der Distanz?

Ein Siebenjähriger, der mir wegen Dunkel- und Einschlafängsten bei allgemeiner Schüchternheit und großen Kontaktschwierigkeiten vorgestellt wurde, verlangte in der Stunde einen alten Tennisball, weißen Stoff, eine »sehr haltbare« Schnur und einen schwarzen Permanentmarker. Dann zog er sich unter dem Tisch zurück und bastelte wortlos in einer Zurückgezogenheit, die mich in der Gegenübertragung sehr unruhig machte.

Plötzlich tauchte er schreiend auf: »Ich bin ein Gespenst, ich bring dich um!« Dabei hielt er mir sein Werk vor die Nase. Der Tennisball war mit dem Tuch umwickelt, es hing zipfelig nach allen Seiten herunter. Mit der Schnur hatte er den Ball abgebunden, der als Kopf fungierte. »Ohne Schnur wäre es kein Gespenst geworden, siehst du, wie wichtig sie ist?« Auf den Kopf hatte er eine schauerliche Fratze gemalt mit großen Glotzaugen und einem Riesenmund, der wie ein Haifischmaul mit zwei Reihen spitzer Zähne besetzt war. »Hast Du einen furchtbaren Schreck gekriegt«, fragte er hoffnungsvoll. Als ich bejahte, konnte er hinzufügen, dass jede Nacht ein solches Gespenst zu ihm kommen würde, sodass er nicht schlafen könne. Wir überlegten, ob nach dieser Gestaltungsstunde das Gespenst nicht sein Verbündeter werden könne. Wir tauften es als Wutmonster, das in der Lage sei, alle eindringenden Gespenster zu vertreiben. Befriedigt nahm er sein Angst-Aggressionswerk mit. Die Eltern berichteten, es läge unter seinem Bett und ihr Sohn habe erklärt, das würde ihn vor allen Gespenstern beschützen. Tatsächlich besserten sich die Schlafstörungen. Das Wutmonster als vitales Introjekt erlaubte ihm zunehmend, sich zu behaupten und sich mit Gleichaltrigen auseinander zu setzen, statt sich scheu zurückzuziehen. Die Gestaltungskräfte des Jungen hatten in einem selbstheilenden Prozess einen Weg der Neuorientierung gefunden.

Eine weitere Variante mit Seil oder Ketten gestaltend umzugehen, stellten die Experimente einer Zehnjährigen da. Sie brachte eine lange, silberfarbene Kette mit in die Stunde und erklärte mir, dass wir heute ein neues Spiel machen würden. Dann legte sie ihre Kette auf den Tisch, befahl mir, die Augen zu schließen und formte ein Tier. Es war wichtig, dass ich rätselratend das Tier früher oder später erkannte. So entstand als erstes ein Hund. Ihre Aussage verwies in die Annäherung an das Männliche: »Ich und der Papa wollen unbedingt einen Hund. Nicht einen kleinen, mein Papa nennt diese kleinen Kläffer ›Turboratten‹, sondern einen richtig großen. Der wäre ein richtiger Freund, aber die Mama hat Angst und sagt, der macht die ganze Wohnung schmutzig.«

Als nächstes wagte sie sich an das Abbild eines Löwen. Es dauerte lange, bis ich das Gebilde enträtseln konnte. Sie triumphierte angesichts meiner Hilflosigkeit. Immer wieder äußerte sie, wie leicht es sei. »Das liegt daran, weil Du zu wenig Löwengebrüll wagst. Die männlichen Löwen brüllen nämlich nur und sind nicht so gefährlich wie die Weibchen, darum ist dies der brüllende König der Löwen.« Kinder erfassen offensichtlich intuitiv auch die Problematik einer Therapeutin!

Danach entstand ein Fisch. »Der ist stumm und sagt nichts«, meinte sie. »Aber vielleicht denkt er sich viel«, entgegnete ich vorsichtig. Sie schaute mich nur an und nickte wortlos.

In diesen symbolisch zu verstehenden Gestaltungen drückt sich bereits die innerseelische Konfliktspannung aus, die das Mädchen noch nicht verbal vermitteln, aber über die Symbolik zur Darstellung bringen konnte. Es ist der Kampf zwischen Anpassung und Eigenständigkeit. Wie viel unterstützende Zugehörigkeit und gleichzeitig kritische Abgrenzung erlaubt der therapeutische Raum? Autonom das auszudrücken, was eigene Empfindung ist und zum gesprochenen Wort zu stehen, statt sich verstummend zurückzuziehen, das ist nicht immer bequem für Eltern und Erzieher, aber heilend für die Seele der Heranwachsenden.

Zusammenfassung

Eine Vielzahl natürlicher Materialien erlauben dem Kind einen selbstgesteuerten Entfaltungsprozess. Steine als nicht formbares Grundprinzip stehen im Gegensatz zum Ton. Dieser ermöglicht unterschiedliche Darstellungsformen, gleichzeitig aber auch wieder Zerstörung und ungeschehen machen. Im Wachs fordert die Dualität von Härte und Formbarkeit zu einem anderen Umgang heraus. Über die Amplifikation ist es möglich, den archetypischen Wurzeln nachzugehen und damit ein vertieftes Verständnis zu entwickeln. Parallel zu den archetypischen Spuren kann der Therapeut staunende Begleitung lernen.

Holz als vollkommen anderes Material beeindruckt Kinder in besonderer Weise, weil es noch Spuren des Lebens in sich birgt, indem es »arbeitet«. Textiles Material fordert wieder zu anderen symbolischen Interaktionen heraus. Hierbei ist der dynamische Aspekt, die ständige Verwandlung, die Polarität von Fesselung, das heißt Starre, und Auflösung als Gewinn von freier Bewegung, zentral. Auch hier steht im Vordergrund der therapeutischen Haltung das Wahrnehmen und Aufnehmen des symbolischen Gehaltes. Über ein Verstehen, was sich oft erst im Nachhinein vollzieht, wird Wandlung und Veränderung konstelliert. Das Kind nimmt auf, was wir verstehen. Dann bedarf es nur noch zusammenfassender Worte, keiner langen kausalen Erklärungen.

Literatur zur vertiefenden Lektüre

Broos, H. (1980). Das Hexenspiel, Finger-Fadenspiele neu entdeckt. Köln: Du Mont.
Hils, K. (1961). Formen in Ton, eine Grundübung fürs Leben. (3. Auflage). Kassel und Basel: Bärenreiter.
Holm-Hadulla, R. M. (2009). Leidenschaft: Goethes Weg zur Kreativität. Göttingen: Vandenhoeck & Ruprecht.
Pattis, E. (2012). Expressive Sandarbeit. Gießen: Psychosozial.
Wieland, E. & Keßler, W. (2008). Plastisches Gestalten in der Kunsttherapie. 2. Aufl. Dortmund: Modernes Lernen.
Shuker, K. (2006). Drachen, Mythologie, Symbolik, Geschichte. Köln: Taschen.

Weiterführende Fragen:

- Ist es hilfreich, bei ungestaltetem Material einen geschichtlichen oder mythischen Hintergrund zu suchen, um besser zu verstehen, warum das Kind in seiner individuellen Problematik gerade dieses Material wählt?
- Sollte man vor dem Hintergrund dieses Verständnisses dem Kind aktiv ein bestimmtes Material anbieten?
- Muss man seinen eigenen Bezug zu bestimmten Materialien reflektieren, um eine einseitige Verstärkung positiver oder negativer Wirkungen auszuschließen? Wie könnten sich diese auswirken?
- Wie geht man mit der durch das gestaltende Tun evozierten Gegenübertragung um, wenn zum Beispiel problematische Eigenerfahrungen angestoßen werden?

7 Der Umgang mit vorgefertigten Materialien

Nicht nur die Natur bietet Material, das eine freie Bearbeitung und Gestaltung zulässt, sondern auch industriell vorgeformte Bauteile eignen sich hierfür. Sie lenken die Fantasie mit ihren Farben und starren Formen zwar bereits in eine Richtung, lassen aber den Möglichkeiten einer eigenständigen Gestaltung einen breiten Spielraum.

7.1 Holzbausteine

Als Übergang zwischen natürlichen Materialien und denen aus Kunststoff bieten sich Bausteine aus Holz an. Sie sind zwar aus manchen Kinderzimmern verschwunden, erlauben jedoch in ihrer unterschiedlichen Größe und je nachdem auch Farbigkeit wichtige Erfahrungen des Raums, in Länge, Breite und Höhe. Die Vielseitigkeit von Bausteinen, die sich nur in der Größe unterscheiden, sonst aber keine konkreten Vorgaben in sich tragen, wird zum Impuls, gemäß der eigenen Bedürfnisse zu gestalten. Man kann Innenräume schaffen oder von einem festen Kern ausgehend Vorsprünge, Erker und Balkone gestalten. Es können filigrane Häuser entstehen oder massive Kastelle. Es kann die Belastbarkeit erprobt werden, indem ein Bauwerk auf Stelzen gebaut wird, oder die Unerschütterlichkeit ausgetestet werden, wenn Stein auf Stein gesetzt wird. Gerade die Baukästen fordern eine spielerische Haltung heraus, die Bereitschaft sich auf eigene Einfälle einzulassen und über das praktische Probieren und Lernen über Versuch, Irrtum und Korrektur neue Einsichten zu gewissen.

Ein Junge sinnierte mit seinen neun Jahren, während er baute, über die Sprache und ihre lautmalende Bedeutung nach: »Aussicht und Einsicht, was sind das für unterschiedliche Bedeutungen!« rief er erstaunt aus. Ich äußerte vorsichtig, dass man manchmal auch über die Aussicht Einsichten gewinnen kann. Dazu nickte er nur und baute weiter. Während er versuchte, die wacklige Wand eines Hauses, das er gerade mit Naturholzbausteinen errichtete, zu stützen, erklärte er mir. »Da muss man sich beim Bauen ganz arg vorsehen, sonst hat man das Nachsehen.« Er lachte. Dann prüfte er kritisch die Worte Vorsicht und Nachsicht und erkundigte sich genau, ob Nachsicht in der Therapie auch hieße, dass man nicht hört, wie man etwas machen müsse. Ich bestätigte es ihm sinngemäß: Beobachten, Wahrnehmen und Verstehen sei immer ein zweiter Schritt und darum immer der Sicht eines Kindes oder Jugendlichen nachgeordnet. »Dann hat Nachsicht auch etwas mit Geduld zu tun«, schlussfolgerte er, um dann abschließend zu sagen: »Die Erwachsenen brauchen mehr Nachsicht als Vorsicht, denn Vorsicht heißt ja dann, alles schon im Voraus wissen. Aber sie können es ja noch gar nicht wissen, weil ich es ja erst erschaffe und oft noch gar nicht weiß, was es wird.

Ein 12-Jähriger war über Stunden beschäftigt aus alten, sehr stabilen Bausteinen, die, schon gebraucht, sicher Generationen alt waren, ein stolzes Schloss zu bauen. Mit beeindruckender Ausdauer fügte er die Mauern in versetzter Bauweise fest ineinander. So entstand insgesamt ein Werk, das wie ein uneinnehmbares Kastell erschien. »So«, äußerte er befriedigt »und jetzt wird darauf geschlossen!« Mithilfe der Armbrust versuchte er, das Gebäude zum Einsturz zu bringen. Er zählte dabei die notwendigen Schüsse und ereiferte sich zunehmend, dass er selbst das Bauwerk so fest gefügt habe. Seine Wut richtete sich zunehmend gegen mich, indem er meinte, ich könne ihm wenigstens möglichst rasch die Pfeile bringen und nicht nur so blöd schauen. Erst nach vielen Versuchen brachte er das Gebäude zum Einsturz. Doch dann begann er sofort damit, die fest gefügte Burg erneut aufzubauen.

Nachdem sich dieses Spiel über Stunden wiederholte, folgerte ich, dass ich offensichtlich den Sinn des symbolischen Tuns nicht verstand.

Es war in der Tat so, dass ich immer wieder über die Doppelbödigkeit stolperte, dass er selbst das Bauwerk so stabil gestaltete, um sich dann über die Uneinnehmbarkeit zu empören. Es wäre doch ein Leichtes gewesen, das Ganze luftiger zu bauen und dann mit wenigen Schüssen zum Einsturz zu bringen. Schließlich spielte mir eine Erklärung des Jungen die Lösung zu: Das Schloss bewohne der alte König. Die Armbrustschützen gehörten dem jungen König, der endlich das Schloss übernehmen will. Aber der Alte will es nicht hergeben.

Ganz offensichtlich demonstrierte mir der Junge ein archetypisches Generationenproblem, das auch in vielen Märchen seinen Niederschlag findet: Der alte König will nicht abtreten, obwohl seine Zeit längst gekommen ist. Der junge König wäre im richtigen Alter jetzt die Herrschaft zu übernehmen, aber der Alte hält starr an seinem angestammten Recht fest. Dann muss die nächste Generation sich mit Gewalt oder mit List das holen, was ihr nicht freiwillig zuerkannt wird (Lutz, 2001).

Ein Siebenjähriger baute im Gegensatz zu dem Vorpubertierenden mit den Bausteinen einen Turm, der letztlich so hoch sein sollte, wie er selbst groß war. Es gelang ihm wiederholt beinahe diese Höhe zu erreichen, dann stürzte der Turm jedoch ein. Unbeirrt wiederholte der Junge sein Tun immer wieder, obwohl das Scheitern kurz vor dem Ziel in der Gegenübertragung ein Gefühl der Hoffnungslosigkeit auslöste. Mir fiel dabei der Mythos von Sisyphus ein, ein Synonym für hoffnungslose Anstrengung. Als der Junge schließlich einsah, dass es ihm nicht gelingen wollte, erzählte ich ihm die Geschichte vom »Turmbau zu Babel«. Mir war dabei wichtig, dass ich ihm einerseits die Wertschätzung seines Bemühens spiegelte, er aber auch erahnte, dass unserem menschlichen Wollen und Tun immer wieder Grenzen gesetzt sind, die wir nicht überschreiten können.

Nachdem ich den Mythos erzählt hatte, seufzte er hörbar auf und sagte: »Na gut, dann jetzt eben nicht, aber«, so fügt er hoffnungsvoll hinzu, »vielleicht irgendwann mal später.« Ich war versucht, darauf hinzuweisen, dass sich die Gesetze einer Begrenzung unseres Tuns auch im Älterwerden nicht verändern, doch dann vertraute ich auf die Wirksamkeit des Mythos, der keiner klugen Erklärungen bedarf und schwieg.

Erst kürzlich lernte ich durch den Hinweis eines kleinen Patienten Kapla® kennen. Hier wird die Gestaltungsfreiheit von Lego und das Angebot von Holzbausteinen in gewisser Weise zu etwas Neuem zusammengeführt. Die vielen rechteckigen Holzplättchen können beliebig gestapelt werden. Damit hat das Kind die Möglichkeit, verschiedenste Objekte unterschiedlicher Größe zu gestalten. Vor allem Jungen erlebte ich immer wieder in der Begeisterung, sich in diese Welt der gestaltenden Konstruktion zu vertiefen und wortlos in eine vorgestellte Welt möglicher Objekte einzutauchen. Dieses Tun kann sich auch als entwicklungsförderndes Moment verstehen lassen. Wenn man von der Symbolik ausgeht, dass Entwicklung immer Aufbau neuer Kräfte, neuer Möglichkeiten ist, könnte die eigenständige Gestaltung auch als hilfreicher Impuls verstanden werden, neue Räume in der eignen Entwicklung zu beschreiten. Dass das Tun selbstwirksam ist und nur unsere bezogene Präsenz, nicht aber das Wort braucht, machte mir ein Achtjähriger deutlich. Als ich seine eigenwillige Konstruktion deutend kommentieren wollte, fuhr er mir ins Wort und sagte: »Sei still, mit Reden machst du alles kaputt.«

Das klärende Wort zur rechten Zeit kann heilende Impulse vermitteln, kann jedoch gleichermaßen störend und zerstörend wirken. Über das bezogene Wahrnehmen vollzieht sich bereits ein Prozess, der Stauungen auflöst und Heilendes in Gang setzen kann.

Fantasie und Einfallsreichtum sind im therapeutischen Prozess keine Grenzen gesetzt. Das Naturmaterial bietet bereits auf der haptischen Ebene positive Impulse. Mein kleiner Lehrmeister sagte: »Die sind so besonders, sie fühlen sich so schön an und wenn ich die Plättchen in der Hand habe ist es, als würde etwas ganz von selbst entstehen.«

Diese Worte zeigen überzeugend, wie viel Freiraum mit diesem Spielangebot verbunden ist. »Wie von selbst« stellt sich die Fähigkeit ein, fantasievoll und kreativ Eigenes zum Ausdruck zu bringen. Weil das Material schon »schön« ist, wird auch das Ergebnis schön. So könnte man schließen, dass allein dieses konstruktive Spielangebot das Selbstwertgefühl fördert. Kapla® erlaubt gerade angesichts des Verzichtes auf eine Vielfalt unterschiedlicher Formen eine nahezu unbegrenzte Freiheit individueller Gestaltungen. Damit wird die Einmaligkeit nicht nur des Erschaffenen, sondern auch des Erschaffers spürbar. So kann das Tun als ein Prozess der Förderung des Selbstwertes angesehen werden. Die eigene Einmaligkeit als etwas Positives wird vom Kind als wertschaffend verinnerlicht, ist damit ein im wahrsten Sinne aufbauendes Element.

7.2 Metallbaukästen

Für die ältere Generation waren einst die Metallbaukästen »Trix« und »Märklin« ein beliebtes Gestaltungsmaterial.

Die flachen Blechteile waren mit vielen Löchern versehen und man konnte mithilfe von Schrauben und Muttern zweckmäßige oder aberwitzige Objekte bauen. So entstanden kleine Wagen, Apparaturen, Gestaltungen, die Science-Fiction-Fantasien vorwegnahmen. Ein Vertreter der Großelterngeneration erzählte mir im Rahmen einer Mehrgenerationenarbeit, wie sehr er damals seinen Trix-Baukasten geliebt habe. Er hätte dabei ein Gefühl der Sicherheit empfunden. Er konnte sich in seine eigene Welt zurückziehen, zu der weder die penetrante ältere Schwester noch die Erwachsenen Zugang gehabt hätten. Er erinnere sich noch genau, wie faszinierend für ihn einfach das Schrauben und Verbinden von Einzelteilen gewesen sei. Während des Tuns seien ihm immer neue Ideen gekommen, sodass er manchmal ein halb fertiges Teil wieder auseinandergenommen oder zur Grundlage für die Verwirklichung eines neuen Einfalls gebraucht habe. Der 80-jährige Herr kam noch in der Erinnerung ins Schwärmen. Das schönste an dem Baukasten seien die unerschöpflichen gestalterischen Möglichkeiten gewesen, gerade weil die Einzelteile so schlicht aber gerade dadurch so vielseitig gewesen seien.

Bei der Schilderung seiner Erinnerungen spürte man die Begeisterung, die mit dieser Schöpferkraft verbunden gewesen war. »Das Vertrauen auf diese Kräfte hat in schwierigen Lebenssituationen immer geholfen«, sagte er abschließend. »Immer wenn eine problematische Konfliktsituation am Horizont stand, habe ich mich an meinem mit dem Trix-Baukasten erworbenen Selbstvertrauen festgehalten. Ich war sicher, es würde mir schon eine Lösung einfallen!«

7.3 Lego

Bis zu einem gewissen Grad hat LEGO® diese Tradition aufgenommen. Der Anfang war von blauen roten und gelben rechteckigen Hartplastikteilen bestimmt, die in zwei Größen beliebig zu stapeln waren und sich als Baumaterial für einfache Häuser anboten. Die von dem dänischen Erfinder Godtfred Kirk Christiansen entwickelten Grundregeln eröffneten den Kindern unendliche Gestaltungsmöglichkeiten. Das Material »aus stabilem Kunststoff sollte unbegrenzte Spielmöglichkeiten anbieten, Jungen und Mädchen gleichermaßen interessieren, drinnen wie draußen verwendbar sein, ein ruhiges, gesundes Spielzeug sein, an dem lange gespielt und das gleichermaßen Fantasie und Kreativität anregte.« Seit 1957 hat dieses Spielangebot Generationen begeistert und genau diese Vorgaben des Erfinders erfüllt.

LEGO® in allen Varianten ermöglicht Kindern, sich in ihre Fantasiewelt zurückzuziehen. Sie können sich an die Anleitungen halten und ein bestimmtes Objekt bauen mit dem einfallsreich gespielt wird oder sie gestalten mit den Bauteilen etwas Eigenes, Einmaliges.

Ein Elfjähriger sagte dazu: »Die Anleitung zwingt mich, etwas Bestimmtes zu machen, was andere sich ausgedacht haben. Mir macht es viel mehr Spaß, etwas Eigenes zu erfinden.« Auf meine vorsichtige Frage, wie das so ginge, meinte er: »Oft weiß ich noch gar nicht was es wird, wenn ich anfange. Aber plötzlich sehe ich etwas innerlich vor mir und dann geht es wie von selbst. Aber«, so setzte er fort, »manchmal ändere ich es dann wieder und dann entsteht etwas Neues.« Ich meinte dazu: »Wie eine unendliche Geschichte. Sie fängt irgendwann an und endet nie, weil dir immer etwas Neues einfällt.« »Genau«, sagte er knapp, »aber jetzt sei still, ich habe gerade eine Idee.« Und er wandte sich wieder den Legosteinen zu. Er schien meine Anwesenheit nur noch in der Rolle einer stillen und bewundernden Beobachterin zu brauchen, während er weiter mit geschickten Fingern an einem für mich noch rätselhaften Gebilde baute. Ich verstand erneut, wie bedeutsam es für Kinder ist, ein kreatives Tun durch bezogene Anteilnahme begleitet zu wissen. In einem solchen Augenblick gibt man den selbstheilenden Kräften gewissermaßen ein Forum, sodass sich dann eine positive Eigendynamik entfalten kann.

7.4 Perlen

Perlen erfreuen sich seit langer Zeit nicht nur bei Mädchen großer Beliebtheit. Aus verschiedenen Perlen eine Kette herzustellen, sich zu schmücken und bewundern zu lassen, ist offensichtlich ein urmenschliches Bedürfnis. Nicht umsonst bestaunen wir den berühmten Priamosschmuck im Puschkinmuseum in Moskau oder die fantasiereichen Ketten, Ringe und Armbänder der alten Ägypter. Auch die Etrusker waren berühmt für ihren fein ziselierten Schmuck oder die Kelten mit ihrer geheimnisvoll verschlungenen Schmuckornamentik. Schmuck soll schmücken, aber vor allem auch die Individualität des Trägers unterstreichen. Zugrunde liegt das Bedürfnis, den eigenen Wert mithilfe von Schmuck zu erhöhen.

Ein bezeichnendes Licht auf diese hohe Bedeutung werfen die mythischen Geschichten, die sich um die germanische Göttin Freya ranken. Sie schätzte ihren Halsschmuck Brisingamen so hoch ein, dass sie sich nie von ihm trennte und Freya und ihre Kette gleichsam zu einem Synonym wurden.

Perlen aufzuziehen, sie in unterschiedlichen Farbnuancen zu kombinieren, verschiedene Formen zu wählen, die Länge zu variieren und sich schließlich damit zu schmücken, bedeutet in einer therapeutisch wirkenden Selbsterfahrung eine Verstärkung des eigenen Wertgefühls. »Keine ist wie die andere«, sinnierte eine Neunjährige in der Gruppe, während jedes der Gruppenmitglieder in einer anderen Ecke des Raumes an seinen eigenwilligen Kreationen arbeitete. »Und alle sind auf ihre Weise besonders«, ergänzte ich. So entstanden bei den vier Gruppenmitglieder, zwei Mädchen und zwei Jungen zwischen 9 und 11 Jahren in rascher Folge Armbänder und Ketten. Die Gruppe arbeitete wie im Rausch und schien nicht genug von der eigenen Erfindungsfreude und Gestaltungskraft zu bekommen.

Unabhängig davon entdeckten andere Kinder die Freude an der Herstellung von Bügel-Perlenbildern. Ein Zehnjähriger richtete sich zunächst nach den Vorbildern. Es entstanden Kreise mit unterschiedlichen Farben. Mehr und mehr machte er sich von den Vorlagen frei und entwarf Mandalas, Häuser, Fahnen sowie größere und kleinere Tiere. Es entstanden aber auch fantastische Gestaltungen, deren Bedeutung ich erraten sollte. Jedes Mal fragte er mich nach meinem Einfall, um immer wieder triumphierend festzustellen, dass ich daneben geraten hätte. Ich kam mir vor wie die Königin im Märchen von Rumpelstilzchen, wenn jenes auf die Frage der Königin immer wieder sagte: »So heiß ich nicht.« Anders als im Märchen kam ich nie auf die Lösung und war auf seine Interpretation angewiesen. Danach bekam ich als »Hausaufgabe«, das Perlenbild zu bügeln. Er nutzte die Situation dann zu einem Rollenspiel, indem er mich streng ermahnte, nur ja behutsam zu sein, damit das Werk hinterher mit Hilfe des Bügeleisens schön platt würde. Gerade bei seiner Landschaftsgestaltung fiel es ihm in der nächsten Stunde auf, dass es eigentlich schade sei, dass das Bild so platt sei. In Wirklichkeit sei so eine Landschaft doch bewegt. Bei diesem Wort zögerte er, wahrscheinlich wollte er den Begriff räumlich anwenden. »Darum ist es doch nicht so richtig. Man kann es dafür als Lesezeichen benutzen«, beschloss er seine kritischen Überlegungen. Damit beendete er diese Phase der kreativen Gestaltung.

Spürbar wurde in diesem Fall, wie sehr die rationale Prüfung Kräfte der Fantasie blockieren kann. Gestaltungen sollten möglichst nicht mit der Realität verglichen werden, sondern ihre eigene Gesetzmäßigkeit behalten dürfen. Sie sind gewissermaßen Ergebnisse des Kontaktes mit der »Anderswelt«.

Zusammenfassung

Materialien, die zur freien Darstellung anregen, können auch als Elemente bereits vorgeformt sein. Die Vielseitigkeit von Bausteinen, die sich nur in der Größe unterscheiden, sonst aber keine konkreten Vorgaben in sich tragen, wird zum Impuls, gemäß der eigenen Bedürfnisse zu gestalten. Das Gleiche gilt für Bauteile aus Metall oder Kunststoff, es ist lediglich notwendig, dass der Spielraum im weitesten Sinn gegeben ist. Die Kinder sollen jenseits des Kopierens einer starren Vorlage angeregt werden, eigene Ideen zu verwirklichen. Ist diese Freiheit spürbar, können sich innerseelische Konflikte ganz selbstverständlich abbilden und sich gleichermaßen Lösungsimpulse konstellieren. Wesentlich bei diesem gestalterischen Tun ist die verbale Zurückhaltung des Therapeuten, um den selbstheilenden Kräften, die dem Kind aus dem Unbewussten zuwachsen, Raum zu geben. Sprache kann die Gefahr in sich tragen, zu abstrakt zu werden und damit die Kinder zur Intellektualisierung und Rationalisierung zu verführen. Damit stärkt man jedoch die Abwehr und das, was sich im kreativen Tun öffnen will, ist in der Gefahr sich wieder zu verschließen.

Literatur zur vertiefenden Lektüre

Stern, A. (2015). Spielen um zu fühlen, zu lernen und zu leben. Elisabeth Sandmann.
Stern, A. (2013). Und ich war nie in der Schule, Geschichte eines glücklichen Kindes. Freiburg: Herder Spektrum.
Neukircher, T. (2015). Peppige Bügelperlen. Kunterbunter Kreativspass für Kids.
Das Lego Ideen Buch. (2012). Bau dir deine eigene Welt! München: Dorling Kindersley.
Bauer, J. (2007). Prinzip Menschlichkeit, warum wir von Natur aus kooperieren. 4. Aufl. Hamburg: Hoffmann und Campe.
Tolkien, J.R.R. (2001). Der Herr der Ringe. 2. Aufl. Stuttgart: Klett Cotta.

Weiterführende Fragen

- Nennen Sie Kriterien für die Auswahl von Materialien, die zur Gestaltung anregen und damit einen konfliktlösenden Prozess in Gang bringen können.
- Muss das Material besser der Natur entstammen?
- Was spricht für künstliche Materialien?
- Welche Möglichkeiten hat ein Therapeut, um Material zur freien Gestaltung anzubieten ohne manipulativ zu wirken oder mit zu agieren?

8 Der Umgang mit Material, das zu eigenständiger Kreativität herausfordert

Musikinstrumente können in vielfältiger Weise eine Rolle spielen. Hierbei geht es nicht darum, eine Technik oder ein Können zu demonstrieren, sondern sie bieten die Chance, ein Stück der eigenen Persönlichkeit in die Welt der Geräusche und Töne zu legen. »Die Welt ist Klang.« Und Klang erzeugt und vertieft emotionales Erleben. Letztlich ist Therapie immer auch der Versuch, mit sich selbst in Einklang zu kommen, ein harmonisches Gleichgewicht innerhalb von Strebungen, Bedürfnissen und Notwendigkeiten zu finden. Vor diesem Hintergrund kann eine therapeutische Praxis Musikinstrumente anbieten, die vor allem Klangerfahrungen ohne Worte vermitteln. Im Zentrum steht das Erproben von Tönen und die Sehnsucht, die eigene Melodie im weitesten Sinn zu finden.

Es gibt keine Kultur, die nicht in irgendeiner Form mit Musik, dem Erzeugen von Tönen einen Zugang zur Emotionalität eröffnet hat, der dem bewussten, planenden Denken verschlossen ist. Leider ist uns der Umgang mit Musik seitens der alten Ägypter nur über die Abbilder in den Gräbern erahnbar. Trommeln und Blasinstrumente waren ganz offensichtlich nicht nur zu Festen, sondern auch im täglichen Leben selbstverständliche Begleiter. Die Überzeugung der Ägypter war ja, dass nach dem Tod ein neues Leben stattfindet. Dort sollte der Verstorbene über die Bilder eine Fortsetzung von Anmut, Schönheit und Klang erleben dürfen.

In Griechenland scheint eine ähnliche Tradition geherrscht zu haben, die sich allerdings nur auf das diesseitige Leben bezog. Zwar sind uns hier nur ansatzweise musikalische Bruchstücke überliefert, die Göttergeschichten berichten uns jedoch von der Wertschätzung der Musik. Hermes, der listige kleine Bruder des Apolls, brachte jenem das Leierspiel bei. Marsyas, der Satyr, übernahm von Athene den Aulos und spielte ihn so meisterhaft, dass er Apoll zum Wettstreit herausforderte. Nur über eine List konnte jener den Wettstreit gewinnen: Er verlangte, man solle, um zu gewinnen, das Instrument auch umgekehrt spielen können. Das war zwar mit der Leier möglich, nicht aber mit dem Aulos, einem Doppelrohrblattinstrument, unserer Oboe vergleichbar.

Schließlich ist Orpheus, ein Sohn des Apolls, der sprichwörtliche Vertreter der Musik. Er bezauberte mit seinem Gesang Pflanzen und Tiere, sodass sich eine Atmosphäre von Harmonie einstellte. Innerpsychisch könnte man dafür den Begriff eines inneren Gleichgewichts zwischen unterschiedlichen Strebungen wählen. Musik bietet die Möglichkeit, sich wortlos auf einer emotionalen Ebene zu begegnen und über die Stimmung eine Atmosphäre der Bezogenheit herzustellen. Allerdings erfordert diese Qualität eines Verstehens ein hohes Maß an Intuition und Einfühlungsbereitschaft. Es ist weniger ein Wissen, sondern ein Erahnen der Befindlichkeit des anderen. Diese Haltung ist für einen Therapeuten nicht so befriedigend wie eine kompetente Deutung, kann jedoch auf dem Weg der Erkenntnis ein direkterer Weg sein.

8.1 Trommeln, Blasinstrumente, Musik und Rhythmus

In der Praxis beschränke ich mich auf lautmalende Instrumente, beziehungsweise archaische Geräuscherzeuger der Naturvölker. So gibt es große Bambusrohre, in denen Samen, wenn man das Rohr umdreht, spezifische Töne erzeugen. Eigentlich werden sie als »Regenmacher« bezeichnet. Im konkreten therapeutischen Umgang ist das sich ständig wiederholende Rauschen, indem das Rohr immer wieder umgedreht wird, wie ein permanenter Basso continuo, der Sicherheit und Geborgenheit verspricht. Ein Zwölfjähriger gab in einer Gruppe den Ton an, indem er rhythmisch das Rohr wendete und damit wie ein Dirigent agierte. Erstaunlicherweise orientierte sich die ganze Gruppe an ihm und klatschte im Rhythmus mit. Auf diese Weise entstand eine beeindruckende Übereinstimmung und das Gefühl eines gruppenübergreifenden Einklangs.

Ein weiteres Angebot sind Trommeln, die ich in aller Herren Länder gesammelt habe. Schon ihre unterschiedliche Herkunft erlaubt ein archetypisches Band. In derselben Gruppe entstand zunächst ein ohrenbetäubender Lärm, indem die vier Kinder jeweils auf mehrere Trommeln wild einschlugen. Ganz von selbst wurde das Spiel leiser. Jedes Kind konzentrierte sich auf eine Trommel und es entstand ein wortloses Agieren und Reagieren, leiser und anschwellend lauter werdend. Wie von selbst ergab sich ein Gruppenleiter, der über Handzeichen die Lautstärke bestimmte, sodass Einklang und Gleichklang entstand. Im Zuhören konnte ich die emotionale Verbundenheit, die durch die rhythmischen Klangwellen entstand und eine wortlose Übereinstimmung erspüren. Kooperation stand im Mittelpunkt des Geschehens als ein sich von selbst ereignendes Phänomen. Es erwies sich einmal mehr die Wahrheit des Forschungsergebnisses von Joachim Bauer (2007), dass der Mensch auf Gemeinsamkeit angelegt ist und das Erleben und Tun in der Gruppe Beziehungen und damit neue heilende Erfahrungen nicht nur im therapeutischen Zusammenhang stiftet.

8.2 Symbolträchtige Figuren

Immer wieder bin ich überrascht, welche Bahnen sich die Kreativität von Kindern in der Therapie sucht. Figuren, die eine bestimmte Aussage haben, wie Raubtiere, Drachen, mythologische Figuren, werden nicht selten zweckentfremdet benutzt, um ein individuelles Konfliktthema darzustellen. Eine Zwölfjährige nahm meine Drachenfiguren, Raubtiere und sonstige gefährliche Wesen nicht etwa, um einen dramatischen Ablauf einer Geschichte darzustellen. Stattdessen versuchte sie mit unendlicher Mühe, diese Figuren aufeinander zu stapeln.

Teil II: Gestaltung

Abb. 12: Turm aus zahlreichen Figuren

Der entstehende Turm sollte stabil bleiben, auch wenn er immer wieder vom Einsturz bedroht war (▶ Abb. 12). Diese symbolische Darstellung konnte im Zwiegespräch schrittweise in ihrer Bedeutung entschlüsselt werden. Es ging dem Mädchen darum, die in den wilden Gestalten symbolisierten vitalen Triebkräfte einerseits in ihrer Gefahr zu entschärfen, auf der anderen Seite jedoch zu nutzen, um über diesen Turm zu ihren konstruktiven Kräften zu finden. Es überrascht nicht, dass ein Leitsymptom dieses Mädchens Schulschwierigkeiten, trotz überdurchschnittlicher Begabung waren. In ihrer anerzogenen Überangepasstheit hatte die dynamische Triebenergie nur negative Eigenschaften. Das kreative Spiel deutete eine Neuorientierung an: Ohne die Integration dieser Schattenaspekte ist erfolgreiches Lernen nicht möglich. Vor allem dann, wenn es im schulischen Kontext zunehmend um Eigenständigkeit, selbstgesteuerte Aktivität, letztlich den schöpferischen Sprung in die eigenen Perspektiven geht. Das sich über mehrere Stunden hinziehende Tun war unter diesem Aspekt ein mutiges Probehandeln, das eine Verbesserung der Schulleistungsfähigkeit, die Entwicklung von eigener Motivation und sogar eine positive Erweiterung der sozialen Kompetenz zur Folge hatte.

8.3 Kasperfiguren und Puppen

Einen ähnlich zur Kreativität herausfordernden Spielraum bieten Kasperfiguren an. Einerseits verlocken sie zur Verarbeitung aktueller Konfliktsituationen, die unter symbolischem Aspekt Lösungen entwickeln. Auf der anderen Seite können sie jedoch in einer Erweiterung in neue Handlungsräume eingebettet werden. Ein Zehnjähriger setzte die Rotkäppchenfigur spontan auf einen vorher mit Hingabe gebauten hohen Turm. Dieser bestand aus Sand, war mit Bausteinen abgestützt und von einem Kranz aufrecht stehender Streichhölzer umschlossen. Die sich daraus ergebenden Fantasien des Jungen hatten nichts mehr mit dem Märchen von Rotkäppchen zu tun, sondern erzählten von der Mühsal einer Bergbesteigung. Die Handpuppe wurde so kreativ eingesetzt, um große Anstrengungen, aber vor allem Empfindungen der Einsamkeit darzustellen. Bezeichnend war in diesem Zusammenhang, dass der Junge ein weibliches Wesen zur Darstellung seiner seelischen Notsituation wählte. Der differenziert gestaltete Turm mit dem Rotkäppchen stand offensichtlich für eine Reihe von ungelösten Konflikten und seine bisherige Strategie, die innere Not mit einem hohen bewussten Einsatz zu lösen. Bezeichnend dafür war, dass der Junge an Kopf- und Bauchschmerzen ohne körperlichen Befund litt. Gemäß dem systemischen Therapieansatz besteht immer wenn ein Konfliktbewusstsein besteht auch ein unbewusstes Wissen um eine Lösung. Dies bewahrheitete sich mit dem am Ende der Stunde erfolgten Ausspruch, indem der Junge mir mit großem Ernst in die Augen schaute: »Und nun pass genau auf. Jetzt zünde ich die Streichhölzer an und das Rotkäppchen findet dadurch einen erleuchteten Weg zu seinem eigenen Ziel.«

Gelegentlich gleicht es einem Wunder, in welch schöpferischer Form sich Kinder verbal ausdrücken, um eine innere Erkenntnis zu vermitteln. Voraussetzung dafür ist jedoch die Bereitschaft des Therapeuten, in bezogener Begleitung selbst für ungewöhnliche kreative Handlungen offen zu sein. Um zu verstehen und zu erkennen bedarf es des staunenden Wahrnehmens, nicht eines vorgegebenen Wissens. Ein Kind in der Therapie zum eigenen Lehrmeister zu machen ist das, was C. G. Jung mit seinem Ausspruch wohl meint, dass jede Therapie den Patienten aber auch den Therapeuten wandelt.

Zusammenfassung

Gestalterisches Material soll verschiedene Sinneskanäle ansprechen und damit zu einer allseitigen Entwicklung anregen. Für den auditiven Kanal ist Musik und Rhythmus wesentlich. Musik zu erzeugen, nicht nach vorgegebenem Notenmaterial, sondern als Erlebnis eigener Spontanität und Kreativität, stößt einen Prozess an, der nicht nur das innere Gleichgewicht fördert, sondern im Gehirn zu neuen Verschaltungen anregt.

Figürliches Material kann gleichermaßen anregen und konfliktlösende Funktionen haben. Hierzu gehören auch Handpuppen, die im schöpferischen Spiel Probehandlungen erlauben und neue Wege eröffnen, die unter symbolischem Aspekt aus innerseelischen Sackgassen herausführen können.

Literatur zur vertiefenden Lektüre

Berendt, J.-E. (1996). Das dritte Ohr. Reinbek: Rowohlt.
Briner, E. (1998). Reclams Musikinstrumentenführer. Stuttgart: Philipp Reclam.
Harnoncourt, N. (1982). Musik als Klangrede. Salzburg/Wien: Residenz.
Rambert, M. (1969). Das Puppenspiel in der Kinderpsychotherapie. München: Ernst Reinhardt.
Rascche, J. (2004). Das Lied des Grünen Löwen, Musik als Spiegel der Seele. Düsseldorf: Patmos.
Reichholf, J. H. (2015). Einhorn, Phönix, Drache, woher unsere Fabeltiere kommen. Frankfurt: Fischer TB.

Weiterführende Fragen

- Gibt es Gründe, warum die Aktivierung eines weiteren Sinneskanals hilfreich für den therapeutischen Prozess ist?
- Welche »Fallen« sind zu bedenken, wenn symbolisches Material einen entwicklungsfördernden Prozess begleitet?
- Wie lassen sich Gegenübertragungsphänomene speziell beim freien Umgang mit symbolisch zu interpretierendem Material erkennen und wie sieht ein konstruktiver Umgang damit aus?
- Wie aktiv kann sich der Therapeut dabei verhalten, ohne den Patienten in eine bestimmte Richtung zu manipulieren?
- Welche Bedeutung haben unterschiedliche Alters- und Entwicklungsstufen im Umgang mit symbolischem Material?
- Auf welche Weise können Mythen hilfreich sein, um die umfassende Wahrheit in aktuellen Beziehungen fruchtbar zu machen?

9 Die Themen

Wenn man sich mit der Möglichkeit eines freien Umgangs mit ungestaltetem Material auseinandersetzt, stellt sich die Frage, welche Themen bearbeitet werden können, selbst wenn der Schwerpunkt der therapeutischen Begleitung aus dieser Perspektive nicht auf dem gesprochenen Wort liegt. Stattdessen steht die konzentrierte Wahrnehmung seitens des Therapeuten, seine Bereitschaft, Kreativität unbewertet zuzulassen im Mittelpunkt. Genügt das, um tatsächlich die selbstheilenden Kräfte der Psyche zu aktivieren? Können Konflikte, die über die neurotische Verarbeitung in eine Sackgasse geführt haben, auf diese Weise gelöst werden? Lässt sich das Ich auf neue Erfahrungen ein, die zu einer inneren Kursänderung führen? Es sind Fragen, die sich jedem, der kritisch prüft, stellen müssen.

Damit steht die Annäherung an das Ich und seine Suche nach der individuellen Identität im Fokus.

9.1 Ich-Identität

Erikson umschreibt diesen globalen Begriff in folgender Weise:

> »Es sollte damit ein spezifischer Zuwachs an Persönlichkeitsreife angedeutet werden, den das Individuum am Ende der Adoleszenz der Fülle seiner Kindheitserfahrungen entnommen haben muss, um für die Aufgaben des Erwachsenenlebens gerüstet zu sein.« (Erikson, 2015)

9 Die Themen

Voraussetzung für diese vorgestellte Reife ist eine tragfähige Beziehung, die einem heranwachsenden Mensch das Gefühl eines einmaligen Wertes vermittelt. Darum muss die zentrale Erfahrung von Kindern und Jugendlichen in der psychodynamischen Behandlung die Sicherheit einer wertfreien Wahrnehmung sein. Es soll für sie eine Beziehung erlebbar werden, die ihnen das Gefühl vermittelt, eine eigenständige Persönlichkeit zu sein, der man als Erwachsener seine ungeteilte Aufmerksamkeit schenkt. So verdichtet sich die Gewissheit, dass die eigene Person einen von Verhalten und Leistung unbeeinflussten Wert in sich schließt. Dies ist umso wichtiger, als die aktuelle gesellschaftliche Meinung dem Einzelnen suggeriert, erst als attraktive, sportliche und intelligente Persönlichkeit einen Wert zu besitzen.

In der freien Darstellung, im kreativen Tun soll es darum nicht darauf ankommen, ein besonderes Ergebnis zu produzieren, das dann, weil es originell oder beeindruckend ist, mit einer guten Note ausgezeichnet wird. Anliegen ist stattdessen, den Kindern einen leichten spielerischen Umgang mit dem angebotenen Material zu ermöglichen und über diese forderungsfreie Beschäftigung Selbst-Bewusstsein aufzubauen. Ziel ist also nicht, zu leisten, sondern sich selbst zu erfahren. Das Gefühl, als Ich zu tun, zu gestalten, zu formen, vermittelt Ich-Erleben. Es ist eine Erfahrung, die den ganzen Menschen meint, so umfassend, das die Wirkung weit über kognitive Lernerfahrungen hinausgeht.

Dies entspricht der Forderung des Schweizer Pädagogen Pestalozzi, der in der Begegnung mit Kindern fordert, Kopf, Herz und Hand anzusprechen. Nur dadurch entsteht ein spaltungsfreies Ich-Erleben. Denken im Sinne eines spontanen Einfalls, ein Vorhaben zu haben, das erfüllt und es handelnd auszuführen, das erlaubt die Erfahrung von Ich-Identität: »Ich habe etwas verwirklicht, was meine eigene Idee war. Ich brauchte dabei keine Vorgabe erfüllen, kein Beispiel nachahmen, sondern einfach ganz bei mir bleiben.« Damit verbindet sich ein Gefühl der Einmaligkeit, das wiederum zu einzigartiger Gestaltung herausfordert. Kinder lernen sich, gleichzeitig aber auch die Welt über das probierende Tun kennen. Beobachtet man dabei schon kleine Kinder, ist eindrucksvoll wie sie sich einerseits in ihrer Beschäftigung verlieren und dabei gleichzeitig ganz bei sich sind. Das freie Gestalten ermöglicht damit Welt und Selbstverständnis in einer inneren Gleichgewichtigkeit als zusammengehörig zu erleben. Ich bin die Welt und die Welt ist ein Spiegel meines Ichs. Das schließlich ist die über die gestaltende Aktivität erlebte Ich-Identität. Diese wiederum erlaubt in einer Art Rückkopplung die sichere Bewegung in der Welt, weil sie durch das eigene Erleben erfahrbar geworden ist.

Psychodynamische Therapie unter diesem Aspekt ist die Erfahrung, als individueller Mensch gesehen und wertgeschätzt zu sein. Im kreativen Tun sich zu entdecken und gesehen zu werden, das hat nicht nur individuelle Heilungsmöglichkeiten, sondern erlaubt eine selbstverständliche Fähigkeit zur sozialen Kompetenz. Indem Kinder diese entwickeln, können sie auch den Halt in der Gruppe, in der Zugehörigkeit zu anderen Menschen, die in gleicher Weise kreativ ihr Leben in die handelnde Hand nehmen, erfahren. So löst die Zugehörigkeit zu Sportgruppen, vor allem aber auch musikalisches Engagement, sei es Chorsingen oder Musizieren, eine intensive positive Wirkung aus. In der therapeutischen Kleingruppe diese Erfahrungen zu machen, kann aus der isolierenden Medienfalle heraushelfen. Über Facebook scheine ich Freunde zu gewinnen, es bleibt aber eine vorgestellte Welt, die keine konkrete menschliche Erfahrung in sich schließt. So vertiefen die Medien unter Umständen Gefühle der Einsamkeit und Isolation, obwohl sie vorgeben, das Gegenteil zu erreichen.

Identitätsförderung ist Persönlichkeitsbildung. Eine seiner selbst bewusste Persönlichkeit kann süchtigen Impulsen widerstehen.

9.2 Ich und geschlechtsspezifische Rollenvorstellungen

Zur individuellen Persönlichkeit gehört jedoch gleichermaßen die geschlechtliche Identität. Es muss sich richtig anfühlen, eine weibliche oder männliche Zugehörigkeit zu spüren, denn das erlaubt, sich in der Gruppe Gleichgeschlechtlicher wohl und geborgen zu fühlen. Gerade in der Zeit der Vorpubertät hat die gleichgeschlechtliche Gruppe einen wichtigen stützenden Stellenwert. Aber gerade auch in dieser Zeit gibt es die leidvolle Erfahrung, ausgegrenzt oder gar gemobbt zu werden. Und dieses Phänomen passiert nicht so sehr zwischen Jungen und Mädchen, sondern in den gleichgeschlechtlichen Gruppierungen, das bedeutet unter Jungen oder Mädchen. In dieser verhüllten Angst, vielleicht nicht selbst zugehörig zu sein, werden viele zum Täter, um nicht Opfer zu werden. Und diese Unsicherheit wird in beiden Geschlechtern häufig mit sadistischen Mitteln projektiv abgewehrt. Es ist ein Irrtum, zu glauben, dass eine Gruppentherapie als erstes hilfreich sein könnte. Zu schnell wiederholt sich das Prinzip des Ausstoßens und zwingt den Therapeuten zu pädagogischen Interaktionen, die für einen analytischen Entwicklungsprozess kontraproduktiv sind. Zunächst braucht das »Opfer« in der Einzeltherapie die Sicherheit einer Halt gebenden stützenden Erfahrung, die in kleinen Schritten den Aufbau von Selbstwert und eigener Akzeptanz erlaubt. In den meisten Fällen fehlt bei diesen Kindern eine gute und sichere frühe Bindungserfahrung, die darum in der Therapie neu und wertneutral erlebt werden muss.

Gerade für diese Kinder leitet die positive Wahrnehmung der eigenen Kreativität eine neue Selbsteinschätzung ein, die erst die Voraussetzung für den positiven Einfluss in der Gruppentherapie bildet.

Hier kann es dann zu der wichtigen Erfahrung der Geborgenheit in der Gruppe Gleichartiger gehen, was auch die Notwendigkeit der Abgrenzung vom anderen Geschlecht in sich schließt. In der Gruppentherapie mit 10–12-Jährigen versuche ich jedoch gerade darum nicht reine Mädchen- oder Jungengruppen zusammen zu stellen. Abgrenzung vom anderen Geschlecht ist wesentlich, um zunächst das Gefühl der eigenen Identität zu stärken. Sich zu distanzieren, Jungen »blöd« oder Mädchen »zickig« zu fühlen, stärkt die eigene unsichere Ich-Identität gerade in der irritierenden Phase der Vorpubertät. Im gruppendynamischen Prozess, in der praktischen Arbeit werden die Gruppenerfahrungen oft sehr dramatisch, verbal und nicht selten auch handgreiflich ausagiert. Trotzdem ergibt sich gerade über die aggressive agierte Unterscheidung das Gefühl der Solidarität, die dann wieder zu individuellen Gestaltungen anregen kann. Auf diese Weise wird wie selbstverständlich der positive Gegenpol von Gemeinsamkeit auf den Plan gerufen.

Dies erlebte ich sehr bezeichnend bei einer Gruppensitzung von Kindern dieser Altersstufe. Die zwei Jungen versuchten sich demonstrativ von den drei »Zicken« abzugrenzen, es sei ja mit ihnen doch nichts Rechtes anzufangen. Diese wiederum warfen mit Bemerkungen um sich, dass das wieder typisches Machogehabe sei, zogen sich in eine Ecke zurück, tuschelten und versuchten Unabhängigkeit zu demonstrieren.

Meine Versuche, Verbindungen herzustellen, deutend auf eine mögliche Angst vor Unterlegenheit hinzuweisen, wurden als »Quatsch« und »therapeutisches Gelabere« von beiden Seiten abgetan. So wurde ich zur dummen Mutter und Oma, die es »auf keinem Auge blickte«.

Diese negative Projektion erlaubte beiden Gruppierungen eine Annäherung. In diesem Punkt, nämlich wie einfältig die Erwachsenengeneration sei, waren sie sich einig. Vor diesem sie sichernden Hintergrund konnten sie über die Unterschiede, die sich über die Geschlechtlichkeit herauskristallisiert hatten, hinweggehen. Alle setzen sich um den Tisch und begannen, sich Gedanken über das bevorstehende Weihnachtsfest zu machen. Die Wünsche der Erwachsenen standen als schwer lösbares Problem im Raum. »Die wollen doch immer was selbst Gebasteltes«, war spontan geäußerte gemeinsame Erfahrung. Dann ergänzte ein Mädchen unter lebhafter Zustimmung aller: »Erst staubt es an einem verborgenen Platz ein und dann wird es irgendwann achtlos weggeworfen.« Diese aggressiv-resignative Stimmung hielt jedoch nicht lange an. Stattdessen wurden die Mädchen von den Jungen nach einer Idee für irgendeinen »Bastelkram« befragt, die zwar nicht realisiert, jedoch wohlwollend seitens der Jungen aufgenommen wurde. Ein Gefühl der Gemeinsamkeit wurde bei der Verabschiedung spürbar.

9.3 Ich und Sprache

Ein neues Moment war vor allem für eine Gruppe jugendlicher 14- und 15-Jähriger die Entdeckung, wie kreativ gerade auch mit Sprache umgegangen werden kann. Die Jugendlichen begannen mit zunehmendem Spaß, ihre Fantasien und Wünsche hinsichtlich des anderen Geschlechtes zu geistvollen oder auch witzigen Bildern zusammenzufügen. Über die kreativen Formulierungen wurde viel Originalität sichtbar. In der Diskussion vollzog sich die Erfahrung der Einmaligkeit nicht nur der bildhaften Vorstellungen, sondern auch des kreativen Potentials der eigenen Persönlichkeit. Staunend äußerte ein Jugendlicher: »In der Schule haben wir von dem Beuys gehört. Dieser eigenartige Mensch hat behauptet, alle Menschen seien Künstler. Ich glaube, er hat Recht.« Hierauf antwortete eine 16-Jährige: »Hast Du gerade eigenartig gesagt? Da warst du tatsächlich ein Sprachkünstler: Wir sind alle eigen-artig.« Dabei dehnte sie die Silben im Bedürfnis, den lautmalende Gehalt von Sprache zu verdeutlichen.

Es kam in dieser und den folgenden Sitzungen zu einem förmlichen Sprachrausch. Sprache wurde zu einem eigenständigen kreativen Medium, das jedem Gruppenmitglied immer mehr individuelles Profil erlaubte. Zu-Neigung und Ab-Neigung, Zu-Wendung und Ab-Wendung wurden zu Metaphern, die innerhalb der Gruppe Bedürfnisse nach Nähe und Distanz, nach Sympathie und Antipathie markierten. Nach diesen Sitzungen konnten wir gleichsam staunend die Vielfalt sprachlicher Erfindungen bewundern. Es wurde erlebbar, dass der kreative Impuls nicht nur auf konkretes Tun mit angebotenem Material beschränkt ist, sondern dass Sprache in anderer Form dieses Schöpferprinzip in sich schließt, mit dem in spielerischer Weise ein Zugang zu entwicklungsfördernden Kräften erschlossen werden kann.

Ein Nebeneffekt war, dass ein weibliches und ein männliches Gruppenmitglied anfingen, Tagebuch zu schreiben. Individuelle innere Bilder gewannen über dieses kreative Schreiben Gestalt. In der analytischen Gruppenarbeit konnten diese wiederum in berührender Offenheit verbalisiert und in ihrer Verbindlichkeit für die ganze Gruppe empfunden werden. Sie ermöglichten allen Jugendlichen einen wichtigen Prozess der Abgleichung von Vorstellungen, Erwartungen und Wünschen mit der Realität.

9.4 Kreativität, Spiritualität und Sinnsuche

Kreativität ist ein Bedürfnis, das in jedem Menschen angelegt ist. Es setzt keine spezifische Begabung voraus, sondern knüpft an ein ureigenes menschliches Bedürfnis an. Die Außenwelt und die Innenwelt sollen über Gestaltung eine verstehbare Verbindung eingehen und damit Selbstsicherheit ermöglichen. In dem Augenblick, in dem noch Rätselhaftes über die Tat begreifbar wird, verringern sich Ängste. Stattdessen wächst das Vertrauen in die eigene Autonomie. Es liegt letztlich am Menschen selbst, ob Erleben, das Schwierigkeiten und Widrigkeiten in sich schließt ertragbar gemacht wird oder ob sich stattdessen die Überzeugung des hilflosen Ausgeliefertseins ausbreitet. Das Leben selbst will in jedem Augenblick aktiv gestaltet werden.

Aus dieser Perspektive ist es mir ein Anliegen, Kinderpsychotherapie weniger unter dem Aspekt der deutenden Führung zu verstehen. Stattdessen sehe ich das Kind als einen Wegbereiter, der über sein Tun verständlich macht, was ihn bewegt. Konflikte und Lösungen, Hilflosigkeit und Eigenständigkeit können sich in ihrer Polarität über die freie Gestaltung zur Eindeutigkeit entwickeln. Indem wir Bindung in vorbehaltloser Anwesenheit und Bezogenheit anbieten, kann das Kind in seinen Gestaltungen Unbewusstes als verschlüsselte innere Wahrheit anbieten. Das Gewordene mit Staunen zu betrachten, das Kind, wenn es will, zum Deutenden zu machen und seine Werke erklären zu lassen, erlaubt die wechselseitige Erfahrung einer Bezogenheit, in der Raum und Zeit keine zentrale Rolle spielen. Das Kind kann sich in seiner Gestaltung verschenken und erlebt über eine Haltung, die auf Wertung verzichtet, die Mitfreude an seinem schöpferischen Tun. Damit entsteht die Erfahrung von Eigenwert, die nicht auf ein übertriebenes und damit wertendes Lob angewiesen ist, sondern im eigenen Werk die Bestätigung findet.

Voraussetzung für diesen Prozess ist das lebendige Interesse des Therapeuten, der so den heilenden Eigenkräften Raum bietet und auf die scheinbare Überlegenheit des Erwachsenen verzichtet. »Du sagst gar nichts zu meinem Turm«, bemerkte ein Sechsjähriger verwundert und gleichzeitig vorwurfsvoll. Er hatte aus verschiedenen Materialien ein schwankendes Gebilde erschaffen, das allerdings ständig in der Gefahr war umzukippen. Ich bewunderte dabei stumm seine Geschicklichkeit, immer wieder den Schwerpunkt zu verändern und damit den Turm in der Balance zu halten. Ich antwortete, dass ich einfach so damit beschäftigt sei, aufmerksam zuzuschauen. »Das ist aber auch gut so«, antwortete er, »denn viel Reden macht alles kaputt.«

Mir fiel in diesem Augenblick Michael Ende und seine Unendliche Geschichte ein. Er schildert die bedrückende Situation, als die Schlamuffen, denen er zum optimistischen Reden verholfen hat mit ihrem lauten und überflüssigen Geschwätz die zarten Glasbilder, die der Held Bastian trägt, zu Staub zerfallen lassen.

Der Kleine hatte Recht. Reden kann auch beim Therapeuten, der vom ausschließlichen Bedürfnis bestimmt ist, verbal Zusammenhänge aufzudecken und zu deuten, zerstörerisch wirken. So war ein Nicken meinerseits die ausreichende Botschaft, um seine eigenen Impulse bei seinem Werk weiterhin angemessen zu verwirklichen. Ich wurde an Münchhausen erinnert, der sich bekanntlich am eigenen Zopf aus dem Sumpf gezogen hat. Der Junge konnte die Standfestigkeit seines Bauwerks bis zum Ende der Stunde aufrechterhalten. Dann holte er tief Atem und meinte: »Jetzt reicht es, jetzt werfe ich den Turm selbst um.« Und ich ergänzte: »Und in der nächsten Stunde entsteht vielleicht wieder etwas Neues!«

Im therapeutischen Umgang mit Kinder und Jugendlichen wird gemäß der Überzeugung C. G. Jungs immer auch die transzendente Funktion angefragt. So stellen gerade jüngere Kindern ganz spontan Fragen nach dem Schicksal, nach Gott und suchen Antworten. Sie brauchen Orientierung, um dann kreative Lösungen für ihr Verständnis von Leben und Tod zu finden.

Ein Sechsjähriger beschäftigte sich sehr mit dem Tod der Großmutter, die nach einem leidvollen halben Jahr starb. »Meine Oma war nur ein bisschen älter als du, warum ist sie so bald gestorben. Sie wollte doch eigentlich noch leben und war noch gar nicht ›lebenssatt‹, wie du mal gesagt hast.« Und dann sehr unvermittelt: »»Du darfst nie sterben, höchstens mal, wenn du 80 bist.« Die kreative Leistung dieses Kindes war sein eigenständiger Umgang mit der Zeit. 80 war für ihn jenseits seiner Zahlenvorstellungen. So schuf er sich ein Synonym für Ewigkeit und konnte so besser mit dem traumatischen Verlusterleben umgehen. Während wir unser Gespräch mit großen nachdenklichen Pausen weiterführten, setzte er den halben Sandkasten unter Wasser und matschte im nassen Sand. Es entstanden Formen, kleine Berge, die er jedoch immer wieder in Wasserfluten »ertränkte«. Sein aktives Tun begleitete er mit der Frage, ob wirklich Wasser so gefährlich sei, dass alles Leben zugrunde gehen würde. Sein Papa habe ihm nämlich gesagt, dass Wasser viel gefährlicher sei als Feuer. Daraufhin zündete er immer wieder ein Streichholz an, erschrak ein wenig vor der plötzlichen Flamme und warf es anschließend in das Wasser, worauf das Feuer zischend erlosch.

Dieses Tun bedrückte ihn offensichtlich, sodass die Stimmung im Raum immer düsterer wurde und in mir Gefühle der Hoffnungslosigkeit aufstiegen.

Tröstend und sinnstiftend wurde für den Jungen der Mythos von der Sintflut, den er im Kindergarten gehört hatte. Plötzlich wiederholte er immer wieder in einer Art Singsang: »Alles geht unter, aber von allen überlebt etwas und irgendwann hört der Regen auf und dann wird alles gut, weil dann ein Regenbogen erscheint!«

Damit schien die Atmosphäre der Trostlosigkeit überwunden. Der Junge hatte über einen Mythos einen transzendenten Bezug hergestellt, das Versprechen auf Leben!

Zusammenfassung

Ein wesentliches Moment in der freien Gestaltung ist die Erfahrung der eigenen Identität. Das Kind bzw. der Jugendliche gestaltet in Freiheit, gemäß seiner eigenen Bedürfnisse, Vorstellungen und inneren Bilder. Die Suche nach der eigenen Identität schließt die Auseinandersetzung mit der eigenen geschlechtlichen Rolle mit ein. Sich selbst als richtig zu begreifen, »ja« zur sexuellen Prägung sagen zu können und sich selbst in dieser Rolle als richtig zu begreifen, ist zentrales Anliegen der Ich- und Selbstsuche.

Identitätsfindung ist jedoch nicht ausschließlich an Materialien gebunden. Auch Sprache ist ein gestaltendes Prinzip. Auf der anderen Seite besteht gerade über die Worte die Gefahr, ein klärendes Moment zu zerreden. Anregung zur Selbstfindung ist gleichermaßen das schweigende bezogene Wahrnehmen. So erfährt der Patient ausreichend Raum die selbstheilenden Kräfte zuzulassen und in staunender Gemeinsamkeit und emotionaler Verbundenheit mit dem Therapeuten Entscheidendes zu erkennen.

Literatur zur vertiefenden Lektüre

Bauer, J. (2011). Schmerzgrenze. München: Karl Blessing.
Branden, N. (2015). 6. Aufl. Die sechs Säulen des Selbstwertgefühls. München: Piper.
Ende, M. (1979). Die unendliche Geschichte. Stuttgart: Thienemann.
Hüther, G., Roth, W. & von Brück, M. (2012). Damit das Denken Sinn bekommt, Spiritualität, Vernunft und Selbsterkenntnis. Freiburg: Herder.
Precht, R. D. (2007). Wer bin ich und wenn ja wie viele. München: Goldmann.

Weiterführende Fragen

- Inwieweit kann der Therapeut Selbstfindung im kreativen Prozess der Sprache unterstützen?
- Ist Sicherheit in der eigenen Identität zwangsläufig an klare geschlechtliche Rollenvorstellungen gebunden?
- Wie ist der Ansatz von C. G. Jung zu verstehen, der den Weg vom Ich zum Selbst als Selbstfindungsprozess beschreibt?
- Warum ist ein positives Selbstwertgefühl Voraussetzung für den Aufbau einer sicheren und belastbaren Ich-Identität?
- Ist Spiritualität, die C. G. Jung mit der transzendenten Funktion verbindet, ein wichtiger Baustein, um Sicherheit in sich und in der Welt zu entwickeln?

Fazit Gestaltung

Werde der du bist (Pindar aus den Pytischen Oden): Ein Auftrag, der Kinder, Jugendliche und junge Erwachsene – und nicht nur sie – zur Kreativität aufruft. Der schöpferische Funke in jedem Menschen wird nur allzu schnell von unserer rationalen, auf Gewinn und Wertsteigerung ausgelegten Welt erstickt. Es stimmt besorgt, wenn bereits Kinder und Jugendliche aus diesem Blickwinkel die Welt betrachten, wenn sie zu Beginn eines therapeutischen Prozesses fragen: »Was bringt mir das?«, oder: »Was habe ich davon?«

Freie Gestaltung ist im Gegensatz zu dieser nüchternen, zweckorientierten Haltung als Impuls zu verstehen, immer besser Ich und Selbst in Verbindung zu bringen. Es soll nichts entstehen, was in bare Münze einzutauschen ist. Weder soll ein klar umrissenes Ziel erreicht, noch eine bestimmte Vorgabe erfüllt werden.

Freie Gestaltungen leben von einem spielerischen Ansatz. Es entsteht etwas »wie von selbst.« Sie sind eine Geburt des Augenblicks und frei von dem Anspruch auf Dauer. Eine aktuelle Gefühlssituation drängt zur Materialisierung, will über die Gestaltung im wahrsten Sinne leibhaftig werden. Häufig kann das Produkt, wenn es seine klärende Funktion erfüllt hat, unwichtig oder sogar zerstört werden. Hierbei ist nicht an Destruktion gedacht. Es wird vielmehr eine Form aufgelöst, wenn sie dem aktuellen Erleben entsprechend zur Entspannung, gelegentlich sogar zur Auflösung von komplexhaft aufgeladenen Konflikten beigetragen hat. Diese »Zerstörung« trägt gleichzeitig bereits wieder in sich den Keim für neue Möglichkeiten. »Ich habe dann wieder alle Bausteine neu zur Verfügung und kann was anderes machen. Manchmal wird es noch schöner, manchmal nicht, aber auf alle Fälle ist es immer anders und dafür muss das Alte kaputt gehen«, so ein neunjähriger kleiner Baumeister.

Manche Gestaltungen scheinen darüber hinaus archetypische Qualitäten zu repräsentieren. Sie gleichen Marksteinen, Hermen, die auf wichtige Positionen sowohl in der individuellen, als auch kollektiven Entwicklung hinweisen. Besonders Kinder haben ein intuitives Gefühl für übergeordnete Bedeutungen. Dann muss das Werk natürlich aufgehoben werden. Nicht selten vergewissern sich die kleinen Künstler immer wieder, ob ihr Werk noch gut verwahrt ist. Allein das Wissen um den unzerstörbaren Wert, der im therapeutischen Rahmen einen sicheren Hort gefunden hat, scheint innere Ressourcen zu mobilisieren.

Freie Gestaltungen sind zumeist nur gleichnishaft zu erfassen und damit zu verstehen. Jedes Symbol verfügt über einen Plus- und einen Minuspol. Darum lassen sich diese Manifestationen des Unbewussten nicht in die üblichen Kategorien von gut oder schlecht, schön oder hässlich einordnen. Sie zu verstehen heißt, auf Bewertung zu verzichten. Sie beeindrucken gerade deshalb, weil sie in einer anrührenden Wahrhaftigkeit »stimmen«.

Auf diese Weise helfen sie, immer neu die verschlungenen Wege zum eigenen Selbst zu entdecken, Tiefen und Untiefen in der eigenen Seele zu erkennen und dadurch die damit verbundenen Ängste zu bewältigen.

Junge Menschen bei diesem konkreten Suchen zu unterstützen und ihnen den wertneutralen Raum anzubieten, den sie gemäß ihrer Gestaltungsfreude für sich nutzen können, heißt, sich ihnen bei ihrer Selbstsuche zur Verfügung zu stellen. Im vertrauensvollen Miteinander sollen neue Wege erprobt werden. Das erfordert Mut, denn nicht selten erweisen sich neue Wege auch als Irrwege und zwingen zu Umkehr und neuer Suchbewegung. Das Ziel ist, sich früher oder später in seiner eigenen Ganzheit zu finden.

Ist dies erreicht, kann sich ein Kind bzw. ein Jugendlicher im Bewusstsein seiner eigenen Kraft verabschieden.

Ein Vierzehnjähriger beschrieb diesen Schritt in einem überzeugenden Bild, als er in der letzten Stunde sagte: »Als ich noch nicht sicher auf den Beinen war, brauchte ich eine Krücke und das waren Sie und sie waren auch ganz brauchbar, um wieder sicher laufen zu können.

Und jetzt sind meine beiden Beine wieder voll belastbar.«»Und dann«, setzte ich fort, »wirfst du die Krücke weg, denn jetzt, wo du sie nicht mehr brauchst, ist sie nur eine unnötige Last.« Das erste und einzige Mal drückte er mir zum Abschied die Hand und ging, ohne sich noch einmal umzuwenden.

Mir fiel, als ich ihm nachblickte, das Wort einer alten Dame ein, die sagte: »Vielleicht schreibe ich irgendwann einmal eine Novelle. Den Titel habe ich schon: ›Immer bleibt einer winkend zurück‹.«

Therapeuten werden immer, wenn sie mit ihren Patienten den ihnen entsprechenden Weg gefunden haben, verlassen. Die Kinder und Jugendlichen blicken nach vorn und gehen freudig gestaltend in ihr eigenes Leben. Und wir schauen ihnen nach und bleiben winkend zurück mit Freude und Wehmut.

Teil III: Sandspiel

Einführung Sandspiel

Vor fast 90 Jahren wurde das Sandspiel, die »World Technique« von Margaret Lowenfeld, zum ersten Mal therapeutisch bei Kindern eingesetzt. Kleines Spielzeug und andere Materialien wurden Kindern zur Verfügung gestellt. Die Kinder konnten in den mit Sand gefüllten Zinkwannen gestalten und dabei Bilderwelten, Szenen, Landschaften und Geschichten entstehen lassen. Es sollte ein Instrument sein, das es dem Kind ermöglicht, seinen emotionalen und mentalen Zustand auszudrücken. Die Spielewelt der Kinder hat sich in den letzten 90 Jahren verändert. Kinder und Jugendliche erschaffen heute virtuell Landschaften, tauchen in mythische Welten ein. Druiden, Hexen, Magier, Heiler aber auch Kämpfer mit unterschiedlichen Ausrüstungen müssen Heldenkämpfe bestehen. Und dennoch legen die Kinder und auch Jugendlichen im Therapieraum die Handys beiseite und lassen sich auf die Welt im Therapieraum ein. Verlockend erscheint ihnen das Spiel mit Sand, Wasser und Spielfiguren. Im schöpferischen Prozess des Spiels können Kinder ihre eigenen Wirkkräfte erleben. Durch die Sicherheit spendende Kontakterfahrung kommen sie in Berührung mit ihren psychischen Zuständen. Es entstehen Momentaufnahmen, die aktuell von Bedeutung sein können. Sie weisen auf Zurückliegendes hin oder geben manchmal den Blick prospektiv in die Zukunft preis. Ob von Kindern nur ein Bild gestaltet wird, oder ob sie längere Sandspielprozesse kreieren, wenn wir uns einlassen auf das Spiel im intermediären Raum, dann findet ein Spiel zwischen Bewusstem und Unbewusstem statt. Neben dem symbolischen Verstehen der Figuren, der Raumaufteilung und der Gestaltungsweise ist die transzendente Funktion, die C. G. Jung beschreibt elementar. Im kindlichen Spiel kann das Kind seine triebhaften und affektiven Bedürfnisse direkt ausdrücken und sich spielend mit der Konfliktbewältigung auseinandersetzen. Kinder, die zu uns kommen, haben den Zugriff zu ihrem schöpferischen Potential meist verloren oder nicht die Möglichkeit bekommen, es zu entfalten. Sie brauchen einen geschützten Raum, der es ihnen ermöglicht, den Zugang zu ihrem Unbewussten zu wagen. Dynamik der Symbole heißt für mich auch, dass die Symbole im intersubjektiven Feld zwischen Kind/Jugendlichem und dem Therapeuten wirken. Sie haben Einfluss auf das Übertragungsgeschehen. In den drei von mir ausgewählten Phasen frühe Bindungsstörung, Latenzzeit und Pubertät ist das therapeutische Sandspiel eine Möglichkeit, Unaussprechbares, Unbewusstes und Traumatisches darzustellen. Die Bilder im Sand liefern uns damit im psychodynamischen Prozess die Möglichkeit, zu sehen, sich berühren zu lassen und darüber zu reflektieren.

10 Das Sandspiel in der Therapie

10.1 Die erste Begegnung mit dem Sand

Wenn Kinder und Jugendliche zum ersten Mal die Praxisräume betreten, in denen sie die Sandspielregale mit unzähligen Figuren und die zwei mit Sand gefüllten Kästen sehen, reagieren sie sehr unterschiedlich. Es gibt Kinder, die ins Staunen geraten und fragen, ob ich den Sand vom Meer mitgebracht habe, der sei ja so fein. Manche erinnern sich an Urlaube oder an Sandkastensituationen und wagen es, die Hände durch den Sand gleiten zu lassen. Andere Kinder stehen ehrfürchtig vor den vielen Figuren und fragen mich, ob ich die alle gekauft habe. Doch es gibt auch Jugendliche, die mit ihrer Gestik und Mimik zu verstehen geben, dass sie die Spielewelt der Kinder schon weit hinter sich gelassen haben. Dennoch riskieren sie immer wieder einen verstohlenen Blick zu den Figuren und machen Kommentare wie:»Ach, mit den Playmobilfiguren habe ich früher auch gespielt.«

Manche Kinder und Jugendliche würdigen die Sandkästen und Regale jedoch keines Blickes, es scheint fast so, als müssten sie sich in Sicherheit bringen. Sie nehmen lieber am Tisch Platz, um den Verlockungen oder ihren Befürchtungen entfliehen zu können. Es gibt aber auch Kinder, die ins Zimmer stürmen, sofort die Figuren aus dem Regal nehmen und dabei wahl- und ziellos mit dem Spielmaterial umgehen. Wir als Therapeuten bangen dann um unser Spielzeug und ärgern uns, wenn an der Steinbock-Figur plötzlich ein Horn fehlt oder die Kinder bei anderen Tieren Schwänze abrupfen.

Sehr verführerisch ist für viele Patienten das Wechselspiel mit nassem und trockenem Sand. Sie fragen sich, ob man die unterschiedlichen Zustände des Sandes vermischen oder sie den Sand zwischen den Kästen auf den Boden rieseln lassen können. Sie erkunden ihn aber auch mit dem Mund, dann knirschen die Zähne. Manchmal landet der Sand bei impulsiven Ausbrüchen aber auch im Zimmer oder auf dem Kopf und im Gesicht der Therapeutin.

Im Sandkasten kann ich Spuren hinterlassen, ich kann Landschaften gestalten, kann Dämme bauen, kann den Sand durch die Hände rieseln lassen. Ich kann Tunnel bauen, ich kann erschaffen und wieder zerstören. Der Sand steht also für physische, aber auch für psychische Substanz. Wenn kleinere Kinder den Sand abfüllen, umfüllen oder sieben, dann arbeiten sie auch mit der Qualität des Überflusses. Sie können die Beschaffenheit und die Menge des Sandes verändern, sie können ihn anhäufen oder herausnehmen. Sie können den Sand mit ihren bloßen Händen oder mit Formen und Figuren wie Baggern und Schaufeln bearbeiten und manchmal auch beackern. In der Verbindung mit Wasser gelingt es den Kindern zudem, unterschiedliche Festigkeiten des Sandes auszuprobieren. Und sie wollen herausfinden, bis zu welchem Sättigungsgrad mit Wasser der Sand überhaupt noch bearbeitbar ist. Oder sie wässern ihn so stark, dass Pfützen, Seen und Meere entstehen und der Sand darin »untergeht«.

10.2 Sandspiel nach M. Lowenfeld, D. Kalff und C. G. Jung

Die englische Kinderärztin Margaret Lowenfeld setzte die »World Technique« 1928 zum ersten Mal therapeutisch ein. Sie sammelte allerlei kleines Spielzeug und andere Materialien aus Holz und Pappe und stellte sie Kindern zur Verfügung. Es gab zwei mit Sand gefüllte Zinkwannen, eine mit trockenem und eine mit nassem Sand. Ihr Anliegen war es, ein Instrument zu entwickeln, das es dem Kind erlaubt, sein mentales und emotionales Befinden ohne Eingreifen eines Erwachsenen auszudrücken. Ihr therapeutisches Ziel beschreibt sie damit, dem Kind dabei zu helfen, etwas hervorzubringen, das für sich alleine Bestand hat und unabhängig von jeder Theorie seiner Natur folgt. Das Kind wird dabei mit seiner eigenen Gefühlswelt konfrontiert, mit seinem Denken und seiner Erinnerung. Lowenfeld war überzeugt, dass das Spiel an sich eine psychische Funktion hat. Kindern gesteht sie damit eine eigene psychische Kompetenz zu (Pattis, 2012).

Dora Kalff traf Margaret Lowenfeld 1956 in Zürich, als sie am C. G. Jung-Institut studierte. Unterstützt von C. G. Jung erlernte sie bei Lowenfeld die Methode der World Technique. In London lernte Kalff wiederum die Psychoanalytiker Donald W. Winnicott und Michael Fordham kennen. In ihrer therapeutischen Arbeit übernahm sie das praktische Tun des Sandspiels, aber sie begriff es zugleich auch als Weg zum Unbewussten. Aus der Analytischen Psychologie übernahm sie das Symbolverständnis von C. G. Jung sowie die Ich-Entwicklungsstufen von Erich Neumann. In Neumanns Ansatz dirigiert das »Selbst« den psychischen Entwicklungsprozess. Es geht um die Manifestation des Selbst, das bei schwacher Ich-Entwicklung wegen mangelnder Betreuung oder traumatischen Erschütterungen gefördert werden muss. Deshalb sollte ein freier und zugleich geschützter Raum innerhalb der Beziehung hergestellt werden. Das Kind sollte sich angenommen fühlen in seiner Not. Dadurch wiederum sollte ein regressiver Prozess möglich werden, in dem frühe Mutter-Kind-Konstellationen entstehen.

»Damit wird eine psychische Situation des In-sich-Ruhens geschaffen, die gleichzeitig alle Kräfte zur Persönlichkeitsentwicklung, sowohl intellektuelle als auch geistige, im Keim enthält.« (Kalff, 2000, S. 9)

Dora Kalffs Arbeit war zudem wesentlich durch die Verbindung mit dem Zen-Buddhismus geprägt. Eine meditative Haltung, ein schweigendes Zuhören und das Erleben des Numinosen sind daher wichtige Bestandteile der Sandspieltherapie. In seinem Buch über diese Therapieform widmet Alexander von Gontard daher ein Kapitel dem Zusammenhang von spirituellen Traditionen und Psychotherapie (Gontard, 2007, S. 120ff).

Der Sandkasten entspricht den Maßen des Goldenen Schnittes (57 × 72 × 7 cm). Gestaltet wird in zwei rechteckigen Kästen auf einem Gestell, einer ist mit trockenem und einer mit feuchtem Sand gefüllt. Im Unterschied zu einem quadratischen Kasten erfordert die rechteckige Form mehr »psychische« Arbeit, um eine Zentrierung zu gestalten. Die Kästen können wie ein Blatt Papier als Projektionsfläche benutzt werden. Der blaue Innenanstrich ermöglicht die Verwendung als Wasserfläche.

Die Auswahl der Figuren hängt auch vom Therapeuten ab. Es sollten Miniaturen sein, die in den Lebens- und Spielewelten der Kinder vorkommen: Tiere, Pflanzen, Menschen, Fahrzeuge, Verkehrssignale, Bauwerke und Material zum Bauen. Ausführliche Sandspielprozesse werden von Dora Kalff beschreiben (Kalff, 2000), von Alexander von Gontard (2007), Ruth Ammann (1989) und von Suzy Gubelmann-Kull (1995), um hier nur einige zu nennen.

Mein Anliegen in diesem Beitrag ist es, anhand von einzelnen Bildern die Jung'sche Deutungsweise aufzuzeigen und damit Bildmaterial für psychodynamische Prozesse hilfreich einzusetzen.

10.3 Die Bedeutung des Sandspiels für psychodynamische Prozesse

Das Menschenbild C. G. Jungs sieht den Menschen in einem umfassenden Sinnzusammenhang, der in schöpferischer Wandlung steht. Der Individuationsprozess wird als dialogischer Prozess verstanden in der Auseinandersetzung zwischen dem Bewusstsein und dem Unbewussten. In den Symbolen vereinigen sich diese Inhalte. Einerseits soll die Einzigartigkeit eines Menschen zum Ausdruck kommen (ein Differenzierungsprozess, der uns ermutigen soll, uns anzunehmen mit den Möglichkeiten und den Schwierigkeiten, die wir haben). Andererseits besteht die Aufgabe der Individuation auch darin, Autonomie zu erlangen, also im »Man-selbst-Werden«. Für Jung ist das psychische System ein sich selbst regulierendes. Das Selbst gilt als Grund und Ursprung der individuellen Persönlichkeit.«

C. G. Jung schreibt:

> »Unter Symbol verstehe ich keineswegs eine Allegorie oder ein bloßes Zeichen, sondern ein Bild, das die nur dunkel geahnte Natur des Geistes bestmöglich bezeichnen soll. Ein Symbol umfasst nicht und erklärt nicht, sondern weist über sich hinaus auf einen noch jenseitigen, unerfasslichen, dunkel geahnten Sinn, der in keinem Worte unserer derzeitigen Sprache sich genügend ausdrücken könnte« (Jung, 1995, GW Bd. 8, S. 383).

Das Symbol zeigt in seiner allgemeingültigen Aussagekraft das archetypische Kernelement. Zwischen unbewussten und bewussten Daten liegt die therapeutische Möglichkeit des Symbols. In diesem Beziehungsfeld liegen die Traumata der Lebensgeschichte. Ebenso kann das Symbol auch auf ein bewusstseinsnahes Geschehen hinweisen. Es steht dann konkret für etwas, was vielleicht erwartet oder gewünscht wird.

> »Die Symbole des Selbst entstehen in der Tiefe des Körpers, sie drücken deshalb sowohl unsere Stofflichkeit aus als auch die Struktur des wahrnehmenden Bewusstseins« (Kast, 1990).

Im schöpferischen Prozess im Sand und in Zusammenhang mit Wasser kann die noch ungeformte Materie einen Zugang zum Unbewussten schaffen. Über den taktilen Schaffensakt wird eine Verbindung zwischen Außen und Innen hergestellt. Dabei sind die Hände das Medium, das innere Bilder und Seinszustände nach außen in die Gestaltung transportiert. Bei genauer Beobachtung sind aber nicht nur die Hände an der Erschaffung eines Sandbildes beteiligt, sondern meist der ganze Körper. Die Atmung kann sich in der Gestaltung verändern, sie kann schneller, flacher, tiefer werden. Die Körperhaltung kann sich verändern, Bewegungen können beobachtet werden: etwa Wiegen oder Hin-und-Herschaukeln. Kinder, die auf dem Zehenstand beginnen, sind meist innerhalb weniger Minuten »geerdet«. Es sind manchmal auch Schmatz- und Schluckgeräusche zu hören, die Gesichtsmimik kann sich im Laufe eines Bildes mehrmals verändern. Pattis (2002) stellte fest, dass im Sandspiel durch eine Regression auf die Körperebene sogar die basalen, angeborenen Reflexe zu sehen sind. Es kann der Saug- und Handgreifreflex, der bei trinkenden Babys im rhythmischen Öffnen und Schließen der Hände im Saugrhythmus entsteht, beobachtet werden.

»*Mit den Händen im Sand sind die Worte anders*« (Pattis, 2002). Wenn es um präverbale und präsymbolische Zustände geht, brauchen wir den Zugang zur Körpersprache. Der Patient kann nicht vom präverbalen Erleben erzählen. Kinder, die zu früh geboren sind, können nicht über die Geräusche des Inkubators berichten, dennoch können bei schöpferischen Gestaltungen im Sand Geräusche auftauchen, die denen des Inkubators ähnlich sind. Denn die frühesten Erlebnisse sind als Muskelverspannungen oder als vegetative Reaktion in den Körper eingeschrieben, im Reptiliengehirn (▶ Kap. 11.1). Somit übernehmen im präverbalen Bereich, in Behandlungen mit Frühstörungsanteilen und traumatischen Ereignissen, die Hände und oftmals der gesamte Körper die Führung und nicht die Sprache. Wenn ein Sandbild fertiggestellt ist, d. h., wenn ein Bearbeiten bis in die tiefsten Schichten erfolgt ist, können Kinder auch auf der vegetativen Körperebene loslassen. Viele Kinder müssen sich nach der Fertigstellung auf der Toilette entleeren. Oftmals wirken sie dann wie befreit, Ballast ist abgeworfen, meist wird dies noch unterstützt durch tiefe, von Entspannung zeugende Seufzer.

Zusammenfassung

Der Sand scheint für Kinder besonders anziehend zu sein. Ob Kinder und Jugendliche beiläufig mit den Händen durch den Sand wischen oder aufwendige Sandbilder gestalten: Sie hinterlassen Spuren. Sie sind Ausdruck eines mentalen und emotionalen Bedürfnisses. Nach dem Symbolverständnis von C. G. Jung vereinigt sich im Symbol Unbewusstes mit Bewusstem. Symbole entstammen der Bilderwelt der Archetypen. Der schöpferische Prozess mit dem Sand kann einen Zugang zum Unbewussten schaffen. Über die Sinneswahrnehmung, insbesondere der taktilen Wahrnehmung ist meist der gesamte Körper am Gestaltungsprozess beteiligt. Vor allem bei der Regression auf die Körperebene zeigt sich im präverbalen Bereich, bei Frühstörungsanteilen und bei traumatischen Ereignissen, dass dem gesamten Körper (insbesondere den Händen) eine zentrale Rolle im Sandspiel zukommt. Diese wird vom Therapeuten im Übertragungsgeschehen wahrgenommen.

Literatur zur vertiefenden Lektüre

Hopf, H., Burcharzt A. & Lutz, C. (2016). Psychodynamische Therapien mit Kindern, Jugendlichen und jungen Erwachsenen. Stuttgart: Kohlhammer
Rosetti-Gsell, V. (1998). Spielen – Sprache der kindlichen Seele. Freiburg: Herder.
Gubelmann-Kull, S. (1995). Ein Ich wächst aus Bewusstseinsinseln. Reifungsschritte in der Sandspieltherapie. Solothurn. Düsseldorf: Walter.
Deutsche Gesellschaft für Sandspieltherapie e. V. (DGST), Schweizerische Gesellschaft für Sandspieltherapie e. V. (SGSST) (Hrsg.). Sandspiel-Therapie: Zeitschrift für Wissenschaft und Praxis einer Heilmethode.
Dammasch, F. & Teising, M. (Hrsg.) (2013). Das modernisierte Kind. Frankfurt: Brandes & Apsel.

Weiterführende Fragen

- Worin unterscheidet sich das Spiel im Sand vom therapeutischen Sandspiel?
- Das Sandspiel wurde vor ca. 90 Jahren zum ersten Mal therapeutisch eingesetzt. Welche Sandspielfiguren möchten heutige Kinder und Jugendliche nicht missen?
- Warum hat die Berührung mit dem Material Sand eine besondere Bedeutung?

11 Sandspiel im Rahmen der psychodynamischen Therapie – ein phasenspezifischer Blick

11.1 Das Sandspiel bei frühkindlichen Bindungsstörungen und Ängsten

Prä- und perinatale Erfahrungen des Kindes wirken sich auf seine Entwicklung aus. Um die Vorgänge besser verstehen zu können, bietet es sich an, die neuroaffektiven Erkenntnisse mit heranzuziehen, um die präverbalen Interaktionen und Gestaltungen besser einordnen zu können. Bereits vor der Geburt ist ein Teil des Gehirns, primär das Reptiliengehirn, bestehend aus autonomem Nervensystem, Stammhirn und parietalem Cortex, das die elementare Lebensenergie und die Körperempfindungen reguliert, aktiv. Einige Monate später bildet sich die limbisch-emotionale Ebene einschließlich der emotionalen Interaktionserwartungen heraus. Etwa im Alter von neun Monaten bildet sich der ausgeprägte präfrontale Cortex, von dem die bewusste Impulskontrolle ausgeht. Verläuft die Entwicklung normal, so entsteht zwischen diesen drei Hirnregionen eine fein abgestimmte Integration, der präfrontale Cortex entwickelt dabei die Fähigkeit zur Mentalisierung (hierzu gehört auch das Vermögen, sich in die Gefühle anderer hineinversetzen zu können) (Bentzen, 2016).

Das seelische Gleichgewicht kann durch Stress und traumatische Erfahrungen erheblich beeinträchtigt werden. Im limbischen System werden alle Wahrnehmungen und Empfindungen dauerhaft gespeichert. Dies geschieht nicht durch unsere kognitive Erinnerungs- und Informationsfähigkeit, die sich erst später entwickelt. Eine traumatische Geburt unter Einfluss von Taubheit und Toxizität einer Narkose wird über das limbische System gespeichert. Ebenso können Babys durch den Druck der uterinen Kontraktionen und der Knochen des mütterlichen Beckens auf den fötalen Schädel viel Stress erfahren. Zudem kann die Sauerstoffzufuhr abgeschnitten sein, wenn durch die Kontraktionen die Nabelschnur zusammengedrückt wird oder um den Hals liegt. Je länger Babys unter Stress stehen, desto eher erleben sie ihn als traumatisch. Unter Stress werden Stresshormone wie Adrenalin und Noradrenalin ausgeschüttet. Stresssituationen werden dann als traumatisch erlebt, wenn die Schwelle des Ertragens überschritten wird. Ein Trauma hinterlässt uns verändert und unverbunden mit unserem Körper, wir fühlen uns hilflos und hoffnungslos (Levine, 2015).

Nun ist eine Geburt für ein Kind immer Stress und Trauma. Babys können diesen Prozess als Kräftigung erleben und die Erfahrung der Geburt integrieren. Doch aus sich heraus können Babys die Integration nicht vollziehen. Dazu brauchen sie die empathische Unterstützung von Personen, idealiter der Eltern, die wissen, was sie durchgestanden haben. Selbst wenn Babys ihr Trauma über ihren Körper oder die Sprache ausdrücken, ist es für Eltern, Umsorgende oder Ärzte häufig schwierig, es zu erkennen und empathisch darauf zu reagieren. Oftmals neigen wir daher dazu, die Erfahrungen der Babys zu missachten (Tonetti-Vladimirova, 2015).

Hier nun setzt die Bindungstheorie an: Der Mensch besitzt ein biologisch angelegtes Bindungssystem, es wird aktiv, sobald eine äußere oder innere Gefahr lauert. Wenn die Gefahr nicht aus eigener Kraft behoben werden kann, wendet sich das Kind an die Person, zu der es eine Bindung hat. Es bilden sich frühe Bindungsmuster heraus, die in ihrer Grundstruktur annähernd konstant bleiben. Somit ist die Bindung an eine Person, die Schutz und Fürsorge bietet, von lebenserhaltender Bedeutung. In der Bindungsforschung haben sich Bowlby und Ainsworth (Brisch, 1999) mit den Bindungsqualitäten und deren Folgen beschäftigt. Die Feinfühligkeit der Bindungsperson gibt Auskunft darüber, wie gut sie die Signale des Säuglings und des Kindes versteht und übersetzen kann, d.h., die Bedürfnisse des Kindes müssen verstanden und entsprechend befriedigt werden. Die Bindungsqualität konnte über die »strange situation«, d.h., über eine fremde Situation festgestellt werden. Trennungssituationen von Mutter und Kind werden hergestellt und beobachtet. Dabei konnten folgende Klassifikationen vorgenommen werden: Das sicher gebundene Kind (»secure«), das auf die Abwesenheit der Mutter mit Suchen und schließlich mit Weinen reagiert. Wenn die Mutter wiederkommt, freut sich das Kind, und will getröstet werden über den Körperkontakt mit der Mutter. Das unsichervermeidend gebundene Kind (»avoidant«) reagiert mit wenig Protest auf die Trennung, zeigt kein deutliches Bindungsverhalten. Es spielt weiter. Auf das Wiederauftauchen der Mutter reagiert es mit Ablehnung und will nicht auf den Arm genommen werden. Unsicher-ambivalent gebundene Kinder (»ambivalent«) zeigen nach der Trennung den größten Stress und weinen heftig. Nach der Rückkehr der Mutter können sie kaum beruhigt werden. Sie können oft kaum ins Spiel zurückfinden. Wenn sie auf dem Arm der Mutter sind, drücken sie die Ambivalenz aus: Einerseits wollen sie den Körperkontakt, gleichzeitig strampeln sie und stoßen sich von der Mutter ab. Kinder mit desorganisiertem Verhaltensmuster laufen der Mutter hinterher, bleiben auf halbem Weg stehen und »frieren« ein (freezing). Sie haben hohe Stresswerte. Es wird davon ausgegangen, dass diese Verhaltensweise häufig bei traumatisierten Kindern vorkommt (Frühgeborene, traumatische Erfahrungen mit Trennung und Verlust). Nicht zuletzt ist es wichtig, wie die Bindungsrepräsentation der Eltern aussieht. Denn nicht alle Frühchen oder Säuglinge mit Geburtsbeeinträchtigungen und traumatischen Erfahrungen entwickeln Bindungsstörungen. Sehr verkürzt dargestellt lässt sich die Bindungsrepräsentation der Eltern in vier Stufen einteilen: Sicher organisierte innere Repräsentation mit einer wertschätzenden Einstellung zur Bindung (»free autonomous«); die unsicher-vermeidend organisierte innere Repräsentation mit einer abwertenden Einstellung zu Bindung (»dismissing«); die dritte Stufe ist die unsicher-ambivalent organisierte innere Repräsentanz mit einer verstrickten Einstellung zur Bindung (»enmeshed, preoccupied«); die vierte Stufe beschreibt eine unsicher organisierte innere Repräsentation der Bindung mit ungelöstem Trauma und/oder Verlust (»unresolved trauma of loss«). Auch spielen transgenerationale Weitergaben der Bindungsmuster eine wesentliche Rolle. Es wirken also verschiedene äußere und innere Faktoren auf die Entwicklung eines Kindes ein. Studien zur emotionalen Stabilität und Belastbarkeit von Kindern aus der Resilienzforschung kommen zu dem Schluss, dass die Existenz zumin-

11 Sandspiel im Rahmen der psychodynamischen Therapie

dest einer verfügbaren Bezugsperson einen Schutzfaktor darstellt und verhindern kann, dass ein Kind unter einer Risikobelastung dekompensiert und im weiteren Verlauf Symptome entwickelt (Brisch, 1999). Psychodynamische Modelle gehen davon aus, dass sich der Säugling an die Person bindet, die ihn füttert, beschützt und bemuttert. Die Bindung des Kindes zur Mutter entsteht über die Konstanz des libidinösen Objekts. René Spitz erklärte 1957 erstmals, wie sich längere Trennungen auf die motorische, kognitive und emotionale Entwicklung auswirken (Spitz, 1973).

Winnicott beschreibt in seiner Objektbeziehungstheorie, dass es einen Säugling allein für sich ohne Mutter auf der Welt nicht gibt. Für eine optimale Entwicklung des Selbstwerts ist der Säugling darauf angewiesen, von der Mutter affektiv gespiegelt zu werden. Für die Herstellung der Bindung braucht es eine ausreichend gute Bemutterung (»good enough mothering«) und eine »haltende Funktion« (»holding function«) sowohl real als auch intrapsychisch (Winnicott, 1976).

Wie nun erkennen wir neben der geschilderten Symptomatik der Eltern oder Erzieherinnen, wie eine frühe Situation ausgesehen haben mag bzw. was in dem Kind vorgegangen sein muss? Und können wir Rückschlüsse ziehen von dem Bildmaterial zu den jeweiligen Lebensabschnitten? Michael Fordham war neben Fraces G. Wickes einer der ersten Analytiker Jung'scher Schule, der sich der Kinderanalyse widmete.

»Wenn beide, Rekonstruktion und Erinnerung, benutzt werden, so besteht die Möglichkeit, sich ein Bild von einer bestimmten Phase im Säuglingsalter oder in der späteren Kindheit zu machen, das so genau zur psychischen Struktur des Patienten passt, dass es Überzeugungskraft besitzt.« (Fordham, 1974, S. 87)

Auch E. Neumann hat bereits in den 1950er-Jahren u. a. Bilder von Sandspielsequenzen und gemalte Bilder untersucht und hat daraus »archetypische Stadien der Entwicklung« des menschlichen Bewusstseins entwickelt (Neumann, 1980), auf die sich auch Dora Kalff stützt.

In den folgenden Sandbildern bekommen wir Hinweise darauf, dass die frühe Situation des Säuglings intrauterin bzw. nach der Geburt erheblich beeinträchtigt war. Wenn wir als Therapeutinnen diese Bilder und deren Entstehung entschlüsseln und sie mit dem Kind aushalten und annehmen, tragen wir dazu bei, traumatische Engramme zu verändern.

11.1.1 Den Rhythmus finden

Ein 5-Jähriger Junge kommt zum ersten Mal in den Behandlungsraum, kann die Mutter nicht loslassen. Zwei Sandkästen stehen nebeneinander. Er weist der Mutter den linken Sandkasten zu und steht selbst vor dem anderen Kasten, hält mit der linken Hand zu Beginn noch den Arm der Mutter. Der Junge nimmt von mir keine Notiz. Ich sitze schräg hinter ihm, fühle mich ausgeschlossen aus dem Beziehungsgeschehen und bleibe erst mal Beobachterin. Der Junge wird mir vorgestellt als sehr unruhiges Kind, das sich nicht an Regeln halten und nicht spielen kann und das Schlafstörungen hat. Es müsste eigentlich in die Schule, wirke aber noch nicht reif dafür.

Der Junge bewegt den Sand in Wellen vor und zurück, zunächst mit einer Hand, dann mit beiden Händen. Nach einer ganzen Weile variiert er die Situation: Er versteckt Holzstücke im Sand und lässt sie wieder von den Sandwellen, die er erzeugt, bedecken. Es bleibt die immer gleiche Bewegung: »hin und her«. Ich sitze daneben und werde reduziert auf meinen Körper und meine Wahrnehmung. Irgendwann entsteht ein wellenartiger Impuls in mir, der den Atemrhythmus aufnimmt: »ein und aus« – »hin und her«. Der Junge geht in dieser Bewegung auf, variiert noch einige Male sein Spiel und wirkt sehr ruhig. Später erfahre ich, dass er zu früh geboren und in ein anderes Krankenhaus gebracht wurde, weil die Frühchen-Station der Klinik nicht besetzt war. Das Baby war daher für zwei Tage getrennt von der Mutter, die sich einer Sectio unterziehen musste. Auch der Vater konnte das Baby erst am nächsten Tag besuchen. In dieser ersten Sandspielsequenz hat der Junge zwei wesentliche Bereiche angesprochen: Zum einen die Trennungsproblematik mit der Mutter. Besonders schön ist hier, dass der Junge ihr einen Sandkasten zuspricht (die Mutter litt extrem unter dieser traumatischen Trennung, in den folgenden Monaten entwickelte sie

eine Angststörung). Auch der Mutter hat die Rhythmisierung gutgetan, denn diese hat in der ersten Zeit gefehlt. Sobald die Sicherheit des Sandkastens und die Verbindung zur Mutter durch den Händedruck gesichert ist und das triangulierende Objekt in Person der Therapeutin stellvertretend für den Vater dazukommt, kann das Kind seinen Atem- und Spielrhythmus finden und sich beruhigen.
Der zweite wesentliche Bereich ist der intersubjektive Raum. Wie findet das Kind ins Spiel?

Eine wesentliche Voraussetzung für das kindliche Spiel ist die haltende und Sicherheit spendende Kontakterfahrung. Kinder, die noch nicht die Fähigkeiten zur Symbolisierung ausgebildet haben, müssen noch Beziehungserfahrungen sammeln.

»*Psychotherapie geschieht dort, wo zwei Bereiche des Spielens sich überschneiden: der des Patienten und der des Therapeuten. Psychotherapie hat mit zwei Menschen zu tun, die miteinander spielen. Hieraus folgt, dass die Arbeit des Therapeuten dort, wo Spiel nicht möglich ist, darauf ausgerichtet ist, den Patienten aus einem Zustand, in dem er nicht spielen kann, in einen Zustand zu bringen, in dem er zu spielen imstande ist.*« (Winnicott, 1973, S. 49)

Das Spiel ist Handeln und Handeln braucht Zeit. Das Spiel führt zur Erregung, es ist mit einem Wagnis verbunden, das sich aus dem Zusammenwirken von innerer Realität und dem Erleben der Kontrolle über reale Objekte ergibt. In einer frühen Situation macht das Kind die »Omnipotenz-Erfahrung«. Eltern und Kinder spielen das intermediäre Spiel. Das Kleinkind ist zunächst verschmolzen mit dem Objekt, die Mutter (Vater) »bietet an«, das Kind »findet« (hin und her). Das Spiel führt zur Erregung und diese führt zur magischen Vorstellung.

Das Spiel ist somit eine schöpferische Erfahrung, eine Erfahrung im Kontinuum von Raum und Zeit, eine Grundform des Lebens. Das Wagnis des Spiels besteht aus der Grenzerfahrung zwischen subjektiver und objektiver Wahrnehmung.

Im folgenden Bildmaterial sehen wir, wie frühe Bindungsstörungen mit narzisstischen Wutausbrüchen im Sand dargestellt und gewandelt werden können.

11.1.2 Zerstörerische Wutausbrüche

Ein retardiert wirkender 8-jähriger Junge wurde mir vorgestellt. Er war in einer Tageseinrichtung untergebracht (Hilfe zur Erziehung). Der Junge litt unter aggressiven Impulsdurchbrüchen und geringer Frustrationstoleranz. Die impulsiven Wutausbrüche entluden sich an Erzieherinnen, Lehrerinnen oder am Mobiliar. Auch ich bangte zu Beginn um meine neue Brille und sagte ihm dies auch. Daher mussten wir vor einer Therapiestunde immer klären, ob ich an diesem Tag meine alte »Schutzbrille« aufsetzen müsse. Wir klärten auf diese Weise also, ob wieder mit einem Aggressionsausbruch zu rechnen war. Zur Biografie kann angemerkt werden, dass die Mutter, die eine Borderline-Struktur aufwies, im sechsten Schwangerschaftsmonat ohne Vorzeichen vom Vater verlassen wurde. Am Tag der Geburt wurde dieser zudem für vier Jahre inhaftiert, weil er die Nichte vergewaltigt hatte. Die Mutter war von Beginn an psychisch überfordert, sodass sich frühzeitig Anzeichen einer Bindungsstörung zeigten.

Hier bietet das Sandspiel dem Kind in einem Halt gebenden Rahmen mit Unterstützung des Sandkastens die Chance, die abgespaltenen Anteile auf den Sand zu projizieren. Denn der Sand ist neutraler als eine Therapeutin. Bei destruktiven Anteilen, wie wir hier vermuten können, bedeutet der Sandkasten mit seiner Begrenzung einen Schutz vor überbordender Aggression. Wenn zerstörerische Affekte im Sandkasten gehalten werden können, kann die Therapeutin für das Kind als gutes Objekt bestehen bleiben. Denn hier zeigt das Kind die zerstörerische Aktivität, um seine Urangst und sein Urmisstrauen abzuwehren.

Der Junge nimmt die Einladung an, im Sand zu arbeiten. Er häuft den gesamten Sand des trockenen Sandkastens in der Mitte zum Berg auf und erklärt, dies sei der Vulkan. Es kommt bei ihm zur Entladung, er will auch unbedingt die Lavaströme zeigen. Also nimmt er leuchtend rotes Papier und gestaltet mit drei Streifen seine dicken Lavaströme.

Wenn wir uns das Bild des Vulkans (▶ Bild 30) vor Augen halten, so wird deutlich, wie der Junge mit dieser Gestaltung im Sand seinen Seelenzustand nicht besser hätte ausdrücken können. Vulkane sind die Öffnungen in der Erdkruste, durch die geschmolzenes Gestein aus dem Erdinnern an die Oberfläche tritt. Das glühende Magma tritt aus und ergießt sich in Lavaströmen, es kann explosionsartig herausgeschleudert werden. Auch tritt bei Vulkanausbrüchen Gas aus, wodurch der Überdruck im Erdinneren reguliert wird (Überdruckventil). Diese Naturgewalten lassen sich nicht stoppen, aber man kann lernen, die Zeichen wahrzunehmen und entsprechend zu reagieren.

Wir können nur erahnen, welchen Erschütterungen dieser Junge im Inneren ausgesetzt war und welchen energetischen Spannungen. Er lief zu Beginn der Therapie lange Zeit auf Zehenspitzen durch den Raum und konnte sich nicht auf eine Spielsituation einlassen. Sein ganzer Körper wirkte wie unter Hochspannung, also hochexplosiv. Über die Gestaltung im Sand konnte er verstehen, was passiert und wie erleichternd es sein muss, wenn es zur Explosion kommt, das Gas entweicht und die Lava zu fließen beginnt. Das Motiv des Vulkans kommt hier einem archetypischen Bild gleich. Welche Kraft muss aus dem Erdinnern kommen, dass sie in der Lage ist, aus dem Stein mithilfe des Feuergottes (»vulcanus«, der römische Feuergott und der Gott des Schmiedens) flüssige Lava zu machen und die Landschaft entweder zu zerstören und/oder neu zu gestalten. Tröstlich für den Jungen schien zu sein, dass wir zwar die Ausbrüche nicht verhindern können, sie mithilfe von Rauchzeichen und Messungen aber im Voraus erkennen können. Dies konnte der Junge für sich annehmen und sich in dem Bild des Vulkans wiederfinden. Auf die Rauchzeichen achten zu müssen, bedeutete für ihn auch zu erkennen, was die Auslöser für einen Ausbruch sind und wie er sich selbst in Sicherheit bringen kann, um sich und seine Umwelt nicht zu zerstören. Der Aspekt des Archetyps, der zweipolig angelegt und letztlich wertneutral ist, hilft hier zu verstehen, dass ein Vulkanausbruch auch ein Bild für die kollektive Angst vor Naturgewalten darstellt. Hier kann sich der Junge auch selbst finden, indem er nicht alleine bleiben muss mit seiner großen Angst.

Im Bild erscheinen drei rote Lavaströme. Mit der Drei kann vielleicht das ursprüngliche Zählen aus der Synthese von zwei und eins ausgedrückt werden. Das Kind ist das Dritte aus dem männlichen und weiblichen Prinzip. Bei dem Jungen kann vermutet werden, dass die Vater-Mutter-Kind-Einheit sehr defizitär und zerstörerisch von ihm wahrgenommen wurde. Deshalb bringt das energetisch aufgeladene Rot hier einerseits sicher die Not zum Ausdruck, aber auch die Sehnsucht nach einer Wandlung (Schliephacke, 1979).

Wie Zerstörung in Tatkraft gewandelt werden kann

Abb. 13 Der Tunnelbau eines 9-jährigen Jungen

Vierzehn Monate später entsteht dieses Bild (▶ Abb. 13). Wieder gestaltet der Junge einen Berg in der Mitte des Sandkastens, dieses Mal allerdings im feuchten Sand. Er gräbt durch die Mitte des Bergs einen Tunnel, durch den er ein Auto fahren lassen kann. Er ist unglaublich stolz, dass sein Tunnel hält und das Auto frei durchfahren kann.

Der trockene Sand hat nach Senges (2001) einen anderen Aufforderungscharakter als der feuchte Sand. Der trockene Sand ist weicher, zarter, flüchtiger, man kann mit wenig Kraftaufwand mit ihm spielen, kann feine Linien zeichnen, Konturen formen. Dagegen ist der feuchte Sand fester, massiger, er drückt Gestaltungsfreude, Tatkraft und Entschlussfreude aus. Man kann klopfen, graben, aushöhlen, auftürmen, drücken, matschen, er wird eher der Erde zugeordnet und dem körperlichen Bereich. Hier können wir festhalten, dass der Junge beide Prinzipien – also trockenen und feuchten Sand – als elementare Gegensätze eingesetzt hat. Im ersten Bild (▶ Bild 30) bildet der trockene Sand eher die Grundlage für die noch nicht geerdete, flüchtige Energie. Obwohl ein Vulkan dargestellt wird, wirkt der Sandberg fragil. Im zweiten Bild (▶ Abb. 13) dagegen baut der Junge mit seiner ganzen Tatkraft an seinem Berg, den er mühsam und mit viel Achtsamkeit durchgräbt. Es kann davon ausgegangen werden, dass bei dem Jungen eine Erdung eingesetzt hat. Es ist ein Boden, eine tragende Struktur entstanden, die nun bearbeitet werden kann. Der Berg entspricht symbolisch der Erde und damit dem Weiblichen. Für den Vulkan würde das im übertragenen Sinn auch bedeuten, dass die Auseinandersetzung mit dem Mutterarchetyp anstand: Der negative Pol mit dem Zerstörenden und Vernichtenden von Wachstum, aber auch das spendende und bergende Prinzip. Der Junge ist den Ängsten um den Vulkanausbruch ausgeliefert, die Lavaströme können nicht geformt werden.

Im zweiten Bild (▶ Abb. 13) erschafft der Junge mit seinen Wirkkräften einen Berg, den er glättet und prüft, ob er stabil genug ist, um bearbeitet zu werden. Nun kommt das männliche Prinzip hinzu: Jetzt wird Licht in den Berg gebracht. Die Hand kann durchgestreckt werden, schließlich fährt ein Auto hindurch. Der Junge muss sich nun nicht mehr seinen Urängsten ausgeliefert fühlen, stattdessen kann er aktiv verändern, bauen, erschaffen und schließlich mit Freude einen weiteren autonomen Schritt wagen: Ein Auto fährt durch den Tunnel. Im zweiten Bild taucht die Zahl drei in Form der Dimensionen auf. Länge, Breite und die Tiefe machen den Raum aus und ermöglichen einen räumlichen Charakter, der mit den Sinnen wahrgenommen werden kann. Besonderes Augenmerk sollte man auf die neu gewonnene Tiefe legen. Von »unten« nach »oben« im Bild oder von »vorne« nach

»hinten« verläuft der Tunnel. Der vordere Bereich ist der subjektnahe Bereich, der Erdhaftes, Körperliches und Materielles ausdrückt. Der hintere Bereich ist der subjektferne Bereich, der eher Himmel, Luft und Geist symbolisiert und auch weniger aktuelle Themen ausdrückt (Senges in Gontard, 2007). Es ist dem Jungen hier gelungen, eine Verbindung zwischen dem körperlich-erdhaften und dem geistigen Prinzip herzustellen.

11.1.3 Die Drachen wollen gefüttert werden

Ein 5-jähriger Junge leidet aufgrund einer Regulationsstörung auf dem Boden einer Bindungsstörung mit Trennungsängsten unter impulsiven Durchbrüchen und motorischer Unruhe. Er kann kaum im Kindergarten betreut werden, weil er nicht in der Gruppe spielen kann. Es hat einige Zeit gedauert, bis das Sandbild (▶ Bild 31) entstehen konnte. Denn zunächst war es ein schwieriges Unterfangen, dem Jungen zwischen Grenzziehung und Einhaltung des Regelwerkes (keine Zerstörung des Spielzeugs, Akzeptanz der Sandkastengrenze) ein Halt gebendes Angenommensein zu vermitteln. Und damit eine Hilfs-Funktion für ihn zu übernehmen, um Sicherheit und Schutz gewährleistende Grenzen für ihn erfahrbar zu machen. Der notwendige sichere Rahmen war immer wieder in Gefahr durch sein impulsiv-zerstörerisches Spiel- und Beziehungsgeschehen. Dennoch fand sich ein Symbol, das die Therapie wie einen roten Faden durchzog. Der Junge wusste alles über Dinosaurier. Er konnte alle Namen und Daten aufzählen. Vermutlich hat er schon viele Geschichten, Hörspiele und Filme dazu gesehen und gehört. Der Junge schien dieses Wissen wie einen Schwamm aufzusaugen. Doch auf meine Frage, ob wir die Dinos füttern sollten, hielt er mir einen Vortrag über Pflanzen- und Fleischfresser und meinte abfällig: »Du weißt wohl gar nicht Bescheid, das ist doch ein dummes Spiel.« Dieser Junge hat noch nie in einem Sandkasten gespielt, weil er andere Kinder nur mit Sand bewarf und somit kein Spiel entstehen konnte. Über Wochen, auch wenn der Junge es zunächst albern fand, wurden die Dinos im Sand gefüttert (man konnte ihnen tatsächlich rote Steinchen in den Mund stecken).

11 Sandspiel im Rahmen der psychodynamischen Therapie

Über die symbolische Handlung, die Tiere zu füttern, konnte das orale Defizit bearbeitet werden. Damit entstand für den Jungen mehr Bindungssicherheit. In seinem Sandbild zeigt er vermutlich seine frühe Bindungssituation. Auffällig scheint hier die Insel, die aus mit Wasser durchtränktem Sand hergestellt wurde. Sie ist ins Bildzentrum gerückt. In Schöpfungsmythen stellen Inseln die Anfänge des Bewusstseins dar, *»kleine verwundbare, vom Grunde der kosmischen See aufgeworfene Flecken Erde, die leicht wieder versinken können. Die Insel kann den Ort eines psychischen Einflusses symbolisieren, der eine Person von der größten Vitalität in ihr selbst isoliert. Sie kann aber auch den ungeahnten unverletzlichen Raum darstellen, in dem der Schatz des Selbst gefunden wird.«* (Ronnberg, 2011)

Wenn wir die Anordnung der Dinosaurier mitbetrachten, fällt die Beziehungslosigkeit der Tiere auf. Vier größere Dinos platzieren sich auf der Insel, unbezogen, ohne Nahrungsgrundlage. Drei kleine Dinos sind als kleine Gruppe im oberen hinteren Bildausschnitt zu erkennen. Sie wirken wie suchende, schreiende Kinder. Inmitten der Dino-Anordnung ist ein Skelett halb vergraben und Skelettteile liegen verstreut über den Inselrand. Auf dieser Insel scheint es keine Nahrung für die Dinosaurier zu geben, auch bleibt im Bild unklar, ob die Insel hält oder ob sie sich im Wasser auflöst.

Dora Kalffs Erfahrungen mit dem Sandspiel deckten sich mit Erich Neumanns Theorie der Ich-Entwicklung. Am Anfang steht die phallisch-chtonische Ich-Stufe, die zunächst vegetativ und allmählich in animalischen Gestaltungen sichtbar wird. Wobei Neumann bei der Bezeichnung phallisch von der lateinischen Bedeutung des Phallus als dem »fascinum«, das eigentlich Faszinierende ausgeht. Es geht hier also nicht um ein sexual betontes Ich, sondern um Ich-Aktivitäten, die weitgehend von der Körperganzheit, Körperbetontheit und der Körpererfahrung abhängen. Neumann geht davon aus, dass das Kind mit der Großen Mutter der Urbeziehung so verbunden ist, dass sein Ich noch nicht eigenständig ist, sondern wie in der Mythologie als »Trabant« der Großen Mutter, als ein zu ihr Gehörendes und von ihr Dirigiertes erscheint. (Neumann, 1980, S. 155). Selbst wenn die moderne Säuglingsforschung von einem kompetenteren Säugling ausgeht, scheinen die von Neumann beschriebenen Vorgänge bezüglich der Ich-Entwicklung auch neuen Befunden an dieser Stelle nicht zu widersprechen (Jacoby, 1998). Wenn es nun in den Anfängen des Kindseins Irritationen, Bindungsunsicherheiten, Trennungen oder Traumata gibt, schreibt Neumann, kommt dies für den Säugling einem Verlust des Lebens gleich. Dabei meint er nicht nur die personale Mutter, sondern auch das Mütterliche als das existenznotwendige Fundament des Lebens. Die Mutter der Urbeziehung ist die »Große Mutter«, als Erhaltende, Nährende, Schützende, Wärmende und als affektiv verbundenes Wesen der psychischen und physischen Welt (Neumann, 1980, S. 23).

Wir können nun anhand dieses Sandbildes nachvollziehen, wie sich Urängste und Urmisstrauen ausdrücken können. Der Boden ist unsicher, die Beziehungen scheinen bedrohlich. Dennoch zeigt dieses Bild auch mit der Wahl der Tiere die Urkraft, die in diesen Tieren steckte. Scheinbar furchtlose Riesen beherrschen Wasser, Luft und Landbereiche. Ist es für einen Jungen mit diesen Defiziten nicht verständlich, sich übernatürliche, sagenumwobene Riesen als Projektionshilfe auszusuchen? Die Dinos können zur Gattung der Drachen gezählt werden. Die Drachen sind Sinnbild einer urtümlichen, negativen Macht, es ist die alte Mutter, die furchtbar wird, weil sie jungen Kräften keine Freiheit gibt. Es ist eine entwicklungsfeindliche Tendenz in den tiefsten Schichten der Seele. Wer ihr aber den Schatz abringen kann, erfährt einen großen Kräftezuwachs und beglückenden Seelengewinn (Schliephake, 1979, S. 15).

Wenn Kinder uns diese Bilder schenken und uns ihr frühes Ungehaltensein zeigen, gilt es, dieses kostbare Bildmaterial anzunehmen und es als Versuch zu verstehen, eine Umwandlung mithilfe des Sandkastens, der Gestaltung und der Therapeutin zu phantasieren.

11.1.4 Uroborus

In der nächsten Sandspielgestaltung (▶ Bild 32) zeigt ein 11-jähriger Junge ein Bild, das zum Staunen einlädt, wenn wir die Hintergrunddaten wissen. Die Mutter litt ab dem 7. Schwangerschaftsmonat unter einer Schwangerschaftsgestose. Der Junge wurde mit einem Gewicht von 1 100 Gramm und einer Länge von 40 Zentimetern geboren. Die Mutter bekam ein Lungenödem und wurde auf die In-

tensivstation verlegt. Der kleine Patient musste im Inkubator beatmet werden und erhielt Sondenkost. Die Mutter konnte ihren Sohn erst nach fünf Tagen sehen. Zum Glück konnte der Vater den Jungen »känguruhen«, d. h., das Frühchen meist stundenweise auf dem Bauch der Eltern halten. Die Mutter war nicht auf die frühe Geburt vorbereitet und schilderte, dass sie mit der Gesamtsituation überfordert gewesen sei und anfangs keine Beziehung aufbauen konnte. Sie könne ihn bis heute nicht loslassen und hätte von Anfang an ihre Angst um das Kind durch Überfürsorge kompensiert.

Das Kind zeigte folgende Symptomatik: Es ließ sich nicht anfassen, litt unter einer spastischen Bronchitis, es ist kleinwüchsig. Große Ängste entwickelte der Junge bei Schritten in die Autonomie, er konnte keine Wege allein zurücklegen, musste immer begleitet werden. Gleichzeitig verhielt er sich sehr aggressiv, zeigte Zerstörungswut und heftige Rivalitätsreaktionen seinem fünf Jahre jüngeren Bruder gegenüber. Er hatte wenig Selbstvertrauen, hielt sich für dumm und ungewollt. Eine Tic-Störung begleitete sein Verhalten: Er zwinkerte mit den Augen und kaute an den Nägeln.

Im Sand fällt wieder die Zentrierung auf, es wird ein Bild gestaltet, das einer energetischen Komprimierung gleicht. Der vordere Teil des Sandkastens wirkt leer, der Sand ist weggestrichen, sodass das Blau des Kastens auftaucht. Das aktuell Bedeutsame, das Erdhafte, das Materielle wird im vorderen Teil des Kastens ausgedrückt. Wir können entweder Leere, einen See oder Fluss vermuten. Doch scheint sich die Energie auf das »Hinten« zu fokussieren. Das bedeutet, dass das Thema eher eines des Unbewussten zu sein scheint. Das Gesamtbild deutet auf ein Bild hin, das der frühen Bindungsphase zuzuordnen ist.

Besonderes Augenmerk möchte ich auf die Polarität der Symbole legen. Es gibt in der symbolischen Bedeutung immer einen negativen und einen positiven Bedeutungspol.

Der thronende Fliegenpilz kann auf die frühe Vergiftungserfahrung (Gestose) hinweisen, aber auch auf die nun folgende Überbehütung, die oftmals ebenfalls giftig wirkt. Ein anderer Aspekt ist die Schönheit und die Leuchtkraft des Fliegenpilzes. Es geht eine besondere Anziehung von ihm aus.

Das Krokodil steht für das Schwellenwesen, das häufig wegen seines Maules mit dem Urschlamm der Großen Mutter assoziiert wird. Krokodile bauen Nester und legen Eier. Sie rollen die Eier behutsam im Maul hin und her, bis die Jungen schlüpfen. Wer ein Krokodil träge am Fluss liegen sah und mitbekommen hat, wie überraschend es auf einmal seine Beute schnappen kann, kann sich die Angst vor dem Überraschungsangriff vorstellen. Einerseits ist es abschreckend durch den Panzer, der an Urtiere erinnert, gefährlich durch die Beißkraft und letztlich sehr fürsorglich mit dem eigenen Nachwuchs. Der Junge schwankt in seinem Verhalten von ängstlich, abwehrend bis impulsiv aggressiv. Auch im therapeutischen Geschehen war das krokodilhafte, das blitzartige Zupacken zu spüren, wenn er beschlossen hat, dass er jetzt geht, obwohl er zuvor versunken war in die Gestaltung eines Sandbildes, das er mit Hingabe entwickeln konnte.

Ein Skelett versteckt sich inmitten des grünen Dickichts. Es zeigt den Tod an. Das Sterben des Lebendigen. Gleichzeitig sind die Gebeine oftmals auch Symbol der Unsterblichkeit einer Person. Sollen und wollen die Totengebeine vielleicht zum Leben erweckt werden?

Die Spinne kann als Große Mutter auftauchen, als Weberin des Schicksals. Sie kann den tödlichen Zauber der Natur zeigen, indem sie in der Mitte ihres Netzes auf die Beute wartet. Die Spinne webt ihre Fäden, spinnt ein. Sie kann einerseits für das Feststecken, aber auch für die uralte Existenz einer Seele stehen, die Kreativität ausstrahlt.

Die Schlangen umschließen das Bild, sie halten die Energie. Die Schlange, die sich fast in den Schwanz beißt, erinnert an den Uroborus, ein altägyptisches Symbol der Kreisschlange, des Ur-Drachens des Anfangs, der sich selbst in den Schwanz beißt und sich in sich selbst zeugt. Er ist Symbol für Mann und Frau. Er zeugt, empfängt, verschlingt und gebärt, er ist aktiv und passiv, oben und unten gleichzeitig. Der Uroborus zeigt das Runde, in sich Autarke, das Vorzeitliche, das Vorgeburtlich-Embryonale. Er steht für den Frühzustand der Psyche, in dem noch kein Ich-Bewusstsein vorhanden ist bzw. ein keimhaftes Ich mit dem Unbewussten noch verschmolzen zu sein scheint. Neumann bezeichnet den Uroborus auch als Ureltern, der Ur-Mutter und Ur-Vater vereint. Dann ist der Uroborus aktiv und passiv, nährend und zeugend, das Kind essend und aufnehmend wie auch ausscheidend und gebärend (Müller & Müller, 2003)

In dem vorliegenden Bild hilft die Vorstellung des Uroborus insofern, dass selbst eine frühe Situation mit vielen Schwierigkeiten, Ängsten und traumatischen Trennungen auch den anderen Pol in sich trägt. In diesem Bild sprechen die Vegetation, die Gräser, die roten Blüten und der Ast, der Knospen trägt, für die Hoffnung auf wachsende, vegetative Kräfte. Auch die Gegensätze des Uroborus verdeutlichen einerseits die passive Seite des Jungen, er zeigt zwar »Zähne«, doch er wagt noch keine Autonomieschritte, sondern lässt sich noch von der uroborischen Verschlingungssituation festhalten. Die Aktivität wird in der Vegetation gezeigt, die schon ein wenig über die Schlange hinauswachsen darf. Indem der Junge dieses Selbstbild hervorbringt, liegt der Schlüssel zur Auseinandersetzung und dem Aufbau der Ich-Selbst-Achse vor uns. Wenn wir von den Ur-Eltern ausgehen, dann wirft dieses Uroborus-Bild die Frage nach dem Ur-Vater auf. Was sich momentan als bissige, zerstörerische Kraft zeigt, scheint noch wenig gerichtet.

Es brauchte auch in der Therapie den Vater, der sich mit dem Jungen auseinandersetzte. Was mit dem »Känguruhen« begann, konnte innerhalb der Therapie aufgegriffen und belebt werden. Wenn die Überfürsorge der Mutter, die zunächst verständlich war, aufgelöst werden soll, bedarf es des »anderen Pols«, hier des Männlichen, das die anstehenden Autonomieschritte wagt.

Wir erleben häufig, dass diese »angstgebundenen« Kinder kaum von den Müttern über die Schwelle gebracht werden können. Oftmals bedarf es der väterlichen Zuversicht, um das Kind in den Therapieraum zu führen.

11.1.5 Das Chaos

Abb. 14: Das Chaos eines 5-jährigen Jungen

Als letztes Beispiel zum Thema Bindungsstörungen zeige ich das Bild eines 5-jährigen Jungen, der unter Enuresis und Enkopresis litt. Wenn wir dieses Bild (▶ Abb. 14) anschauen, fällt die Betonung der linken Sandkastenhälfte auf. Nach Ammann (1989) deutet die linke Seite auf die Innenwelt, die kontemplative, »schauende« Seite, auf den Ort der Regression hin. Wir können also davon ausgehen, dass dieser Junge zunächst das Annehmen des chaotischen Zustandes braucht. Auf der rechten Sandkastenseite hat sich ein kleines Boot am unteren Rand versteckt, aber dieses Boot sitzt auf dem trockenen Sand, es kann nicht schwimmen. Wenn wir nun ein solches Bild sehen, bekommen wir schnell einen Eindruck vom Innenleben des Kindes. Das Chaos herrscht vor und wirkt überflutend. Selbst wenn man versuchen wollte zu strukturieren, merkt man dabei bereits, was dieses Bild mit dem Betrachter macht. Die Behau-

sung, ein Zelt, scheint von zwei Greifvögeln bedroht zu sein. Das Hochhaus wackelt, die Musiker fallen um, der Brunnen ist nicht zugänglich, das tanzende Brautpaar hat keinen Platz, das Katapult hat keine Munition, die Pferde und das Einhorn drängeln sich um das Zelt, die bäuerlichen Fahrzeuge sind eingeklemmt, der glänzende Schatz in der Mitte ist verdeckt, die Taucher schwimmen auf dem Trockenen, der Polizist und der König liegen auf dem Rücken. Es sind viele Themen und Ideen, die nicht recht zusammenpassen wollen. In freien Spielsituationen band der Junge mit Schnüren alles fest, sodass nichts mehr verloren gehen konnte und er Bindungssicherheit erlangen konnte. Somit stellte sein Sandbild einen Gegenpol zu seinen Festhalteversuchen dar. In diesem Sandbild zeigt er die regressive, chaotische Seite.

Wenn wir die Gestaltung als symbolischen Hinweis des Patienten verstehen, sein innerpsychisches Chaos zeigen zu dürfen, und wir aus vielen Therapieverläufen wissen, dass die ordnenden Aspekte Zeit brauchen, sich zu entwickeln, können wir diese Bilder als notwendige Momentaufnahmen und Sinnbilder regressiver Prozesse des Loslassens verstehen. Ein erster Schritt der Strukturierung geschieht über den Sandkasten, denn der Rahmen ermöglicht dem Kind eine Begrenzung des Chaos und wirkt somit beruhigend. Seine Ängste und Unsicherheiten werden genauso aufgefangen wie seine aggressiven Anteile, die dieser Junge oftmals auch sehr lustvoll inszenieren konnte.

11.2 Übergangsrituale im Sand

Ein 7-jähriges Mädchen, dessen Eltern sich gerade getrennt hatten und dessen Vater mit der neuen Partnerin ein Kind erwartete, konnte zu Beginn nur mit der Mutter gemeinsam in den Therapieraum kommen. Dabei erwies sich der Sandkasten schließlich als Rettungsanker für das Mädchen, um die Trennungssituation zu meistern.

> Sie nahm den Schlüsselbund der Mutter mit, damit diese nicht ohne sie weglaufen konnte, und versteckte ihn im Sandkasten. Sie brachte Puppen aus ihrer Spielewelt mit, auch diese wurden in den Sand gesetzt. Sie saß in den ersten Stunden nur am Sandkasten, betitelte ihre Puppen, erklärte mir dabei ihre Welt. Sie beschimpfte mich auch, weil ich ihre Figuren, die aus aktuellen Fernsehserien stammten, nicht kannte.

Der Sandkasten übernahm hier die Haltefunktion. Vermutlich hatte sie noch nicht das Vertrauen, dass ich sie nicht auch verlassen würde. Was war für dieses Mädchen im Moment noch sicher? Die Objekte, die sie selbst mitbrachte, halfen, die Welten zu verbinden. Sie hielt sich oftmals beim Reden mit beiden Händen am Sandkasten fest. Vermutlich gab ihr das Rechteck aus Holz mit dem eingefüllten Sand den notwendigen Halt. Sie hatte zwar in mir ein Gegenüber, das zuhörte und empfänglich war, doch versinnbildlicht hier der Kasten an sich auch das Gefäß, in das die Patientin ihre Welt mit all ihren Ängsten hineinlegen durfte. Diese beiden Kästen standen unverrückbar in jeder Stunde für sie bereit. Ihre mitgebrachten Puppen wurden in den Sand »eingetaucht«. Damit gelang vermutlich der Brückenschlag zwischen der unermesslichen Angst, zu Hause die Objekte zu verlieren, und dem Zauber in der Therapiestunde, sie im Sand bewahren zu können. Am Ende der Stunde wurden die Objekte vom Sand befreit, gewaschen und wieder eingepackt. Diese Sequenzen hatten etwas von einer energetischen Aufladung durch den Sand.

Vermutlich wird hier im intermediären Raum der Therapie, also im symbolischen Raum, die Brücke zwischen Bewusstem und Unbewusstem hergestellt. Die Symbolisierung ereignet sich zwischen Therapeut und Patient und der Gestaltung im Sand. Es findet eine Übertragung auf den Sandkasten statt, deshalb kann von einer Containerfunktion des Sandkastens ausgegangen werden. Somit kann bei traumatisch verlaufenden Trennungssituationen die Therapeutin als gutes Objekt in ihrer Haltefunktion erhalten bleiben, während schwieriges Material im Sandkasten gebannt werden kann.

Nach einigen Wochen konnte die Patientin den Platz wechseln. Vermutlich durch den Zugewinn an Selbstsicherheit wagte sie es, an den

Maltisch zu gehen und Bastelarbeiten zu beginnen. Interessanterweise lässt sie zu Beginn Bilder entstehen, die mit Klebstoff gemalt und anschließend auf den Sand gelegt werden, sodass der Sand am Bild kleben bleibt. Auch hier kann im Sinne von Winnicott wieder das Übergangsobjekt, also der Sand, der die erste Trennungsangst mildern konnte, zur nächsten Gestaltungsform hinübergerettet werden.

Zusammenfassung

Beeinträchtigungen in der frühen Bindungsphase – seien es traumatisch verlaufende Trennungen, Gewalteinwirkungen oder prä-, peri- oder postnatale Traumatisierungen, die nicht aufgefangen werden konnten – liefern uns Bilder, die eine eigene Sprache sprechen. Im limbischen System speichert der Mensch Stresssituationen und Erfahrungen. Er ist darauf angewiesen, dass die Spannungen durch Beziehungspersonen gemildert und damit integriert werden. Die wertschätzende Einstellung der Eltern spielt eine wesentliche Rolle bei den Bindungsrepräsentanzen. Ebenso können transgenerationale Bindungsmuster zum Tragen kommen. In den psychodynamischen Modellen wird davon ausgegangen, dass die Bindung über die Konstanz zum libidinösen Objekt entsteht. Die affektive Spiegelung durch die Bezugsperson und die »haltende Funktion« sind wesentliche Elemente der Bindung. Der Sandkasten dient oftmals als Projektionsfläche für unverdauliche psychische Elemente. In der Übertragung werden wir mit hineingezogen in das beunruhigende Bild. Mit dem Wissen um die archetypische Symbolkraft und die Transzendenz der Symbole sowie der Kenntnis der triangulierenden Funktion des Sandkastens, auf den der Patient Unbewusstes projizieren kann, können wir Bilder als Chance verstehen, belastende Engramme zu wandeln.

Literatur zur vertiefenden Lektüre

Grossmann, K. E. (2015). Bindung und menschliche Entwicklung: John Bowlby, Mary Ainsworth und die Grundlagen der Bindungstheorie. Stuttgart: Klett-Cotta.
Brisch, K. H. (2012). Bindung und Trauma: Risiken und Schutzfaktoren für die Entwicklung von Kindern. Stuttgart: Klett-Cotta.
Levine, P. A. (2016). Trauma und Gedächtnis. Die Spuren unserer Erinnerung in Körper und Gehirn. München: Kösel.

Weiterführende Fragen

- Trauma lässt sich definieren als ein Zustand, in dem die Schwelle des Ertragens überflutet wird und den Menschen verändert sowie ihn unverbunden mit dem Körper hilflos und hoffnungslos zurücklässt. Wodurch erhalten wir in Sandbildern Hinweise auf traumatisch erlebte Situationen?
- Wie können Kinder, die aufgrund ihrer Symbolisierungs- und Mentalisierungsstörung nicht spielen können, an das Sandspiel herangeführt werden?
- Wie kann das Symbol des Uroborus, des altägyptischen Symbols der Kreisschlange und des Ur-Drachens, das Neumann auch als Ur-Eltern bezeichnet, bei der Stärkung der Ich-Selbst-Achse helfen?

11.3 Sandspiel in der Latenzzeit

Dieses Bild (▶ Abb. 15) einer 8-Jährigen lädt geradezu dazu ein, zu erspüren, was Latenz meint.

Die Latenz im therapeutischen Raum ist da, wo wir den Kindern Zeit geben, ohne ihnen vorweg den Inhalt ihrer Symptome deuten zu können. Wir kennen das Symptom und ahnen den Konflikt und müssen auf die Latenz vertrauen, aus der sich der Konflikt entfaltet. Das Sandspiel birgt hier die Möglichkeit, das schlummernde Material in Bildern anzudeuten (Müller, 2014).

11 Sandspiel im Rahmen der psychodynamischen Therapie

Abb. 15: Ein Latenzbild eines 8-jährigen Mädchens

Die Latenzzeit, die die mittlere Kindheit zwischen 6 und 11 Jahren umspannt, wurde von Anna Freud als eine Phase gesehen, in der sich die Triebregungen nach außen hin nur noch wenig bemerkbar machen. Freud erklärte, sie seien latent und würden im Kind schlafen, um nach Jahren wieder mit verstärkten Kräften aufzuwachen (Hopf, 2014, S. 146). Allerdings sind sich Forscher heute einig, dass die Latenzzeit wesentlich von der gesellschaftlichen Umgebung abhängt, denn ihr Beginn fiel in der Regel mit dem Beginn der Schule zusammen. Daher wurden Triebregungen durch restriktive Erziehungsmaßnahmen eingedämmt. Hans Hopf gibt zu bedenken, dass bei einer auffallenden Zunahme von externalisierenden Störungen kaum von einer Triebberuhigung gesprochen werden kann (ebd. S. 144ff). In diesem Zusammenhang müssen auch die Veränderungen der gesellschaftlichen Entwicklungen durch Überflutungen aus dem Medienbereich und einer frühen Sexualisierung gesehen werden. Gerade in diesen Wandlungsprozessen bietet das Spiel und insbesondere das Sandspiel die Möglichkeit, die unterschiedlichen Reifungsstränge zu bearbeiten. Verborgene Konflikte oder Frühstörungsanteile können als Vorbereitung für die seelischen Umbauprozesse der anstehenden Pubertät in die Bearbeitung kommen.

Die Latenzzeit ist eigentlich die Zeit der Konsolidierung, die Interessen werden auf die Bewältigung der Realität gelegt (Hopf & Heinemann, 2012) und auf das Ich-Wachstum. Wenn nun aber die Ich-Selbst-Achse fragil ist und Frühstörungsanteile der Ich-Entwicklung entgegenstehen, dann scheint die psychotherapeutische Intervention über die Zuhilfenahme des Sandspiels eine gute Möglichkeit, dem Patient eine Reifungszeit zu schenken, die Vergangenes mit Zukünftigem scheinbar mühelos in der Bilderwelt nebeneinander existieren lässt und somit die Verschränkungsaufgaben dieser Zeitspanne zwischen Kindheit und Pubertät erfüllen können.

In diesem Bild versammeln sich Figuren aus der Kindheit: Prinzessinnen, Könige, böse Feen und gute Zauberer haben sich zum Schlafen und zum Ausruhen hingelegt. Sie dürfen aber auf grünen Polstern liegen, d. h., sie sind trotzdem in Verbindung mit den vegetativen Wachstumskräften. Auch ist in der Mitte des Sandkastens für Nahrung gesorgt, es gibt einen Obstteller, sodass die Figuren mit Vitaminen versorgt sind, vielleicht gerade so viel, wie in den Ruhephasen notwendig ist. Selbst das Pferd links unten hat sich zur Ruhe gelegt, das bedeutet im übertragenen Sinn, dass auch die animalischen Triebkräfte zur Ruhe kommen. Lediglich die zwei Einhörner wachen über den ruhenden Figuren.

> *»Dieses schöne Geistertier lebt an den dunklen, verborgenen Orten der menschlichen Natur, die wir heute das Unbewusste nennen mögen, und es taucht nur flüchtig und offenbar zögernd in unserer taghellen Welt auf. Es hieß, es spüre Gifte auf, reinige verseuchtes Wasser und heile Wunden und Krankheiten. Heute können wir uns das Einhorn als einen Besucher aus der inneren Welt, dem Reich der Psyche, vorstellen.«* (Ronnberg, 2011, S. 696)

Die Latenzzeit scheint eine Lebensphase zu sein, die es möglich macht, im Beziehungsraum der Therapie Zeit und Raum für Veränderung und Heilung zu geben.

11.3.1 Trennungsdrama eines Mädchens in der Latenz – die vierstufige Deutung

Neben raumsymbolischen Deutungen nach Ammann (1989) gibt es formale und inhaltliche Interpretationen nach Senges (vergl. Gontard, S. 138ff), die bei anderen Bildern vorgestellt werden. Hier in diesem Initialbild scheint mir für das Verstehen eine vierstufige Deutung sinnstiftend. Zunächst wird der *Auslöser* ausgemacht: Hat das Bild mit einem zurückliegenden Ereignis zu tun, tauchen passende Symbole dazu auf? Die zweite Stufe umfasst längerfristige *Einflüsse der Umwelt*. Es können alltägliche Szenen ebenso wie traumatisch erlebte Bilder festgehalten werden. Die dritte Stufe stellt die *Objektstufe* dar:

»*Unter Deutung auf der Objektstufe verstehe ich diejenige Auffassung eines Traumes oder einer Phantasie, bei der die darin auftretenden Personen oder Verhältnisse auf objektiv-reale Personen oder Verhältnisse bezogen werden. Dies im Gegensatz zur Subjektstufe, bei der die im Traum vorkommenden Personen und Verhältnisse ausschließlich auf subjektive Größen bezogen werden.*« (Jung, 1995, GW Bd. 6, § 778)

In der Objektstufe steht ein Symbol für ein konkretes Objekt. Die Personen, Gegenstände und Situationen werden als reale Objekte der Außenwelt wahrgenommen, die der Patient kennt und zu der er eine Beziehung hat. Der Schäferhund, der in den Sand gestellt wird, kann tatsächlich der Schäferhund sein, den ich kenne. Oder es kann der Hund des Nachbarn sein, vor dem ich Angst habe.

In der vierten Stufe wird die *Subjektstufe* nach C. G. Jung betrachtet:

»*Unter Deutung auf der Subjektstufe verstehe ich diejenige Auffassung eines Traumes oder einer Phantasie, bei der die darin auftretenden Personen oder Verhältnisse als auf subjektive, gänzlich der eigenen Psyche angehörende Faktoren bezogen werden. Die Behandlung eines unbewussten Produktes auf der Subjektstufe ergibt das Vorhandensein subjektiver Urteile und Tendenzen, zu deren Träger das Objekt gemacht wird. Wenn nun in einem unbewussten Produkt eine Objektimago auftritt, so handelt es sich nicht eo ipso um das reale Objekt, sondern ebensowohl, vielleicht sogar vorwiegend, um einen subjektiven Funktionskomplex.*« (Jung, GW Bd. 6, § 817, § 818)

Die Figuren im Sand, die Gestaltungen werden bei der subjektstufigen Deutung nicht konkretistisch genommen, sondern als bildhafter Ausdruck für eigene Anteile, also eine eigene innere Dynamik.
Sowohl die subjektstufige als auch die objektstufige Deutung müssen berücksichtigt werden. Die Objektstufe dient der Analyse mit aktuellen und anamnestischen Bezügen. Die subjektstufige Deutung bildet die Synthese: Die Anwendung der subjektstufigen Sicht kann als das übergeordnete und integrale Prinzip gelten. Die Subjektstufe ermöglicht die Sinngerichtetheit und zeigt den Entwicklungsimpuls.

Das Initialbild eines 8-jährigen Mädchens

Abb. 16: Trennungsproblematik in der Latenz

Das erste Sandbild (▶ Abb. 16), das die 8-Jährige macht, zeigt vermutlich den Anlass: Trennung, Ankunft des neuen Geschwisterchens, Neuordnung und den Wunsch der Patientin, endlich reiten lernen zu dürfen.

Sie zeigt in der Mitte des Bildes einen Esstisch mit sechs Plätzen. Es sind vier rote Stühle und zwei helle Stühle zu sehen. Es ist noch unklar, wer Platz nehmen darf. Die Ursprungsfamilie besteht aus Vater, Mutter, einem großen Bruder, einem Zwillingsbruder und ihr selbst, das ergibt nur 5 Personen. Sollte die »neue« Frau von Papa noch hinzu oder nur der Halbbruder? Da die kleine Patientin unter Dyskalkulie leidet und kaum eine Zahlenvorstellung hat, ist es umso erstaunlicher, dass sie die 6 wählt, eine Vollkommenheitszahl, die »numerus perfectus«. Es ist anzunehmen, dass sie sich wünscht, dass der Tisch wieder voll besetzt ist. Die Sechs scheint auf Entwicklungen zu zielen, die sich aus dem Gleichgewicht zwischen Männlichem und Weiblichem ergeben, wie im Hexagramm. Somit geht es um Zeugung im biologischen und spirituellen Sinne.

Im linken/unteren Bereich laufen Pferde in alle Richtungen, sie wirken ziellos. Ein Mädchen, das Voltigieren lernt, liegt am Boden. Es ist unklar, ob es von dem gesattelten Pferd abgeworfen wurde. Das andere Mädchen sitzt auf einem der Pferde. Der große Wunsch der Patientin, selbst die Zügel in der Hand zu halten und voranzureiten, steht wohl im Gegensatz zu ihrem persönlichen Unbewussten, es nicht zu können, wenig Selbstwert zu haben, ängstlich zu sein, zu fallen. Vermutlich zeigt das Bild hier auch das schuldhaft erlebte Gefühl des Verlassenwerdens. Kinder geben sich selbst die Schuld, wenn Eltern sich trennen. Es ist dann nicht das »fallen gelassen werden«, das Kinder bei Trennungen erleben, stattdessen fällt die Reiterin im Bild selbst herunter. »Selbst schuld«, wie die Patientin dazu sagt.

Die Babys, 12 an der Zahl, waren zu Beginn noch nackt. Sie wurden von dem Mädchen untersucht und bekamen Kleidung und wurden »sortiert« und nebeneinander im hinteren/oberen linken Raum des Sandkastens abgelegt. Auf der gegenüberliegenden Seite stehen zwei leere Körbchen. Zwischen den Babys und den Körbchen steht ein Schreibtisch.

Einerseits zeigt sich hier die aktuelle Situation der Trennung, doch kann das Sandbild, das zugleich ein Initialbild ist, auch ein Hinweis auf eine frühe pränatale Erfahrung sein. Nachdem ich wusste, dass die Eltern der Patientin sich einer In-vitro-Fertilisation-Behandlung unterzogen hatten, wovon das Kind nichts wusste, erscheint das Sandbild in einem neuen Licht. Der gesamte Zeugungsakt steht bei einer künstlichen Befruchtung von Beginn an unter Dauerbeobachtung. Der Schreibtisch im Bild symbolisiert vielleicht den Weg von der Zeugung zur Einnistung. Meist werden mehrere befruchtete Eizellen eingepflanzt, dann muss entschieden werden (symbolisch am Schreibtisch), welche und wie viele überleben dürfen/können. Es entsteht zwar eine bindungsintensive Lebensgemeinschaft an einem sicheren Ort, dem Uterus, der allerdings dauerbewacht wird. Für die Bleibenden entsteht durch das Gehen der anderen ein »Double Bind«. Auch im Hinblick auf die leeren Körbchen im rechten oberen/hinteren Raum kann die Frage gestellt werden, wer sich denn nun einnisten darf? Bei Kindern, die künstlich gezeugt wurden, ist es wichtig, die Gefühle von Verlassenheit, Einsamkeit, Trennung und Schuld vor dem Hintergrund dieser besonderen Dynamik zu sehen. Der Entwicklungsimpuls ist vermutlich nicht ohne die Betrachtung und Miteinbeziehung des frühen Dramas zu bewältigen. Eine psychische »Einnistung« muss erfolgen, damit sich das Mädchen den anstehenden Entwicklungsaufgaben zuwenden kann sowie im Sattel sitzen und davongaloppieren kann (Käppeli-Valaulta, 2016).

11.3.2 Identitätssuche zweier Mädchen

Ein 8-jähriges Mädchen wurde von der zwei Jahre älteren Schwester gebracht, die erklärte, die jüngere könne sich nicht allein orientieren. Die Patientin reichte mir die linke Hand zum Gruß, sie schien rechts von links nicht unterscheiden zu können. Sie stakste zudem auf völlig unpassenden roten Schuhen mit viel zu hohem Absatz in die Praxis. Ihr äußeres Erscheinungsbild stand im Gegensatz zu ihrem schüchternen Auftreten. Ging es also um eine Reifungsdissonanz? Die Patientin hatte schulische Schwierigkeiten (LRS, Dyskalkulie, ADS, Konzentrationsschwierigkeiten). Die Angst, dass das Mädchen keine Grundschulempfehlung für eine weiterführende Schule bekommen könnte, weil sie zu langsam sei, beschäftigte die Eltern.

Das Mädchen schien magisch angezogen vom Sandspiel und dessen Figuren. Den ersten Abschnitt in der Therapie gestaltete die 8-Jährige fast ausschließlich im Sand. Sie begann im trockenen Sandkasten, die Figuren und damit ihre Geschichten zu entwickeln, im Geschehen wanderten die Figuren in den nächsten Sandkasten und vom zweiten Sandkasten auf den Boden, vom Boden gelangten sie manchmal noch in die Puppenstube und von dort aus wurde auch der Reiterhof miteinbezogen. Die Welten und damit die Geschichten, die märchenhaften Figuren verwoben sich nur selten mit realen Geschichten. Das Mädchen verstrickte sich meist in eine Fantasiewelt, die sich über den Raum ergoss, es gab keinen Anfang mehr, kein Ende, keinen roten Faden, keinen stringenten Handlungsstrang. Das Übertragungsgeschehen deutete schnell auf eine Problematik mit erheblichen Frühstörungsanteilen hin. Sehr deutlich wurde mir, wie sich die Patientin in der Schule oft fühlen mochte. Sie sitzt an ihren Aufgaben, sie soll Zahlen addieren, Buchstaben in ihr Heft schreiben, die einen sinnvollen Aufsatz ergeben. Doch wenn die Gedanken sie forttragen zu Elfenwelten, hinausführen in andere Welten und sie sich in traumhaften Bildern aufhält, die sich wie der süße Brei im Grimm'schen Märchen (Grimms Märchen, 1983) ausbreiten, dann ist an strukturiertes Lernen nicht zu denken. In der Gegenübertragung ist die Frühstörung zu spüren, indem der Versuch des Verstehens scheitert, die Therapeutin stattdessen eine bleierne Müdigkeit befällt. Die Insuffizienzgedanken erfassen mich, vermutlich auch deshalb, weil die Patientin im Spiel für sich versunken scheint und die Therapeutin scheinbar ignoriert. Das Lernen und Strukturieren erfordert ein Ich-Bewusstsein, das zur Verfügung steht.

»Die psychische Instanz des Selbstes ist nicht nur Geburts- und Mutterstätte für das Ich, sondern es bleibt der heile und potentiell heilkräftige Bereich, der bei allen psychischen Störungen sich autonom als bergender Schoß anbietet, für das »reculer pour mieux sauter«. Von daher wird der in den psychotherapeutischen Behandlungen immer wieder zu beobachtende heilende Effekt der therapeutischen Regression verstehbar.« (Sanders, 1982)

Gerade bei traumatisierenden Engrammen sind Energien erforderlich, die aus dem archetypischen Raum aufsteigen und in Symbolen gebunden sind, die zur Integration angeboten werden. Auf diese Symbole sind wir bei Frühstörungen angewiesen, weil die Konflikte meist nicht auf der verbalen Ebene gelöst werden können. Denn die frühen Verletzungen sind im präverbalen Bereich angesiedelt. Uns bleibt die Chance, die Leere und die Trostlosigkeit, die die Kinder und Jugendlichen mit Frühstörungsanzeichen mitbringen, über die Symbolik mitzuerleben und zu erleiden. Damit schaffen wir ein vertrauensvolles Beziehungsband, das es wiederum möglich macht, die Leere gemeinsam auszuhalten und darauf zu vertrauen, dass selbstregulierende Symbole die Ich-Bewusstwerdung anzeigen und den Weg zur Heilung eröffnen.

Das Initialbild, das erste gestaltete Sandbild, kann uns die entscheidenden Themen für den Therapieverlauf liefern.

Annäherung und Auseinandersetzung mit dem Thema der weiblichen Identität

Abb. 17: Annäherung an das Thema weibliche Identität

Das Initialbild im Sand (▶ Abb. 17)

Im Zentrum des Bildes will ein Mädchen prinzessinnengleich über eine Brücke gehen. Diese führt über einen Fluss, in dem eine Wasserschlange zu erkennen ist. Auf der anderen Seite der Brücke steht ein Einhorn, das in Richtung Brunnen in der linken oberen Ecke des Sandkastens positioniert ist. Ein sportlich wirkendes Mädchen, mit Stiefeln und Hose gekleidet, steht am Brunnen. Die Patientin erklärt, dass das prinzessinnenhaft gekleidete Mädchen über die Brücke wolle, sie habe aber große Angst vor den Wasserschlangen, denn die seien giftig. Sie erläutert, dass die Schlange eigentlich ein verwunschenes Mädchen sei, das ein Blatt von der Unglückspalme gegessen habe. Aber niemand wisse, dass die Giftschlange eigentlich ein verwunschenes Mädchen sei. Das Einhorn wolle dem Mädchen im Kleid helfen, über die Brücke zu kommen. Das Symbol der Brücke über dem Fluss taucht immer wieder bei ihr auf.

Das Initialbild kündigt an, dass ein Übergang anstehen wird, der vermutlich noch ängstigt. Prognostisch zeigt sie bereits im ersten Sandbild, dass sie aus der Traumwelt in die reale, anpackende Welt gelangen möchte. Der Wunsch ist, ein Mädchen zu sein, das sich aktiv am Brunnen mit Wasser erfrischen oder sich am frischen Wasser laben kann. In dem Fluss, den es zu überqueren gilt, leben Giftschlangen, vor denen sie sich ängstigt. Ein Hilfswesen stellt das Einhorn dar. Einhörner verkörpern oftmals das weibliche Prinzip, sie stehen für Reinheit und Güte, obwohl sie gleichzeitig als wilde, enorm starke Tiere beschrieben werden. Das Horn, ein langes, spitzes, schneckenartig gedrehtes Horn auf der Stirn, – seine Substanz wird auch Alicorn genannt – steht für besondere Heilkräfte. Unter dem Horn soll ein Karfunkelstein zu finden sein. Dem Einhorn werden antitoxische Heil- und Zauberkräfte nachgesagt. Hildegard von Bingen beschreibt, dass man ein Einhorn nur mit einer Jungfrau zähmen kann.

»Wenn sich eine Jungfrau niedersetze im Wald, dann vergisst das Einhorn, wenn es herankommt, seinen ganzen Grimm und ehrt die Reinheit des keuschen, jungfräulichen Lebens dadurch, dass es sein Haupt in ihren Schoß legt und darin einschläft.« (Duve, 1997)

Im Initialbild kündigt das Mädchen die Auseinandersetzung mit ihrer weiblichen Identität an. Die roten Schuhe, die nicht mit ihrem Alter übereinstimmen, zeigen die Reifungsdissonanzen. Einerseits ist sie noch verhaftet in den Traumwelten, andererseits ahnt sie bereits die weibliche Entwicklung, die sie aber ängstigt. Das Einhorn scheint ein Bild für sie zu sein, das einerseits ihre Sanftheit und Schüchternheit verkörpert, andererseits aber auch die Wildheit zeigt, die noch nicht zu spüren ist, doch über das Symbol vermutlich fantasiert werden kann. Die Angst vor der eigenen Entwicklung zum reiferen Mädchen zeigt sich im Überschreiten des Flusses, in dem die Giftschlangen zu Hause sind. Sie wird mit dem verschlingenden, giftigen Mutterarchetyp konfrontiert, andererseits sieht sie die Schlange als ein verwunschenes Mädchen. Die toxischen Kräfte werden bei ihr neutralisiert. Vermutlich sehnt sie sich nach Zauberkräften, die es ihr ermöglichen, eben mit der »Verwünschung« fertig zu werden. Sie dürfte sich häufig wie »vergiftet« fühlen, wenn sie in der Schule versagt, Zahlen und Buchstaben nicht verstehen kann, aber auch von den anderen Mädchen in der Klasse oftmals übersehen wird. Sie ist einsam und traurig, verständlicherweise sehnt sie sich nach einer Erlösung.

Die Patientin befindet sich entsprechend der psychoanalytischen Entwicklungspsychologie in der sogenannten Latenzzeit. Frühere Entwicklungsthemen, insbesondere die Übernahme der Geschlechtsrolle, werden in dieser Zeit überarbeitet. Neben den anatomischen Veränderungen sind auch zunehmend soziale Rollenmerkmale von großer Bedeutung. Normalerweise werden alte Muster hinterfragt, bei zunehmendem Alter wird mehr Gewicht auf die schulischen Kontakte gelegt, es kommt zur Idealisierung von Stars, Lehrerinnen und so weiter. Es kommt aber auch zu heftigen Selbstwertschwankungen innerhalb der Gruppen von Gleichaltrigen. Typisch in dieser Zeit ist das Verbünden zweier Mädchen gegen das Dritte. Vermutlich werden hier eigene abgelehnte Selbstanteile externalisiert und die aggressiven Gefühle aus präödipalen und ödipalen Konflikten gegenüber der Mutter verschoben. Unbewusste Schuldgefühle entstehen durch die Abwendung vom primären Objekt, der Mutter. Durch die Angst vor einer Zurückweisung des Vaters werden die regressiven Abhängigkeitswünsche und Sehnsüchte nach der Mutter verstärkt (Mertens, 1994).

Die Patientin kann aufgrund ihrer frühen Irritationen in der Entwicklung die Aufgaben der Latenzzeit nur schwerlich meistern. Die früheren Entwicklungsthemen werden im therapeutischen Prozess erneut belebt und durchlitten, sodass der Wunsch nach mehr Selbstwert und einer weiblichen Identitätsfindung von einer psychotherapeutischen Durcharbeitung abhängig sein wird.

Das Sandspiel bietet die Chance, die Phase der Latenz zu begleiten. Einerseits können prospektive Entwürfe auftauchen, die auf die weibliche Identität abzielen. Andererseits werden mithilfe des Bildmaterials, der Inhalte und der Beziehung zwischen Therapeutin und Patientin zurückliegende Themen und traumatische Inhalte bearbeitet und in »überarbeiteter« Form der weiteren Entwicklung zur Verfügung gestellt.

Das Herauslösen aus der Familien- und Kollektivgeschichte

Abb. 18: Im Kollektiv verhaftetes 10-jähriges Mädchen

Hier sehen wir ebenfalls ein Mädchen in der Latenz, das einen Sehnsuchtsblick in einen eigenen Identitätsentwurf wagt. Es ist gerade 10 Jahre alt geworden, das älteste von vier Geschwistern und zeigte in der Symptomatik Weinerlichkeit, wenig Selbstwertgefühl und Versagensängste. In Stresssituationen kotete die Patientin in Folge einer Obstipation ein. Die Familie gehört einer Glaubensgemeinschaft an. Das leicht adipöse Mädchen zeigte sich in den Behandlungsstunden von Beginn an mit einer vitalen, lebensfrohen Seite, die nach Exploration drängte, die aber durch ein stark ausgeprägtes Über-Ich und durch die Parentifizierung mit der Mutter in der Entwicklung im wahrsten Sinne »feststeckte«.

In ihrem ersten Bild bildet die Patientin die Gemeindeversammlung ab. Die Musikkapelle spielt. Die Gemeinde bildet einen Halbkreis als Zuhörer. Im Zentrum ist der König abgebildet. Kinder, Familien und Erwachsene haben auf Sesseln und Stühlen Platz genommen. Im Hintergrund sind auf Tischen Essen, Trinken und ein Buch zu sehen. Es könnte die Andeutung des Abendmahls sein. Die Musik steht für das Mädchen im Vordergrund. In der Therapie experimentieren wir viel mit Tönen und Stimme. Und sie findet zur Geige, die sie mit Begeisterung spielt. Sie geht noch ganz im Kollektiv auf und ist im Sand noch nicht als Mädchenfigur aufgestellt. Es herrscht eine klare Anordnung, kein Kind rennt herum. Alle haben vermutlich ihren zugewiesenen Platz.

Das Latenzkind erlangt sein Selbstwertgefühl über die Identifizierung mit dem Kosmos der familialen und für das Kind erreichbaren außerfamilialen Welt. Wenn sich nun aber ein tiefer Graben zwischen der auf das Über-Ich bezogenen Moral der Eltern und dem, was in der Außenwelt erlebbar scheint, auftut, so ist dieser Graben für ein Kind eine Herausforderung. Wie sollte in diesem Gefüge dem Autonomiebestreben Raum gegeben werden?

Im nächsten Bild (▶ Abb. 19) sehen wir einen Lösungsansatz.

11 Sandspiel im Rahmen der psychodynamischen Therapie

Abb. 19: Entstehung von zwei getrennten Welten

Die Patientin braucht für ihre Abbildung (▶ Abb. 19) zwei Sandkästen. Vermutlich lassen sich so die Trennungsversuche der zwei Welten noch plastischer darstellen. Im hinteren Sandkasten sehen wir im rechten vorderen Raum einen Brunnen. Dieser ist meist Sinnbild für den Eingang in eine andere Welt, auch ist es die Geburtspforte, aus der alles menschliche Leben kommt. Dieses Symbol kann als Wandlungssymbol verstanden werden. Dabei steht noch eine leere Bank, die vermutlich darauf anspricht, eine Ruhezeit anzuzeigen, die es für die Wandlung bedarf. Im hinteren/oberen rechten Feld finden wir die Kirche. Wenn dieses Feld für die Familie und das Umfeld steht, ist es naheliegend, dass für die Patientin die religiöse Gemeinschaft ihrer Eltern ein wesentlicher Faktor in ihrer Identitätsbildung darstellt. Der linke untere/vordere Raum steht für das persönliche Unbewusste und damit auch für die Schattenseite bzw. für die schuldbeladenen Anteile. Indem sie hier einen Bus, einen Zirkuswagen, Wohnwägen und einen Lkw darstellt, die alle weg-

fahren, zeigt sie vermutlich ihre große Leidenschaft zu reisen. Sie hat schon früh begonnen, in Jugendgruppen wegzufahren und sie beichtete mir in einer Stunde, dass sie gar kein Heimweh gehabt hätte. Vermutlich wird dadurch aber über das Herauslösen aus der symbiotisch verstrickten Beziehungsdynamik mit der Mutter der Schuldkomplex aktiviert. Schließlich kann sie im linken hinteren/ oberen Raum ein modernes Hochhaus und ein ländliches Haus aufstellen. Im archetypischen Wirkfeld geht es hier um die Behausung. Sie kann beide Aspekte des Konflikts zwischen Moderne und Tradition darstellen. Tröstlich erscheint im Bild, dass beides dargestellt werden darf und es ihr vermutlich auch hilft, eine »eigene« Behausung zu finden. Die Musikkapelle aus dem vorherigen Bild taucht wieder auf. Vielleicht ist die Musik eine Form der Lebensenergie, die sie unabhängig von Religion und Weltanschauung begleiten darf? Der Übergang aus dem hinteren/oberen Sandbild zum unteren/vorderen wird über das Symbol der Brücke dargestellt. Ein übergroßer und ein kleiner Liegestuhl sind aufgestellt, im Sand steht ein blondes Mädchen, das nicht zurückblickt in den anderen Sandkasten, ihr Blick geht stattdessen ins Weite. Ein Zelt und ein dazugehöriger Sitzplatz runden das Bild ab. Im unteren Teil ist der Sand weggeschaufelt, das Blau deutet das Meer an. Die Szenerie könnte auch überschrieben werden mit »Chillen im Sommer«. Es ist ein Ruhemoment, es gibt Liegestühle und ein Zelt, das genügend Luft zum Atmen zulässt, aber doch einen gewissen Schutz bietet.

Zaghaft wird ein Zustand des Ruhens, des Innehaltens angesprochen. Ein Umgestaltungsprozess wird entworfen, der zu einer neuen Balance von Bindung und Autonomie führt. Über den Prozess der Auseinandersetzung mit den elterlichen Normen und Werten, mit den eigenen Schuldkomplexen und schließlich mit der archetypischen Vielfalt von Behausung kann ein neuer Entwurf gewagt werden. Wichtig scheint hier zu sein, dass ausreichend Zeit und Raum zur Verfügung steht, sich zur Vergangenheit individuierend ins Verhältnis zu setzen, mit dem Ergebnis einer größeren Souveränität in Relation zum eigenen Gewordensein, zur Familien- und Kollektivgeschichte. Ich möchte nur kurz darauf hinweisen, dass die Eltern sich ebenfalls auf den Weg gemacht haben, ihre Wurzeln zu betrachten, und sich an die Aufarbeitung des Vergangenen zu wagen. Hier kann im Bild ersehen werden, wie wichtig die psychische Verarbeitung des Vergangenen ist, um das Potential von Veränderung und Neubeginn zu realisieren. Die Ablösung von Vergangenem und die Entstehung von Neuem bedeutet immer auch eine krisenhafte Vergegenwärtigung des Gewordenseins, der Verluste und der ungelösten Konflikte. Der Anfang ist im Bild ablesbar, doch die Durcharbeitung braucht Zeit – eine Latenzzeit (King, 2014, S. 131).

11.3.3 Geschlechtsspezifische Merkmale der Bildbetrachtung in der Latenz

Wenn wir folgende Bilder (▶ Bild 33–34 und Abb. 20–21) sehen, fällt die Wahl der Zuordnung nicht schwer. Bild 33 und Bild 34 sind eindeutig einem Jungen zuzuordnen, Abbildung 20 und Abbildung 21 gehören zu einem Mädchen. Wobei mich bei diesem Vergleich weniger die Frage interessiert, was ein typisches Mädchenbild ist, soweit es das überhaupt gibt, oder was nun so typisch für einen Jungen ist. Vielmehr finde ich die jeweilige Entwicklung des Geschlechtsspezifischen im Bildmaterial wichtig.

11.3.3.1 Das Führerhauptquartier – männliche Identität

Hinter Bild 33 verbirgt sich ein Junge, 9 Jahre alt. Die Eltern machten sich Sorgen um den Jungen, weil er sehr verträumt und ängstlich war, ihm die Tatkraft zu fehlen schien. Seine Schulleistungen ließen nach, er hatte kaum Interessen. Der Vater war Ingenieur und hätte gerne, dass ich seinen Jungen ein wenig »tune«, das heißt übersetzt, man solle ihn stimmiger (leistungsstärker) machen. Die Mutter war Architektin und machte sich Sorgen um den Sohn, weil er kränkelte und noch sehr zierlich war. Sein erstes Sandbild gestaltete der Junge, indem er mit dem Strohhalm den Sand wegpustete. Hier können wir bereits erahnen, wie wenig Tatkraft in dem Jungen steckte. In seinem Bild nannte er das Haus in der Mitte »Führer-

hauptquartier«. Dieses steht erhaben auf einem angehäuften Berg, mit Flaggen bestückt und einem Helikopter auf dem Dach. In allen vier Ecken und in den Zwischenräumen sind Panzer, Militärflugzeuge und Helikopter aufgereiht. Sie sollen das Führerhauptquartier beschützen. Es soll keine Eindringlinge geben.

Der Junge, in der Latenzphase, in der eigentlich der ödipale Konflikt zur Ruhe gekommen sein sollte, zeigt im Bild, dass eine »Nachbearbeitung« notwendig sein wird. Zwar kann der phallische Entwurf eines Jungen im Bild unschwer erkannt werden, doch scheint das Führerhauptquartier, also sein Zentrum, in großer Gefahr durch Eindringlinge jeder Art zu sein. Die Angst vor dem phallisch-aggressiven Grenzüberschreiten, das eigentlich ein notwendiges Probehandeln auf dem Weg zur phallischen-sexuellen Identität darstellt, hindert den Jungen daran, die notwendigen Entwicklungsschritte zu tun (Dammasch, 2012).

Hopf (2014) schreibt: »Männlichkeit entsteht zunächst in den Augen der Mutter«, das heißt, der Junge braucht eine Mutter, die die phallischen Spiele des Jungen wertschätzen kann. »Zur Identifikation braucht der Junge allerdings einen Mann.« Die Mutter hatte in der Tat mit der phallisch-aggressiven Färbung große Schwierigkeiten, auch das Band zwischen Mutter und Sohn schien so stark zu sein, dass der Vater mit dem Sohn nicht recht in Beziehung kommen konnte. Der Vater zeigte seine Männlichkeit einerseits in phallisch-narzisstischen Attributen (Bergsteigen, Schlagzeug spielen, Drachenfliegen etc.), konnte aber auch seine bezogene Seite leben: Er bekochte die Kinder mittags und kümmerte sich um benachteiligte Kinder. Dennoch wünschte sich der Vater einen »getunten Sohn«. Fragen, die sich mir stellten, waren: Könnte ihm der Sohn das Wasser reichen? Kann die Mutter ihn loslassen und ihn als Jungen sehen mit seinen phallischen Kräften?

Der Junge zeigt im zweiten Sandbild (▶ Bild 34), das ein Jahr später entstanden ist, eine neue Sichtweise: Im Zentrum sehen wir ein Gewässer, in dessen Mitte ein Boot schwimmt.

Schiffe werden oftmals als Sinnbild der Großen Mutter gesehen, als der Schoß, die Wiege. Als Träger von Sonne und Mond stellen Schiffe Schöpferkraft und die Fruchtbarkeit des Wassers dar, sie versinnbildlichen ebenfalls Abenteuerlust und Erkundungsdrang. Es geht sozusagen um die Fahrt auf das Meer des Lebens (Cooper, 1986). Der Junge hätte im Bild die Auswahl zwischen einer kleinen Yacht, zwei Kajaks oder eben dem Fischkutter. Er entscheidet sich für das Boot, auf dem gearbeitet wird. Es muss gewartet werden, bis die beste Fangzeit ist, es werden noch Netze ausgeworfen und der Fischfang muss anschließend versorgt werden. Eine harte und fast ausschließlich von Männern verrichtete Arbeit.

Sein »Führerhauptquartier« ist in das vordere rechte Feld gerückt. Hier geht es um die Körperlichkeit, um den Individualkonflikt und um die Mutterbeziehung. Im Vergleich zum vorherigen Bild sieht das Haus nicht mehr bedroht aus. Es steht da, zwar mit Panzern rechts und links unterstützt, doch gibt es neben dem Haus auch einen Sonnenschirm (»zum sich mal ausruhen«). Außerdem gibt es einen Wasserzugang, an dem Boote bereit stehen. In unmittelbarer Nähe sind noch zwei Rettungshelikopter aufgestellt, die jederzeit fliegen könnten. Die Richtung weist eher auf einen progressiven Weg (nach rechts) hin. Im hinteren Feld, das des Umfelds und der Familie, gibt es noch Schranken, Schilder, eine Schaufel, aber auch Edelsteine und Bäume. Wenig Bedrohliches geht von diesem Raum aus, in den beiden Ecken links stehen jeweils noch Panzer, die aber neben Bäumen aufgereiht sind und eher wie Relikte aus alten Zeiten wirken. Auffallend im gesamten Bild ist die Vegetation, die hinzugekommen ist. Es gibt nun unterschiedliche Bäume: Kleine Nadelbäume, große Nadelgewächse und große Laubbäume. Die Bäume bescheren uns durch die Photosynthese Sauerstoff. Sie lassen uns atmen. Dies ist ein großer Unterschied zwischen den zwei Bildern: Im ersten herrscht die (auch körperlich in der Gegenübertragung spürbare) Angespanntheit, die Kargheit vor. Lediglich eine Palme ist zu sehen. Sie kann als Sinnbild eines Baums in der Wüste betrachtet werden, der eine Vision von Labsal offenbart und die Errettung aus der Trockenheit und das Mitgefühl für Leidende anzeigen kann (Ronneberg, 2011). Dagegen herrscht im zweiten Bild eine lebendige Vegetation vor, die aufatmen lässt und zum Verweilen einlädt. Phallische Kräfte scheinen nun jetzt im Einklang zu sein mit Aspekten des Weiblichen.

Eine kleine Anmerkung: Der Vater hat eine kleine Segeljolle und war in dem Sommer, bevor das Bild entstanden ist, gemeinsam mit dem Sohn segeln!

Teil III: Sandspiel

11.3.3.2 Was soll man denn werden? – Weibliche Identität

Abb. 20:   11-jähriges Mädchen stellt sich die Identitätsfrage

11 Sandspiel im Rahmen der psychodynamischen Therapie

> *Ein 11-jähriges Mädchen entwirft ein Bild, in dem sie die Frauenfiguren aufstellt, die sie beschäftigen. Sie konnte zu diesem Bild nicht viel sagen, doch zeigte bereits der Behandlungsverlauf, dass die Auseinandersetzung mit ihren weiblichen Anteilen im Vordergrund stand. Sie kam zur Therapie wegen Schulängsten, Alpträumen und Schlafstörungen.*

Besonders deutlich zeigt dieses Bild, wie es manchmal wohl in Mädchen an der Schwelle zur Adoleszenz aussehen mag: Was für eine Frau soll ich denn mal werden? Sind meine Bilder bestimmt von meinen Kindheitsgeschichten, also von Königinnen, Piratinnen, ätherisch wirkenden Feen, Zauberinnen mit Zauberstab, Heiligen, Schneewittchen, Jungfrauen, oder der bösen Fee? Im Bild stellt das Mädchen Symbole der Sonne und des Mondes dar, also wieder Polaritäten, die es gilt aufzusuchen. Es wachsen viele Blumen, Knospen sind zu sehen, aber auch der Fliegenpilz. Ein rotes großes Herz ist fast ins Zentrum gerückt. Sollten die ersten libidinösen Regungen im Zeichen auftauchen? Insgesamt wirkt dieses Bild dennoch unruhig: Wo sollen wir hinschauen, welcher Schatz soll gehoben werden, welche Frauenfigur entspricht mir? Das sind Fragen, die Mädchen an der Schwelle zur Pubertät mit sich herumtragen. Könnten sie aussagekräftiger dargestellt werden als in einem solchen Sandbild? Die Unruhe, die Verwirrung, aber auch die Frage nach Verführung tauchen auf. Wem soll ich trauen, ist nicht doch ein Giftpilz dabei, oder gebe ich mich meinen schönen Fantasien hin? Wie will ich werden? Bin ich schön, gefalle ich so, wie ich bin? Das Mädchen verfügte über ein großes kreatives Potential und malte in dieser Zeit viele Bilder mit Mädchen aus unterschiedlichen Ländern mit den passenden Gewändern. Sie wollte mir diese Bilder aber nicht zeigen, sie mussten als Geheimnis zunächst in einer Mappe verschwinden. Darf sich wirklich noch etwas latent entwickeln, also im Geheimen? Im Zeitalter von »Germany's next Topmodel«, Snap Chat und Instagram scheint es geradezu etwas Besonderes zu sein, etwas zu bewahren und es zu beschützen. Dieses Sandbild zeigt die Kraft, die das Mädchen benötigt, um durch die anstehenden Wirren der beginnenden Adoleszenz zu navigieren.

Teil III: Sandspiel

Abb. 21: Selbstbild einer 11-Jährigen

Das Mädchen setzt in die Mitte eine rote Blume mit einem funkelnden grünen Stein. Im Kreis ordnet sie bunte Glassteine an, die auf dem blauen Untergrund noch mehr Leuchtkraft bekommen. Dieses Bild steht in seiner Buntheit dem ersten in fast nichts nach. Es ist ein Selbst-Bild, das für sich spricht. »*Die Manifestation des Selbst möchte ich als den wichtigsten Augenblick in der Entwicklung der Persönlichkeit bezeichnen.*« (Kalff, 2000)

Das Bild braucht keine Worte. Es wirkt durch die Zentrierung verbunden mit der Aura des Numinosen, dem man sich als Gegenüber nicht entziehen kann.

Vermutlich hat die Patientin den Glanz in meinen Augen beim Betrachten und Erspüren des Bildes wahrgenommen. Sie sagte nichts und schaute mich etwas verlegen an. Energetisch ist dieses Bild im Kontrast zum ersten Bild der Ruhepol, den die Latenz bieten kann. Bei all dem Aufregenden und in der Pubertät Bevorstehenden, was vermutlich schon erahnt und gefühlt wird, bedarf es des ruhigen Atemflusses und einer versuchsweisen Gestaltung, um Vertrauen zu sich selbst aufzubauen.

> **Zusammenfassung**
>
> Die Interpretation und Analyse der Latenzzeit, also der mittleren Kindheit, die Anna Freud noch als eine Zeit der Triebberuhigung gesehen hat, muss unter vielerlei Gesichtspunkten revidiert werden. Gesellschaftliche Veränderungen spielen eine große Rolle, die Veränderung des Medienkonsums, eine frühe Sexualisierungstendenz, die sich unter anderem in einer Zunahme von externalisierten Störungsbildern zeigen, führen dazu, dieser Zeitspanne besondere Beachtung zu schenken. In der Latenz entstehen im Schutzraum der Therapie spannende Bilder, die uns einen Blick auf das freigeben, was es noch zu bearbeiten gilt. Auch in der Latenz kann das Sandbild als Möglichkeit gesehen werden, frühe Irritationen und ungelöste ödipale Verstrickungen aufzulösen. Ebenso können Identitätskrisen bearbeitet und dem Latenzkind damit eine stabilere Basis zur Verfügung gestellt werden für die Bewältigung der Wirren der Adoleszenz.

Literatur zur vertiefenden Lektüre:

Seiffge-Krennke, I. (2017). Die Psychoanalyse des Mädchens. Stuttgart: Klett-Cotta.
Kehlenbeck, C. (1996). Auf der Suche nach der abenteuerlichen Heldin. Weibliche Identifikationsfiguren im Jugendalter. Frankfurt/ New York: Campus.
Analytische Kinder- und Jugendlichen Psychotherapie. Zeitschrift für Theorie und Praxis (2014). Zeit und Latenz. Heft 162, XLV. Jg. 2/2014. Frankfurt: Brandes & Apsel.
Stefan, V. (1997). Rauh, wild & frei. Mädchengestalten in der Literatur. Frankfurt: Fischer TB.
Schnacks, D. & Neutzling, R. (2011). Kleine Helden in Not: Jungen auf der Suche nach Männlichkeit. Hamburg: Rowohlt.
Quindeau, I. & Dammasch, F. (2014). Männlichkeit: wie weibliche und männliche Psychoanalytiker Jungen und Männer behandeln. Stuttgart: Klett-Cotta.

Weiterführende Fragen

- Der Begriff der Latenz als Phase der Triebberuhigung wird zunehmend revidiert. Ein Faktor dabei ist die gesellschaftliche Entwicklung, unter anderem der Medienkonsum. Kann diese Veränderung phänomenologisch erfasst werden?
- Welche Chancen bietet das therapeutische Sandspiel im Hinblick auf die geschlechtsspezifische Identitätsentwicklung?
- Wie können wir Frühstörungsanteile in der Behandlung mit Latenzkindern aufspüren? Wie zeigen sich die Frühstörungsanteile in den Gegenübertragungsreaktionen?

11.4 Sandspiel in der Adoleszenz

Was meint Sandspiel in der Adoleszenz? Jugendliche schauen sich die Sandkästen oft mit kritischer Miene an, lächeln milde und fragen vielleicht, wofür das denn gut sein solle. Manche ignorieren die Vielzahl von Figuren und Spielmaterial gänzlich, fast so, als ob sie mitteilen wollten, dass das Reliquien aus (gefühlt) uralten Zeiten sind, mit denen sie nichts mehr zu tun haben. Früher hatte ich in der Praxis ein »Elternzimmer« sowie ein »Kinderzimmer« und die Jugendlichen sollten sich entscheiden, in welches Zimmer sie gehen möchten. Es war interessant zu beobachten, wie sich Jugendliche einschätzen und was sie brauchen: Sollten sie nochmal »Kind sein« oder lieber das »Erwachsensein« ausprobieren? Oder sollten sie zwischendurch die Zimmer wechseln und damit die inneren Einstellungen verändern? Aber was fangen nun Jugendliche mit dem Sandkasten an, wenn sie nicht mehr Kinder sind, aber auch noch nicht erwachsen, sondern sich irgendwo dazwischen befinden, also »Heranwachsende« (lat. adolescere) sind? Es kann an dieser Schnittstelle sehr reizvoll sein, die Jugendlichen zu ermuntern, ein Sandbild zu machen. Wenn sie ihre Ambivalenzen und ihren Protest nicht schon am Anfang unterbringen, indem sie das

Sandspiel vehement ablehnen, dann zeigt sich das Kernthema in einer besonderen Art des Gestaltens. In einer oftmals reduzierten, fragmentierten Gestaltung erkennen wir die Themen der Adoleszenz, die Störungsbilder der Jugendlichen. Ich habe drei Bilder ausgesucht, die von der Thematik zwar sehr unterschiedlich sind, diese Reduziertheit aber sichtbar machen. Wenn uns Jugendliche ein Sandbild schenken, dann gilt es, das Essentielle trotz all der Widersprüchlichkeiten und Abwehrmechanismen, die sie in der krisengeschüttelten Zeit benötigen, herauszufiltern.

Adoleszenz heißt zunächst, körperliche Veränderungen auf einer psychischen Ebene zu bewältigen. Es fließen Beziehungserfahrungen im jeweiligen sozialen und kulturellen Kontext mit hinein. Es stellen sich Fragen des Umgangs mit der Sexualität ebenso wie Fragen der Berufsfindung. Veränderungen zur Primärfamilie mit dem ethisch-moralischen und auch kulturellen Hintergrund bedingen sowohl Orientierung als auch Konflikte und Ängste.

11.4.1 »Das Wegwischen des Alten«

Ein 18-jähriger Heranwachsender macht im Sand ein erstes Bild mit einem Lineal. Er entwirft Linien, die sich durch den Sand ziehen. Es ist ein vom Bewusstsein geprägter Entwurf. Dann aber wischt er alles weg und sagt: »*Okay, jetzt mach ich es richtig.*« *Dann entsteht dieses Bild (▶ Abb. 22), das nach dem ersten Versuch wie eine Verwerfung der alten Lebenssituation wirkt, so wie Jugendliche manchmal ihr Kinderzimmer aufräumen und alle Insignien der Kindheit* »*wegwischen*«, *um für die neue Identität Platz zu schaffen.*

Auffallend ist zunächst die diagonale Aufteilung. Sie weist auf eine Entwicklungslinie hin. Im bewusstseinsnahen Raum (vorne rechts) stehen sechs Türme, phallische Erscheinungen, die aber unbezogen und unverbunden dastehen. Erst durch den Gegensatz des Waldes mit einem Haus auf dem Berg in der hinteren linken Ecke erfährt das Bild eine Ausgeglichenheit. Zwischen diesen unterschiedlichen Welten ver-

Teil III: Sandspiel

Abb. 22: Die diagonale Entwicklungslinie eines 18-Jährigen

läuft ein Fluss, den es zu überqueren gilt. Der Wald mit dem geheimnisvollen Waldhaus symbolisiert hier mit seiner fremdartigen Wirkung ein »Außerhalb« der bewohnten Bezirke des Bewusstseins.

> *Der junge Erwachsene hat bereits zu Beginn der Pubertät aufgehört, sich mit den Anforderungen der Adoleszenz zu befassen. Traumatische Trennungen ließen ihm vermutlich keine Wahl, als sich in eine andere Welt zu retten. Er beschreibt, als er noch zur Schule ging, hätte sein Leben im Grunde virtuell in Computerspielen stattgefunden. Er hätte keine Freunde gehabt und wäre als Autist eingestuft worden. Nun habe er den Wunsch und das Bedürfnis, die Welt und sich kennenzulernen.*

Mit diesem Bild deutet er an, dass er den Zugang zum Unbewussten sucht. Noch sind die Räume nicht bewohnt. Es bleibt noch im Bereich der Phantasie, zu erahnen, wer wohl im Häuschen im Wald sitzt.

Dennoch zeigt der Jugendliche seine Bereitschaft, sich auf den Weg zu machen, sein Leben anzureichern mit den Symbolen und Zeichen aus dem Unbewussten. Ein Lebenshunger ist in ihm auszumachen, sodass man getrost darauf hoffen kann, dass die Signale des Unbewussten in einem therapeutischen Setting bearbeitet werden können.

11.4.2 Körperselbstbild

Ebenfalls in der Diagnoale angelegt sind zwei Frauenfiguren im nächsten Sandbild (▶ Abb. 23).

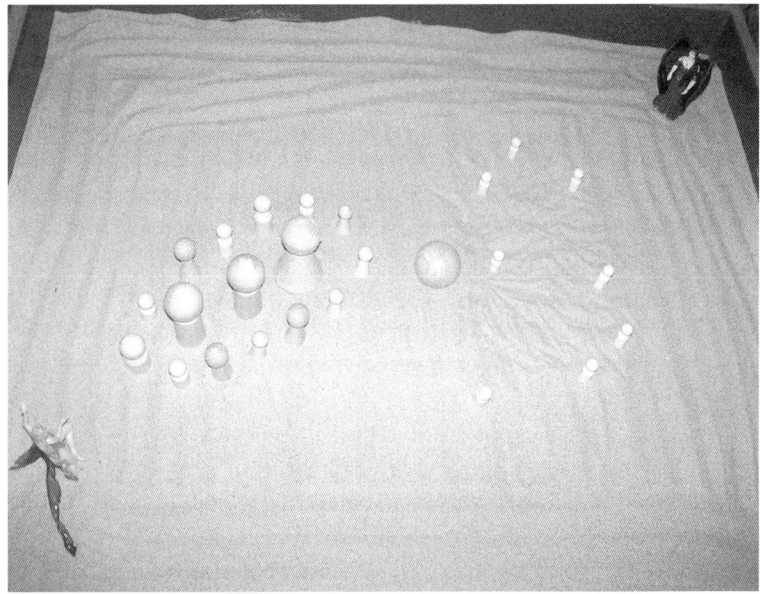

Abb. 23: Ein Körperselbstbild einer 16-Jährigen

Der Sandkasten wurde zunächst mit den Fingern zart bearbeitet, die Textur hat sich zu Linien geformt, die entlang des Sandkastens verlaufen. Auffallend sind in der Mitte die Holzfiguren: In der linken Ecke formieren sich drei große Figuren, um die kreisförmig kleinere Figuren angeordnet sind. Auf der rechten Seite liegt eine Kugel im Sand, daneben gibt es kleine Holzfigürchen, die lose verstreut sind. In den Ecken stehen sich eine Fee mit langen Flügeln und eine »böse Fee« mit Hörnern gegenüber.

Wenn die Figuren fehlen bzw. schematisch angedeutet werden, handelt es sich meist um Körperbilder/Körperselbstbilder.

Die Jugendliche ist 16 Jahre alt und kam nach einem Klinikaufenthalt wegen Anorexie zur ambulanten Therapie. Dieses Bild entstand am Anfang, die Patientin war noch deutlich untergewichtig.

Sie liefert mit diesem Bild wichtige Schlüsselinformationen.

Wir sehen eine Elfe, ein in Auflösung begriffenes Wesen einer »bösen Fee« mit Hörnern, wohl stellvertretend für die überkontrollierende Mutter. Die linke Holzfigurenansammlung könnte auf Bruder, Vater, Mutter hinweisen, denen sie nur als magersüchtiges Feenwesen gegenübertreten kann. Die mittige Holzkugel steht wohl für die Patientin selbst, sie symbolisiert ihren Kopf (der bei einem sehr abgemagerten Körper oftmals riesig erscheint). Der Körper ist vielleicht in den zarten Sandlinien, die sich verlieren, symbolisch angezeigt. Nur in diesem Zustand kann sie vor die »böse Fee« treten.

Die Anorexie ist eine konstant durchgehaltene einmalige Reaktion auf den durch die Pubertät ausgelösten prämorbiden Zustand von Spannung, Angst und Leere. Mit der Abmagerung werden die Spannung und die Angst beseitigt und auf die Abmagerungsgrenze verschoben. Die Angst vor der Trennung von den Eltern und die Angst vor der Übernahme einer weiblichen Identität werden unerträglich. Meist liegt ein Trauma in den ersten Autonomiebestrebungen des Kleinkindes durch eine dominierende, überfürsorgliche oder strafende Mutter vor. Die Kinder entwickeln eine Scheinautonomie. Mit der Pubertät verändert sich aber nun der Körper und nimmt die Form des bösen »Mutterobjektes« an, das verschlingt und die Autonomie verhindert. Der untergewichtige Körper ist das »idealisierte gute Mutterobjekt«, das die Patientin nicht bedroht. Panik und Depression droht, wenn das Körpergewicht steigt, weil dann die Fusion mit der bösen Mutter droht. Dagegen entsteht ein manisches Hochgefühl, wenn das böse Objekt beherrscht und überwältigt wird. Das Einssein mit dem »Nicht-Mutter-Objekt« verschafft ein Gefühl von Omnipotenz. Dieses Bild zeigt deutlich die Dynamik der Anziehung und Abstoßung sowie den Zustand, nicht wirklich autonom werden zu können (Hirsch, 2000).

Zusammenfassend können wir feststellen, dass das Spannungsfeld zwischen dem internalisierten idealisierten Mutterbild und dem bedrohlichen Mutterbild sowohl in der Auswahl der Figuren als auch in der Raumaufteilung ersichtlich wird. Die Leere, die über die Textur des Sandes und über die Farb- und die Gestaltlosigkeit zum Ausdruck kommt, ist deutlich zu spüren. Das Sandbild kann hier eine Hilfe bei der Diagnostik sein. Es ist ein Entwurf, der zeigt, wohin die dynamische Entwicklung gehen kann: Das Spannungsfeld der Mutterobjekte zu bearbeiten und die fehlende triangulierende Kraft wahrzunehmen, die für die Autonomieentwicklung notwendig sein wird.

11.4.3 »Wer bin ich?«

In diesem Sandbild einer 17-Jährigen wird ebenfalls eine Entwicklung angezeigt, dieses Mal nicht in der diagonalen Linie, sondern durch einen abgegrenzten Bogen, der mit feuchtem Sand gestaltet wurde.

Die 17-Jährige kam aufgrund von Verlassenheitsängsten und depressiver Stimmung. Sie sagte, sie habe Angst, ihr Freund könne sie verlassen. Die »Nicht-Beziehung« zum Vater wolle sie nun verstehen. Die Jugendliche wohnt bei der Mutter. Der Vater hat die Familie verlassen, als die Patientin 9 Jahre alt war. Die Jugendliche hat noch zwei erwachsene Halbbrüder aus der ersten Ehe des Vaters. Der Vater habe kein Interesse an ihr gehabt, er sei einfach ohne Abschied gegangen. In kurzer Folge kam es in der Familie zu mehreren Todesfällen: Schwere Erkrankungen der Schwestern der Mutter und schließlich eine Krebserkrankung des Vaters.

Teil III: Sandspiel

Abb. 24: Identitätskrise in der Adoleszenz – eine 17-Jährige mit Verlassenheitsängsten

Dieses Sandbild entstand in den ersten Stunden. *Die Jugendliche überschreibt ihr Bild mit »Wo ich hin will«.* Peter Blos beschreibt, dass die Frage der frühen Adoleszenz »Wer bin ich?«, die von Heranwachsenden gestellt wird, allmählich in Vergessenheit versinkt und stattdessen ein Bewusstsein des Selbst auftaucht, das mit den Worten umschrieben werden kann: »Das bin ich«. Diese Deklaration wird selten direkt geäußert, sondern in der Lebensform zum Ausdruck gebracht (Blos, 1962).

Im Bild sehen wir die Jugendliche als weiß gekleidete junge Frau, die vor dem Halbkreis in die Richtung männlicher Figuren schaut. Im Hintergrund sind zwei Paare aufgestellt. Einmal »Hänsel und Gretel« und ein Hochzeitspaar. Hier deutet die Jugendliche idealisierte Beziehungsfantasien an. Sie selbst wünscht sich einen Mann, der sie im Arm hält.

Im Bild spannt sie den Bogen von der Kindheit, mit dem Wunsch, geschwisterlich gehalten zu werden, und dem Brautpaar, einer erwachsenen Liebe. Zwischen der Geschwisterliebe und dem Brautpaar liegt die Herausbildung einer erwachsenen Geschlechtsidentität, eines weiblichen Lebensentwurfs. Damit eröffnen sich auch neue Räume der Lustmöglichkeiten. Die sich verstärkenden sexuellen Wünsche verweisen auf neue Liebesbindungen. Meist sind sie begleitet von Angst- und Verlustgefühlen. Es entstehen ambivalente Gefühle, einerseits wird an alten Bindungen festgehalten, gleichzeitig sollen diese Bindungen jedoch zugunsten neuer Erfahrungen aufgegeben werden. Träume, Fantasien, Liebes- und Lebenshunger vermischen sich und wechseln sich mit Einsamkeitsempfindungen, Trauer und Wut ab.

Sie selbst fühle sich »gefangen« in diesem Bild, sagt die Patientin. Sie wisse nicht, wo sie hingehen solle.

Der Blick weist nicht auf die Paare hin, sondern auf die anderen Figuren. Um die symbolische Hochzeit, die Vereinigung von Himmel und Erde, zu erreichen, wie in der heiligen Hochzeit, bedarf es anscheinend noch der Auseinandersetzung mit den männlichen Figuren. Hier nun hilft uns die Betrachtung des Animus, des »inneren Mannes der Frau«.

Die männlichen Anteile im Unbewussten der Frau zeigen positive und negative Aspekte. Die frühen Erfahrungen mit dem personalen Vater haben Auswirkungen auf den Animus der Jugendlichen. Hier treten nun unterschiedliche männliche Figuren auf: Einmal gibt es eine Gruppierung von vier Männern, die »*alles abschotten*«. Das ist ein nicht unübliches Bild, wenn der Animus in Mehrzahl auftritt: als ein Rat, als Vorschriften oder Verbote. Die männlichen Figuren wirken nicht bezogen, sondern starr und blicken nicht in die Richtung der Jugendlichen (Jung, E., 1983, S. 37)

Dann gibt es den Mann mit junger Frau, beide zeigen mit dem Finger auf die Mitte. Die Jugendliche erklärt hier, das sei der neue Geliebte der Mutter, das würde ihr sehr Angst machen. Die Mutter wird hier als flotte Blondine dargestellt, der Mann dahinter scheint entschieden, demonstrativ, zeigend, doch wenig bezogen auf die Frau. Dennoch stellen sie ein Paar dar. Eine Figur rechts unten wirkt farblos, bewegungslos, steht starr und im Blickfeld der weißen Frau da (also der Jugendlichen).

Wenn wir die beschriebenen Figuren als Animusaspekte begreifen, so können wir mit der Jugendlichen an ihren Projektionen arbeiten. Sie kann sich dabei selbst ein wenig besser kennenlernen. Sie wird sich auch mit den negativen Aspekten des Animus auseinandersetzen müssen, denn diese halten sie vermutlich »gefangen«.

Marie-Louise von Franz beschreibt vier Stufen der Animusentwicklung. Die erste Stufe umfasst die physische Kraft. Die zweite Stufe beschreibt die Tatkraft und mit der dritten Stufe kommt das »Wort« hinzu, sodass in der vierten Stufe schließlich der Animus Sinn stiftend wirkt und zum Vermittler von schöpferischer Kraft wird (Franz, 1968).

Die Jugendliche scheint zu Beginn der Behandlung gefangen zu sein in der ersten Stufe. Sie litt unter einer Konversionsstörung: Sie hatte Knieschmerzen, die erhebliche Bewegungseinschränkungen nach sich zogen, ohne dass ein medizinisches Korrelat gefunden werden konnte. Die Arbeit mit der Jugendlichen im Zuge dieses Sandbildes löste die depressive Gelähmtheit relativ schnell auf. Über die Auseinandersetzung mit dem Vater und den Animus-Bildern begann sie, sich mit ihren unbewussten männlichen Anteilen auseinanderzusetzen.

Zusammenfassung

Meist schon zu Beginn der Behandlung zeigen uns Jugendliche ihre Abwehr und ihre Widersprüche, die notwendige Strategien des Erwachsenwerdens sind. Wenn sie sich auf ein Sandbild einlassen, trägt dieses Signaturen der Widersprüchlichkeit, der Ungereimtheit.

In der Adoleszenz müssen große psychische Umbauprozesse bewerkstelligt werden. Der Triebschub eines Adoleszenten kann bisweilen bedrohlich werden, manchmal wird der Körper zum Verfolger oder zum Feind (Laufer & Laufer, 1989, S. 66). Dieses Phänomen finden wir u. a. in der Symptomatik der Essstörungen. Zwischen Zeigen und Verstecken, zwischen Reden und Schweigen, zwischen Autonomie und Abhängigkeit können wir im Sand Entwicklungslinien finden und die innere Zerrissenheit der Adoleszenten verstehen und deuten.

Literatur zur vertiefenden Lektüre

Mertens, E. (2007). Klippen weiblicher Adoleszenz. Frankfurt: Brandes & Apsel.
Streek-Fischer, A. (2006). Trauma und Entwicklung. Frühe Traumatisierungen und ihre Folgen in der Adoleszenz. Stuttgart: Schattauer.
Flaake, K. & King, W. (Hg.) (1995). Weibliche Adoleszenz. Zur Sozialisation junger Frauen. Frankfurt: Campus.

Weiterführende Fragen

- Ein wesentlicher Komplexbereich umfasst in der Adoleszenz die Bereiche Autonomie und Abhängigkeit. Wie suchen Heranwachsende im bildhaften Ausdruck nach einer Lösung?
- Wenn die Figuren im Sand fehlen, also über die Textur des Sandes gearbeitet wurde, handelt es sich meist um ein Körperbild/Körperselbstbild. Welche Instrumente des therapeutischen Herangehens sind dann hilfreich?

Fazit Sandspiel

Für den psychodynamischen Prozess ist das Sandspiel neben dem Malen, Zeichnen und freien Gestalten eine weitere Möglichkeit, innerseelische Prozesse abzubilden. Da manche Kinder beim Zeichnen und Malen sofort in den Strudel des Leistungsdenkens geraten, bietet das Sandspiel für sie die Möglichkeit, mit »fertigen« Figuren zu gestalten. C. G. Jung lieferte uns mit dem Symbolverständnis und den archetypischen Signaturen die Grundlagen, neben den Übertragungsprozessen das Bewusste mit dem Unbewussten zu verbinden.

Bei frühen Bindungsstörungen kann das Sandspiel zur Milderung von Spannungszuständen beitragen und der Sandkasten als Projektionsfläche für unverdauliche psychische Elemente benutzt werden. In der mittleren Kindheit, der sogenannten Latenzzeit, entstehen Sandbilder, die die Möglichkeit geben, frühe Irritationen und ungelöste ödipale Verstrickungen aufzulösen. Ebenso können Identitätskrisen aufgespürt und bearbeitet werden. Jugendliche können in der Adoleszenz ihre innere Widersprüchlichkeit und ihre Suche nach Entwicklungslinien im Sand andeuten.

Die entstehenden Sandbilder nehmen wir zunächst mit all unseren Sinnen wahr. Bis in den Körper hinein spüren wir oftmals die Übertragungen. Wenn die Symbolik verstanden wird, dann können Sandbilder eine kostbare Navigationshilfe durch den Therapieprozess darstellen.

Unaussprechbares und Quälendes wird ebenso wie das Harmonische, das Leuchtende, das Vollkommene im schöpferischen Akt gezeigt und damit in die therapeutische Beziehung gebracht. Die Besonderheit des Sandspiels ist die Entzauberung: Die Figuren werden wieder weggeräumt, der Sand geglättet. Ganz so, wie sich das Meer die kunstvoll gestalteten Sandburgen einverleibt und damit das kreative Spiel von

Neuem beginnen kann, auch wenn wir an den wunderschönen Bildern manchmal am liebsten festhalten würden.

So wie wir uns der ewigen Ordnung von Ebbe und Flut gewiss sein können, so müssen sich Kinder und Jugendliche auf das therapeutische Setting mit den zunächst unbespielten Sandkästen verlassen können. Nur dann kann ihr schöpferisches Potential, das in seiner Triebhaftigkeit das Erschaffen und das Zerstören in sich trägt, zur Entfaltung kommen und letztlich zur Heilung führen.

In einer Welt, in der virtuelle, elektronische Bilderfluten zwar affektiv hoch aufgeladen sind, doch kaum verarbeitet und verdaut werden können, wirkt das Sandspiel wie eine Entschleunigung. Unabhängig von den Entwicklungsphasen geben und brauchen wir Zeit für das Hin- und Herschwingen zwischen dem Tun im Sand und der Wahrnehmung der analytischen Beziehung.

Literaturverzeichnis

Appleton, M. (2016). Der Einfluss des Geburtstraumas auf das körperliche und seelische Wohlbefinden des Babys. In: Hildebrandt, S. et.al. (Hrsg). Schwangerschaft und Geburt prägen das Leben. Heidelberg: Matthes.
Ammann, R. (1989). Heilende Bilder der Seele. München: Kösel.
Bachmann, H. I. (1998). Die Spur zum Horizont. Stuttgart: Klett Cotta.
Banzhaf, H. (1997). Der Mensch in seinen Elementen. München: Hugendubel.
Benzen, M. (2016). Das neuroaffektive Bilderbuch. Kopenhagen: Hans Reitzels Forlag.
Blos, P. (1973). Adoleszenz. Eine psychoanalytische Interpretation. Stuttgart: Klett-Cotta.
Brisch, K. H. (1999). Bindungsstörungen. Stuttgart: Klett Cotta.
Clarus, I. (1991). Keltische Mythen. Der Mensch und seine Anderswelt. Olten: Walter.
Cooper, J. C. (1986). Illustriertes Lexikon der traditionellen Symbole. Wiesbaden: Drei Lilien.
Dammasch, F. (Hrsg.) (2012). Jungen in der Krise. Das schwache Geschlecht? Frankfurt a. M.: Brandes & Apsel.
Doidge, N. (2015). Wie das Gehirn heilt. Neueste Erkenntnisse aus der Neurowissenschaft. Frankfurt/New York: Campus.
Duve, K. & Völker, T. (1997). Lexikon berühmter Tiere. Frankfurt a. M.: Eichborn.
Eckstut, J. & Eckstut, A. (2013). Die geheimnisvolle Sprache der Farben. Köln: Fackelträger.
Erikson, E. H. (2015). Identität und Lebenszyklus. 27. Aufl. Frankfurt/M.: Suhrkamp.
Eschenbach, U. (1978) (Hrsg.): Das Symbol im therapeutischen Prozess bei Kindern und Jugendlichen. Stuttgart: Bonz.
Feldenkrais, M. (1996). Bewusstheit durch Bewegung. Frankfurt: Suhrkamp.
Finlay, V. (2008). Das Geheimnis der Farben. 8. Aufl. Berlin: List TB.
Fordham, M. (1974). Das Kind als Individuum. München/Basel: Ernst Reinhardt.

Franz, von M.-L. (1968). Der Individuationsprozess. In: Jung, C. G.: Der Mensch und seine Symbole. 14. Aufl. 1995, Solothurn/Düsseldorf: Walter-Verlag.

Gernhardt, A., Balakrishnan, R., Drexler, H. (Hrsg.) (2014). Kinder zeichnen ihre Welt, Entwicklung und Kultur. Weimar/Berlin: das netz.

Gontard, v. A. (2007). Theorie und Praxis der Sandspieltherapie. Stuttgart: Kohlhammer.

Grimms Hausmärchen (1983). Gesamtausgabe. Bayreuth: Gondrom.

Heinemann E. & Hopf, H. (2012). Psychische Störungen in Kindheit und Jugend. 4., aktualisierte und erweiterte Auflage. Stuttgart: Kohlhammer.

Hirsch, M. (2000). Körper und Nahrung als Objekte bei Anorexie und Bulimie: In: Hirsch, M. (Hrsg.). Der eigene Körper als Objekt. Gießen: Psychosozial-Verlag.

Hopf, H. (2014). Die Psychoanalyse des Jungen. Stuttgart: Klett-Cotta.

Hüther, G. (2011). Interview vom 01.05.2011; Welt am Sonntag.

Jacoby, M. (1998). Grundformen seelischer Austauschprozesse. Zürich/Düsseldorf: Walter.

Jung, C. G. (1995). Die Dynamik des Unbewussten. GW 8. Düsseldorf: Walter.

Jung, C. G. (1995). Psychologische Typen. GW 6. Düsseldorf: Walter.

Jung, E. (1983). Animus und Anima. (5. Aufl. 1996). Leinfelden-Echterdingen: Bonz.

Kalff, D. (2000). Das Sandspiel. Seine therapeutische Wirkung auf die Psyche. (4. Auflage). München/Basel: Ernst Reinhardt.

Kast, V. (1990). Die Dynamik der Symbole. Grundlagen der Jungschen Psychotherapie. Düsseldorf: Walter.

Käppeli-Valaulta, K. (2016). Ist alles machbar? Die künstliche Befruchtung mit den Augen der Kinder. In: Hildebrandt, S. et al. (Hrsg). Schwangerschaft und Geburt prägen das Leben. Heidelberg: Matthes.

King, V. (2014). Im Zwischenraum der Latenz. In: Zeitschrift für Theorie und Praxis der Kinder- und Jugendlichen-Psychoanalyse und der tiefenpsychologisch fundierten Psychotherapie. Zeit und Latenz. Heft 162, S. 131–146.

Krenz, A. (2010). Was Kinderzeichnungen erzählen. 3. Aufl. Dortmund: modernes lernen.

Krohne, H. W. (2010). Psychologie der Angst. Stuttgart: Kohlhammer.

Laufer, M. & Laufer, M. E. (1989). Adoleszenz und Entwicklungskrise. Stuttgart: Klett-Cotta.

Levine, P. & Kline, M. (2015). Verwundete Kinderseelen heilen. München: Kösel.

Lüscher, M. (1978). Farben, visualisierte Gefühle Gebrüder Schmidt Druckfarben.

Lurker, M. (1991). Wörterbuch der Symbolik. Stuttgart: Kröner.

Lutz, C. (1976). Gruppentherapie mit Kindern. Fellbach: Bonz.

Lutz, C. (1980) Kinder und das Böse. Stuttgart: Kohlhammer.

Lutz, C. (2010). Jason und Medea. Stuttgart: opus magnum.
Lutz, C. (2014). Adoptivkinder fordern uns heraus. Stuttgart: Klett Cotta.
Lutz, C. (2016). Mythen und Märchen in der psychodynamischen Therapie von Kindern und Jugendlichen. Stuttgart: Kohlhammer.
Müller, L. & Müller, A. (Hrsg.) (2003). Wörterbuch der analytischen Psychologie. Düsseldorf: Walter.
Müller, U. (2014). Vorwort. In: Zeitschrift für Theorie und Praxis der Kinder- und Jugendlichen-Psychoanalyse und der tiefenpsychologisch fundierten Psychotherapie. Zeit und Latenz. Heft 162, S. 127–129.
Neumann, E. (1980). Das Kind. Struktur und Dynamik d. werdenden Persönlichkeit. 3. Aufl. 1995. Fellbach: Bonz.
Neumann, E. (2004). Ursprungsgeschichte des Bewusstseins. Düsseldorf /Zürich: Walter.
Pattis, E. (2002). Mit den Händen begreifen. In: Zeitschrift für Sandspieltherapie, Heft 12.
Pattis Zoja, E. (2012). Expressive Sandarbeit. Gießen: Psychosozial.
Reichelt, S. (1996). Verstehen, was Kinder malen. Zürich: Kreuz.
Reichholf, J. H. (2015). Einhorn Phönix Drache. Woher unsere Fabeltiere kommen. Frankfurt am Main: Fischer TB.
Ronnberg, A. (Hrsg.) (2011). Das Buch der Symbole. Köln: Taschen.
Safranski, R. (2015). Zeit: Was sie mit uns macht und was wir aus ihr machen. München: Hanser.
Sanders, H. (Hrsg.) (1982). Das gestörte Selbst. Fellbach: Bonz.
Schiller, F. (1795). Briefe über die ästhetische Erziehung des Menschen. Tübingen: Cotta.
Schimmel, A., Endres, F. C. (1999). Das Mysterium der Zahl. München: Diederichs Gelbe Reihe.
Schliephacke, B. (1979). Bildersprache der Seele. Berlin: Telos.
Schottländer, F. (1986). Die Mutter als Schicksal. Erfahrungen eines Psychotherapeuten. TB Neuauflage. Gütersloh: GTB Siebenstern.
Seitz, R. (1980). Zeichnen und Malen mit Kindern. München: Don Bosco.
Senges, C. (2001). Therapieleitfaden der Sandspielstudie bei Kindern und Jugendliche. Heidelberg, Unveröffentlichtes Manuskript, gemäß Gontard, v. A. (2007) Theorie und Praxis der Sandspieltherapie. Stuttgart: Kohlhammer.
Spitz, R. (1973). Die Entwicklung der ersten Objektbeziehung. Stuttgart: Klett-Cotta.
Stachelhaus, H. (1987). Josef Beuys. Düsseldorf: Claassen.
Stern, A. (2016). Spielen, um zu fühlen, zu lernen und zu leben. München: Elisabeth Sandmann.
Tonetti-Vladimirova E. (2016). Geburt ins Sein-Neukodierung der limbischen Prägung. In: Hildebrandt, S. et al. (Hrsg.): Schwangerschaft und Geburt prägen das Leben. Heidelberg: Matthes.

Watzlawick, P. (2005). Münchhausens Zopf oder Psychotherapie und Wirklichkeit. München: Piper.

Winnicott, D. W. (1973). Vom Spiel zur Kreativität. (13. Aufl. 2012). Stuttgart: Klett-Cotta.

Wohlleben, P. (2015). Das geheime Leben der Bäume. 23. Aufl. München: Ludwig.

Stichwortverzeichnis

A

Abbild 128
Abbildung 51
Abgrenzung 37, 45, 99, 128, 151
Abhängigkeit 23, 47, 49, 51, 89, 102
Ablehnung 88
Ablösung 55
Abstinenz 107
Abwehr 40, 81
Adoleszenz 37, 211
Affekt 35 f., 53, 55 f., 104, 115
Affektdurchbrüche 178
Affekte 40
Aggression 34, 45, 63, 65, 74, 80, 82–84, 86, 104, 123, 127, 178
aggressiv 31, 65, 82
aggressive Impulse 36
Aggressivität 64, 69, 81
Aggressor 62
Agieren 143
Aktivität 20, 49, 64, 81, 100, 145, 150
Akzeptanz 64, 151
ambivalent 113
Ambivalenz 37, 44, 88
Analytische Psychologie 46
Analytischen Psychologie
– C. G. Jung 43, 72
Anerkennung 33
Angst 40, 45, 59–61, 64, 81–84, 114, 151 f.

Angst-Aggressionswerk 127
Ängste 14, 63
Animus 222
Anorexie 218
Anpassung 87, 128
Anspannung 63
Anspruch 60
Anspruchshaltung 63 f.
Anteilnahme 137
Antworten 108
Archetyp 46, 116, 170
archetypisch 45 f., 77, 88, 102 f., 111, 113, 118, 122, 124, 126, 133, 159
Archetypisches Kernelement 169
Arm 32, 71
Arme 34, 51, 80 f.
Aspekt 16 f., 21, 31, 37 f., 47, 66, 83, 98, 145, 150, 154
Aspekte 111
Assoziation 77
Aufbruch 27
Auferstehung 119
Aufgabe 108
Aufklärung 45
Aufmerksamkeit 51, 149
Auge 37 f., 54
Augen 30, 34, 51–53, 56, 61, 65, 80, 83
Augenkontakt 43
Ausdauer 118, 126, 132
Ausdruck 16, 19, 21, 23, 26, 31, 35, 40, 65, 67 f., 86, 134

231

Ausdrücke 100
Auseinandersetzung 15, 49, 55 f.,
  63 f., 98, 102
Ausgeliefertsein 106
Auslöser 195
Aussage 26, 121
Autonomie 20, 31, 47, 51, 102,
  126, 154, 168
Autorität 56

B

Bauch 31, 51
Baum 38, 69, 88
Bausteine 131
Bearbeitung 84, 100
Bedeutung 24, 100, 103, 119, 132
Bedrohlichkeit 24
Bedrohung 117
Bedürfnis 154 f.
Bedürfnisbefriedigung 80
Bedürfnisse 63, 83, 131, 141, 153
Befindlichkeit 17, 27, 51
Befreiung 84
Begegnung 149
Begeisterung 95, 135
Begleiter 96
Begrenzung 104
Behandlung 61, 76, 149
Bein 71
Beine 34
Beobachter 137
Beobachtung 15
Bereitschaft 23, 27, 32, 95
Beruhigung 99
Berührung 81
Besinnlichkeit 120
Bestätigung 33
Betrachtung 21
Betroffenheit 99
Beunruhigung 36
Beweglichkeit 102
Bewegung 27, 91, 98
Bewertung 99, 159

Bewusstheit 91
Bewusstsein 16, 74, 97
Bewusstwerdung 81
Beziehung 16, 22, 37, 40, 46, 61,
  76, 81, 125, 149
Bezogenheit 120, 154
Bild 14, 20, 27 f., 30, 32 f., 36, 41,
  44–47, 51, 56, 68 f., 84, 87
Bindung 154
Bindungserfahrung 151
Bindungsrepräsentation 174
Bindungssicherheit. 183
Bindungsstörung 36
Bindungsstörungen 63
Bindungstheorie 173
Blickkontakt 38
Blume 68

C

C. G. Jung 35, 37, 81, 104, 125,
  146, 155, 166
Chance 20, 69 f., 72, 74, 81, 107
Chaos 188
Charakteristikum 86
Containerfunktion 190

D

Darstellung 32, 43 f., 86, 146
Dasein 49
Delegation 53
Demonstration 20
Denken 46, 149
Depression 20, 66, 68 f.
Desorientiertheit 69
Destruktive 65
Deutung 32, 142
Diagnose 66
Dinosaurier 182
Distanz 66, 99, 105, 127, 153
Distanzierung 23
Dominanz 44, 111
Doppelbödigkeit 133

Drachen 114, 143
Dramatik 27
Drei 87
Dreiheit 116
Druck 20
Dunkelängste 59
Durchbruch 127
Dynamik 21, 37, 51, 76, 86, 103 f.
dynamisch 126

E

Egozentrik 18
Eifersucht 53, 70
Eifersucht, Neid und Rivalität 70
Eigendynamik 137
Eigeninitiative 21, 91
Eigenschaften 103, 119, 125
Eigenständigkeit 31, 102, 128, 145, 154
Eigenwert 154
Eindeutigkeit 88, 154
Eindruck 16, 18, 26
Einfälle 87, 91, 110, 123, 131
Einheit 27
Einhorn 194
Einklang 143
Einmaligkeit 135, 149
Einsamkeit 80, 145, 150
Einschlafängste 127
Einschulung 49
Einsicht 33, 132
Einstellung 52, 56, 62, 79, 88
Einzeltherapie 121
Element 97, 103, 135
Element Erde 101
Eltern 32, 34, 40, 53, 61, 64, 66, 81, 85, 99, 115, 128
Elterngespräche 62
Emotion 51, 67
Emotionalität 141
Empathie 56
Empfindung 34, 53, 65, 84, 128
Energie 34, 100

Engagement 21
Enkopresis 188
Entspannung 61, 158
Entsprechung 35
Entwertung 68
Entwicklung 20, 60, 68, 91, 121, 125
Entwicklungs
– dynamik 20, 76
– möglichkeiten 67
– prozess 73
– schritte 35
– situation 35
– weg 116
Enuresis 188
Erahnen 75, 142
Erde 97, 102 f., 105
Erfahrung 17, 23, 26, 31, 46, 67, 69, 81, 84, 87, 100, 104, 118, 123–126, 143, 148 f., 151, 154
Erfahrungen 15, 28, 46, 56, 58, 103, 106, 114, 120, 122, 131, 150, 172–174, 183, 191, 221 f., 228
Erfolg 33
Ergebnis 110, 134
Erkenntnis 35, 52, 55, 67, 89, 96, 117, 142, 146
Erkenntnismöglichkeiten 110
Erklärung 133
Erleben 19, 36, 44, 53, 64, 84, 98, 150, 154, 158
Erlebnis 26, 38, 122
Erlösung 19
Erwachsen 87 f.
Erwachsene 135, 152, 158
Erwachsener 85
Erwartungen 125
Erwartungshaltung 61
Erzählung 43, 102
Erzieher 128
Erziehung 47
Erziehungsalltag 84
Erziehungshaltung 63, 79

Esche 117

F

Fähigkeit 23, 99, 108, 134
Fähigkeiten 124
Fantasie 136, 145
Fantasien 135, 153
Farbe 17 f., 24, 37, 44, 85
- Blau 18 f., 21, 27, 44, 65, 73
- Braun 23, 27, 44, 66
- Gelb 22, 65, 76, 82
- Grün 18, 44, 65, 67, 70 f., 83
- Lila 20, 54, 71
- Orange 71
- Purpur 73, 76
- Rot 21, 32, 44, 70, 73, 82, 85 f.
- Schwarz 23, 44, 47, 55, 65, 70, 75, 82, 85
- Violett 21 f.
- Weiß 23, 85
Farben 33
Farbigkeit 67, 70
Farbsymbolik 55
Fassade 86
Faszination 22
Feuer 21, 51, 69, 97, 103 f., 117
Figuren 143
Finger 31
Fisch 128
Fledermaus 46, 114
Flexibilität 91
Fliegenpilz 185
Form 146
Formen 126, 137
Frage 16
Freie Gestaltung 158
Freiheit 75, 125, 134
Freiraum 110, 134
Fremdbetreuung 63
Freund 128
Frühe Bindungsstörung 164
Frustrationen 65
Frustrationstoleranz 65, 91

Fühlen 73
Fürsorge 43, 70
Füße 34, 36

G

Ganzheit 27, 159
Geborgenheit 16, 19, 31, 35, 45, 102, 142
Geborgenheitserfahrungen 63
Geburt 31
Gedanken 91
Geduld 132
Gefahr 18, 38, 55, 104, 126, 145
Gefühl 14, 18, 32, 34, 43, 51, 55, 64, 87, 118, 135, 149, 151, 156, 158 f.
Gefühle 31, 35, 60, 70, 73, 79–82, 91, 97, 99, 127
Gegendemonstration 101
Gegensatz 86, 126, 158
Gegensätze 21, 67, 111, 117
Gegensätzlichkeit 88
Gegenübertragung 60, 67, 74, 82, 127, 133
Gegenübertragungsmoment 100
Gehalt 37, 111
Geheimnis 24, 38, 107, 114, 118, 122
Geist 55, 88, 95
Gemeinsamkeit 27, 111, 121, 126, 143, 151 f.
Generationenproblem 133
Genuss 23
Geschehen 98
Geschenk 121
geschlechtlich 30
geschlechtliche Identität 150
Geschlechtlichkeit 34, 152
Geschwister 53, 80
Gesetz 88, 125, 133
Gesetzmäßigkeit 97, 99, 121, 124
Gesicht 31, 34, 56, 60, 86
Gespenst 60, 127

Gespräch 30, 40
Gestalt 116
Gestaltung 16, 30, 43, 91, 95, 97, 120, 134, 138, 149, 154
Gestaltungen 96, 126
Gestaltungs
- freiheit 134
- kraft 127, 138
- möglichkeit 102, 110, 136
Gestaltwandel 32
Gesundheit 91
Gewalt 133
Glaubenssätze 59, 76
Gleichgewicht 142, 150
Glück 23, 46, 80, 125
Grenzen 79
Große Mutter 48
Grunderfahrung 97
Grundlage 98
Gruppe 85–88, 102, 124, 138, 143, 150
Gruppen
- arbeit 153
- erleben 87
- mitglieder 76
- solidarität 87
- therapie 84, 121

H

Haare 32, 35, 37, 54, 60
Halt 37, 126, 150 f.
Haltefunktion 190
Haltung 32, 65, 69, 86, 142
Hand 32, 51, 73, 149 f.
Hände 31, 34, 55, 81, 107, 120, 126
Handlungen 102
Harmonie 19, 53
harmonisch 111
Haut 71
Herausforderung 105
Herz 149
Hilflosigkeit 82, 128, 154

Himmel 19
Hingabe 21
Hintergrund 17, 105
Hoffnungslosigkeit 133, 156
Holz 116–118
Hören 116
Hund 128
Hypothese 34, 64
Hypothesenbildung 125

I

Ich 68, 73, 148, 158
- Entwicklung 183
- Entwicklungsstufen 167
- Erleben 149
- Identität 40, 149
Idee 135 f.
Identifikation 37, 62, 68, 79, 107
Identität 37, 40, 45, 55, 60, 83, 148, 151
Identitätsförderung 150
Impuls 21 f., 24, 47, 55, 62, 67 f., 82, 131, 134, 150, 155
Individualität 33, 97, 125, 137
Individuation 168
Individuationsprozess 168
individuell 103, 110
Individuum 33, 126
Initiative 102
Integration 84, 145
Integrität 18
Intelligenz 61
Intensität 34, 76
Interaktion 62, 64, 79, 84, 151
Interpretation 44, 76, 110
Intervention 74
Introjekt 127
Intuition 142
intuitiv 128
Isolation 150

J

Jugendliche 26, 43, 57, 63, 70, 125, 153, 158, 160
Junge 35, 55
Jungen 30, 32, 82, 119, 145

K

Kampf 52
Kasperpuppen 123
Kind 15 f., 45, 51, 62, 79, 95, 99, 134, 149
Kinder 26, 43, 114, 118, 143, 149, 158, 160
Kindergarten 27
Kindheit 65, 73, 96
Klage 52
Klang 141
Klugheit 125
kollektiv 98, 103
Kollektiv 204
Kommunikation 62
Kompetenter Säugling 183
Kompetenz 124, 145
Komplex 26, 43, 81, 114
komplexhaftes Erleben 100
Komplexität 117
Konflikt 23, 32, 37, 47, 59, 63, 67, 87, 107, 143, 145 f., 148, 154, 158
– bearbeitung 15
– lösung 22, 80
– situation 85, 135
– spannung 128
– thema 87
– vermeidung 63
Konfrontation 55
Konsequenz 96
Kontakt 43, 62, 66 f., 80 f.
Kontaktprobleme 124
Kontext 110
Kontrolle 63
Konzentration 17, 43, 118

Kopf 28, 31, 36, 51, 71, 116, 127, 149
Kopffüßler 28
Körper 36, 48
– funktionen 30
– kraft 118
Korrektur 43, 47
Kraft 28, 36, 66, 103, 105, 159
Kräfte 15, 95, 134, 148, 153
Kräften 137
Kraniche 125
kreativ 120
Kreativität 21, 38, 64, 84, 91, 95, 111, 114, 136, 143, 145, 154, 158
Kreis 27
Krokodil 186
Kultur 46

L

Labyrinth 125
Latenz 33, 164
Leben 21, 35, 49, 52, 61, 63–65, 68, 70, 73–75, 77, 88, 91, 98, 101, 103, 107, 117, 141, 150, 155 f., 160
Lebendigkeit 36
Lebens
– einstellung 117
– entwurf 49
– lust 21
– perspektive 64
Lebenssituationen 135
Lehrer 56, 85, 88
Leichtigkeit 22
Leisten 32
Leistung 83, 149
Leistungsanspruch 61
Lernen 32
Licht 117, 121
Liebesverlust 83
List 133, 142
Lösung 22, 52, 87, 126, 136, 138, 146, 154

Lösungen 155
Löwen 128
Loyalitätskonflikte 68
Luft 97, 103, 105–107
Luftprinzip 106

M

Macht 21, 43, 46, 48, 88, 98, 101, 104, 106, 111
– ausübung 106
– bedürfnis 45
– vollkommenheit 107
Mädchen 30, 32, 54, 59, 65, 69, 80, 83, 99, 123 f., 128, 137, 145
Malen 14, 20, 26, 43, 48, 72, 81, 115, 122
Mangelerfahrungen 35, 79
Manipulierbarkeit
Männlichen 101
Männlichkeitsentwicklung 115
Maske 51
Maßlosigkeit 100
Material 134, 148 f.
Matriarchat 111
Mensch 18, 30, 97 f., 149 f.
Menschen 111, 120, 126, 149, 158
Mentalisierung 172
Missbrauch 91
Möglichkeit 16, 49, 95, 97, 107, 124 f., 135, 158
Moiren 48
Moment 49, 101
Monster 31, 61
Motiv 45
Motivation 64, 145
Mund 30, 32, 34, 51, 53 f., 56, 65, 80
Mutter 23, 27 f., 33, 37 f., 40, 46, 48, 51, 54 f., 61, 68, 73 f., 105
– archetyp 83, 181
– beziehung 75
– Erde 106
mythisch 13

Mythos 80, 120, 133, 156

N

Nachsicht 132
Nähe 43, 99, 105, 153
Nahrung 80
Natur 46, 86, 97, 103, 111, 113, 142
Naturmaterialien 110
Neid 70
Neuorientierung 127
Neuwerdung 114
Nornen 48
Not 70
Notwendigkeit 102, 107, 141
Numinoses 167

O

Objekt 16, 40, 95, 114, 126, 134, 136
Objektbeziehung 175
Objektstufe 195
Ödipaler Konflikt 202
Ohnmacht 46, 88
Opfer 52, 83, 151
Opposition 68, 88
Orientierung 155
Originalität 153

P

Papier 122 f.
Passivität 20, 35, 66, 91
Patriarchat 111
Penis 45
Person 14, 26, 37
Persönlichkeit 15, 17, 84, 86, 141, 149
Persönlichkeitsbildung 150
Perspektive 23, 46, 55, 67, 69, 72, 75, 103, 105, 145, 148, 154
Pflichten 54

Phänomen 82, 88, 98, 143, 151
Phase 32
Phönix 74 f.
Pimmelkönig 45
Pol 88
polar 111, 117
Polarität 86, 154
Polarität der Symbole 185
Potential 34, 95, 153
Prä- und perinatale Erfahrungen 172
Präverbales Erleben 170
Prinzessin 45, 55, 68
Prinzip 46, 98
Problem 35, 88, 102
Problematik 45, 53, 68, 128
Progression 16, 20
Projektion 22, 53, 83 f., 86, 124, 152
Projektionsfläche 168
Psyche 53
Psychodynamische Therapie 150
Pubertät 37 f., 55, 68, 79, 86, 102, 164

R

Rahmen 16, 22
Rationalisierung 55
Rationalität 64
Rätsel 16, 34, 117
Raum 16, 27, 30, 36 f., 54, 69, 87, 97, 102, 118, 128, 131, 137, 154–156
Raumsymbolische Deutungen 195
Reagieren 143
Realität 35
Realitätsprinzip 77
Recht 133
Reflexion 87
Regression 35, 167
Reife 149
Reifungsdisharmonie 79
Religion 120

Reptiliengehirn 170
Resilienzforschung 174
Respekt 65
Ressource 32, 159
rituell 120
Rivalität 107
Romantik 19
Rückkehr 19
Ruhe 19, 61, 127

S

Sand 99, 101, 145
Schatten 24
Schattenaspekte 145
Schicksal 14, 117
Schlange 36, 114, 186
Schmerz 52, 88
schöpferisch 113
Schöpferische Prozess 170
Schöpferkraft 118
Schöpferprinzip 153
Schöpfungsmythen 183
Schöpfungsmythos 116
Schuld 84, 87 f., 197
Schuldgefühle 34, 59
Schulkinder 33
Schulphobie 49
Schutz 89
Schwangerschaft 31
Schweigen 43, 100
Schwellensituation 36
Schwester 27, 34, 53, 135
Schwierigkeit 65
Schwierigkeiten 72, 81
Sechs 87
Seele 128, 159
Sehen 116
Sehnsucht 22, 34, 37, 40, 45, 60 f., 87
Seil 126
Selbst 158 f., 167 f.
– achtung 18
– behauptung 18

- besinnung 49
- bestimmung 27
- bewusstsein 19, 33, 52, 107, 124
- Bewusstsein 149
- entfaltung 22
- erkenntnis 72, 83
- findung 107
- schutz 62
- sicherheit 154
- suche 159
- verständnis 150
- wahrnehmung 14, 18, 33 f., 72
- wert 135, 151, 175
- wertgefühl 18, 41, 52, 77
- zweifel 95

selbstheilende Kräfte 91
Sexualkontakt 100
sexuell 100
Sicherheit 31, 40, 98, 101, 111, 117, 142, 149, 151
Signal 17
Signalwirkung 21
Sinn 49, 111
Sinnbild 104
Sinneswahrnehmung 170
Situation 35, 67, 82, 98, 138
Situationen 97
Skelett 186
Sohn 55, 61, 65
Sonne 22, 35, 69, 74
soziale Kompetenz 150
Spannungen 45
Spiel 95, 127 f.
Spinne 47, 114, 186
Sprache 116, 153
Stabilität 26
Stärke 107, 117
Steine 101, 110
Stimmung 156
Stimmungslage 17
Subjektstufe 45, 86, 195
Symbol 13, 38, 98, 105, 116 f., 159, 169

Symbolik 24, 37, 48, 106, 110 f., 116, 124 f., 128, 134
symbolisch 102, 128, 144
Symbolisierung 177
Symbolkraft 118
Symbolsprache 103
Symbolverständnis 167
Symptom 35, 59, 145
Symptomatik 19, 34, 61, 99
Synchronizität 48, 125
Synonym 67, 133, 137, 156

T

Taktile Wahrnehmung 170
Täter 52, 84, 88, 151
Tatkraft 14, 80
Tendenz 22
Thematik 45
Themen 148
Theoriebildungen 125
Therapeut 43, 57, 84 f., 87 f., 96, 102, 124, 126, 128, 142, 146, 160
therapeutische Haltung 81
Therapie 20, 36, 65 f., 73 f., 76, 81, 83, 85, 99, 113, 122 f., 127, 141, 143
Tic 21
Tiefe 18
Tiere 13
Tochter 53–55, 81
Tod 22, 73–75, 87 f., 117, 141, 155
Toleranz 69
Ton 113
Tradition 120, 122, 141
Träne 82
Transgenerationale Weitergabe 174
Transzendenz der Symbole 191
Trauer 74 f., 82
Traum 122
Trauma 169
traumatisch 35
Traumatische Engramme 176
Trennungen 99

Triangulierung 49, 191
Trieb
- aspekte 24
- bedürfnisse 13, 37
- energie 145
- impulse 14, 52, 62 f.
- kräfte 145
Trotzalter 28

U

Überblick 125
Übereinstimmung 127
Übergang 22
Übergangsobjekt 191
Übergangsrituale 189
Überlegenheit 63, 126
Übertragung 57, 84 f., 88, 164
Ulme 117
Umwelt 14, 37, 65
Unabhängigkeit 23
Unbewusstes 13, 16, 37, 49, 69, 72, 154
Unfähigkeit 22
Ungeborgenheit 106
Unruhe 36
Unterlegenheit 52
Unterschiedlichkeit 30
Unterstützung 20
Urangst 178
Urbeziehung 183
Urknäuel 27
Uroborus 184

V

Vater 20, 22, 40, 49, 52, 61, 64, 70, 73
Veränderung 20–22, 37, 75, 80, 88, 104
Verantwortung 102
Verbindung 99, 111
Verbundenheit 95
Vereinigung 21, 67, 99, 111

Vergangenheit 16
Vergehen 104, 114
Verhalten 37, 46, 68, 149
Verlust 20, 156
Verlusterfahrungen 73
Vernunft 33, 54
Verselbständigung 23
Verständnis 53, 103
Verstärkung 137
Verstehen 26, 108, 132, 142
Versuch 20, 27
Vertrauen 16, 76, 108, 154
Verwirklichung 96
Verwöhnung 47, 63
Verzweiflung 82
Vier 87
Vitalität 34
Voraussetzung 149
Vorbild 52, 69
vorpubertär 35
Vorpubertät 52, 102, 151
Vorpubertierende 88
Vorsicht 132
Vorstellung 35, 44
Vorstellungen 100, 105
Vorwurf 68
Vulkan 21, 179

W

Wachs 119
Wahrhaftigkeit 159
Wahrheit 125, 154
Wahrnehmen 132, 134, 146
Wahrnehmung 30, 75, 85, 91, 97, 124, 148, 151
Wandlung 20, 49, 55, 71, 75, 88, 104
Wandlungssymbol 205
Wärme 80
Waschzwang 41
Wasser 97 f., 101, 103, 105, 156
Weg 49, 71 f., 89, 96, 115, 146, 159 f.

Stichwortverzeichnis

Weibliche 101
Weiblich-Mütterliches 103
Weisheit 49, 89, 117, 125
Weite 19, 75
Welt 22, 31, 37, 48, 96, 126, 134, 141, 149, 158
Werden 114
Werk 114, 159
Wert 19, 33 f., 41, 73, 83, 88, 149
Wertgefühls 137
Wertlosigkeit 87
Wertschätzung 111
Wertung 154
Wesen 51, 60, 62, 146
Wirkkräfte 181
Wirksamkeit 46
Wirkung 56
Wissen 97, 99, 116, 120, 122 f., 146, 159
Wolf 83
World Technique 167
Wort 26, 134
Wunde 35
Wünsche 153
Würde 21, 34, 73, 88, 119
Wut 20 f., 32, 36, 51–53, 64–66, 69, 74 f., 82 f., 104, 127, 132

Z

Zahlsymbolik 35
Zähne 31, 35, 64 f., 127
Zärtlichkeit 80
Zeichen 17
Zeichnen 14, 72
Zeichnung 13, 15, 21, 85
Zeit 98 f., 116 f., 154
Zeugung 31
Zufriedenheit 46
Zugang 105
Zugehörigkeit 128, 150
Zurückgezogenheit 127
Zusammenklang 113
Zuversicht 75
Zuwendung 75
Zwang 40, 70 f.
Zwiespältigkeit 51, 60, 86, 88

Teil IV: Anhang

Teil IV: Anhang

Bild 1

Bild 2

Teil IV: Anhang

Bild 3

Bild 4

Bild 5

Bild 6

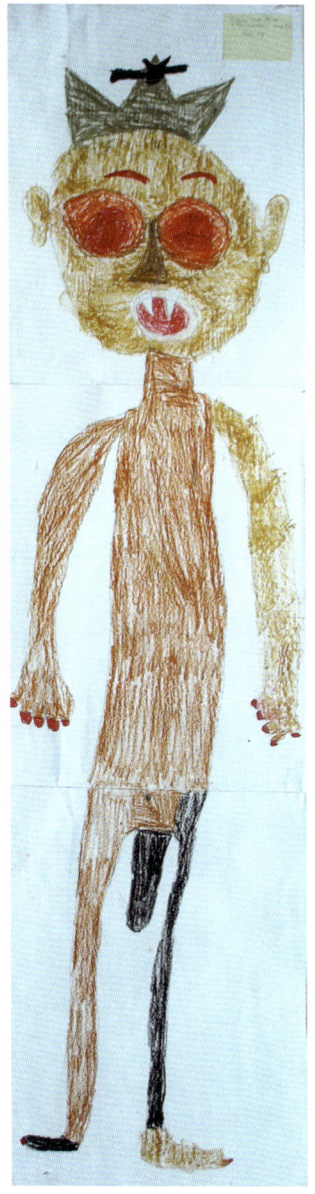

Bild 7 Bild 8

Teil IV: Anhang

Bild 9

Bild 10

248

Bild 11

Bild 12

Teil IV: Anhang

Bild 13

Bild 14

Teil IV: Anhang

Bild 15

Bild 16

Bild 17

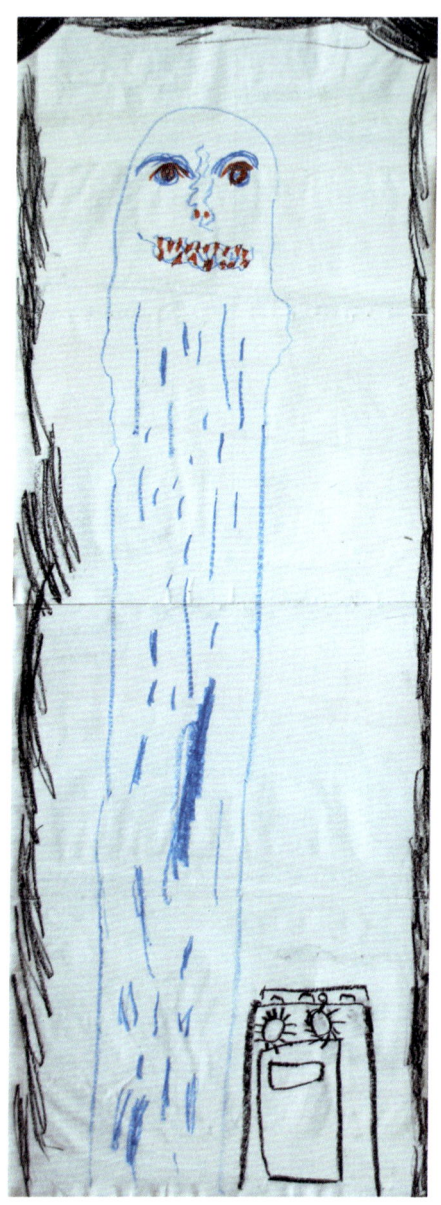

Bild 18

Teil IV: Anhang

Bild 19

Bild 20

Bild 21

Bild 22

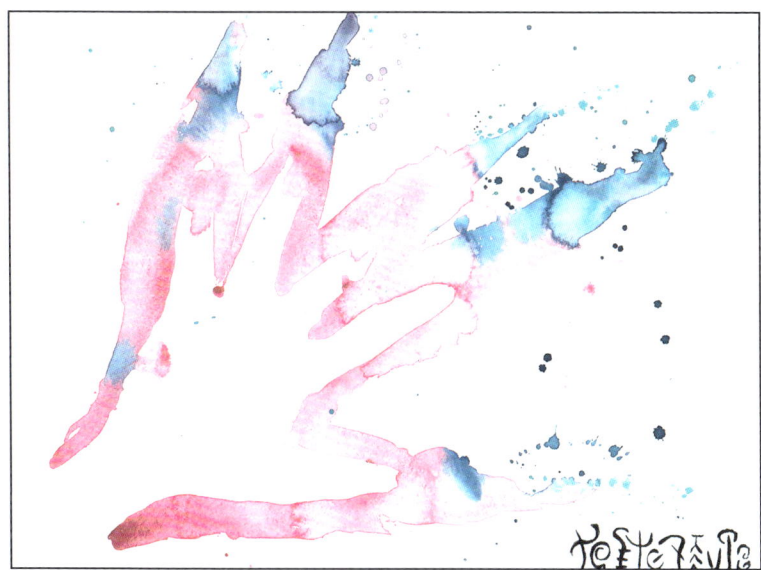

Bild 23

Bild 24

Bild 25

Bild 26

Teil IV: Anhang

Bild 27

Bild 28a

Teil IV: Anhang

Bild 28b

Bild 29

Teil IV: Anhang

Bild 30

Bild 31

Bild 32

259

Bild 33

Bild 34